EVROPA

Uta van Steen

Liebesperlen
Beate Uhse
Eine deutsche Karriere

Europäische Verlagsanstalt

Für Bavie

Informationen zu unseren Verlagsprogrammen finden Sie im Internet
unter www.europaeische-verlagsanstalt.de

Bibliografische Information Der Deutschen Bibliothek

Die Deutsche Bibliothek verzeichnet diese Publikation in der
Deutschen Nationalbibliografie; detaillierte bibliografische Daten
sind im Internet über http://dnb.ddb.de abrufbar.

© Europäische Verlagsanstalt | Sabine Groenewold Verlage, Hamburg 2003
Umschlaggestaltung: projekt ® | Walter Hellmann, Hamburg
Umschlagfoto: © dpa
Signet: Dorothee Wallner nach Caspar Neher »Europa« (1945)
Herstellung: Das Herstellungsbüro, Hamburg
Satz: H & G Herstellung, Hamburg
Druck und Bindung: Clausen & Bosse, Leck
Alle Rechte vorbehalten
Printed in Germany
ISBN 3-434-50548-2

Inhalt

Erstes Kapitel Heimat
Nirgendwo ist Wargenau

Sie hat lange nicht mehr so einen Himmel gesehen. Eine Farbe wie aus dem Tuschkasten, tief und heftig wie die Umarmung mit einem lange vergessenen und dann unverhofft wiedergefundenen Liebhaber. Leidenschaft bietet das Blau, doch nichts Tröstliches, nichts Beschirmendes, Beschützendes. Nichts, was man mit Heimat verbindet, mit Zurückkommen und Vertrautheit. Ein Himmel, der kein Zelt ist, sondern grenzenlos, und der überall hätte sein können, und warum nicht auch hier, über Wargenau?

Mit einer energischen Handbewegung streift sich die kleine alte Frau die kurzen weißen Haare aus dem Gesicht, die einmal blond wie Weizen geleuchtet haben. Sie wendet sich um und bemüht sich dabei, das verfallene Gutshaus auszublenden, vor dem ihr Sohn steht. Es gelingt ihr, stellt sie befriedigt fest, es ist einfach sogar. Ihr Blick hält sich an den ein wenig ängstlichen Augen Ulrichs fest, geht kühl über das Dach hinweg, in dem faustgroße Löcher prangen, über die auf dem Hofplatz verstreuten Eiseneimer und Plastikplanen, die Misthaufen und die struppigen Hühner, die nach Futter suchen. Sogar die Geräusche werden leiser, das Kichern der russischen Landarbeiterinnen senkt sich ab zu Bienengesumm, und das

Poltern des betrunkenen Kolchosevorstehers klingt unpersönlich wie das leichte Grollen eines heranziehenden Gewitters.

»Wir gehen jetzt«, sagt sie.

»Aber du hast doch kaum etwas gesehen, Mutter.«

Die alte Frau schüttelt den Kopf. »Ich habe alles gesehen. Sag dem Fahrer Bescheid, dass wir zurückfahren.«

»Aber was ist mit der Ostsee? Wir wollten doch noch nach Cranz fahren? Da soll jetzt ein Naturschutzpark sein, mit Elchen ...« Ulrich Rotermund ärgert sich, dass seine Worte merkwürdig hilflos wirken, so, als wüsste er bereits, dass sie verloren sind, vom Wind weggetragen würden wie das überall herumliegende Zeitungspapier.

»Cranz«, erklärt ihm seine Mutter liebenswürdig, »heißt jetzt Zjeljenogradsk.«

»Aber wir missen doch zurick, Siechmunt, wir missen, weil alles auf uns wartet: die Bäume und Seen ...« Als sie im Auto sitzt, denkt Beate Rotermund an den heimwehgeplagten Simon im *Heimatmuseum* von Siegfried Lenz, an seine Sehnsucht nach Masuren. Und ein wenig grimmig erinnert sie sich an Siegmunds Antwort: »Wir werden nicht mehr erwartet dort in Lucknow ... kein Laut, der dich erinnert, kein Gesicht, das aufglänzt bei deinem Anblick ... weil die anderen fort sind, verschollen und versunken, darum wird es den Anblick nicht geben, auf den du hoffst.«

Ich hätte es gleich wissen sollen, überlegt sie. Was hatte sie nur im Kopf gehabt, als sie Ulrichs Vorschlag schließlich doch nachgab? Sicher, die weite ostpreußische Landschaft und der elterliche Guthof waren nie aus ihrer Erinnerung verschwunden. Aber die Bilder lagen doch gut verstaut in einer Abteilung ihres Gehirns, die für Vergangenheit zuständig war, wie ein abgelegter Ordner in ihrem Büro, auf den jemand »erledigt« gestempelt hatte.

Was, denkt sie, soll es denn bringen, die vergilbten Seiten wieder aufzuschlagen und doch nur zu bemerken, dass die Schrift fast unlesbar blass geworden ist und das Papier brüchig? Fünfzig Jahre war es her, dass der Krieg und die russische Armee sie von Gut Wargenau vertrieben hatten, ein halbes Jahrhundert, in dem so viele neue, aufregende Dinge passiert waren, die keinen Raum ließen für Sentimentalität.

»Und wenn doch jemand da gewesen wäre?« Ulrich, der schweigend auf dem Vordersitz gesessen hatte, dreht sich um. »Wenn sie gesagt hätten: ›Mensch, Beatchen, dass du wieder da bist, wir können dich brauchen, um hier etwas aufzubauen?‹«

Der Bengel kennt sie besser, als ihr lieb ist. »Ich bin alt, Ulrich«, sagt sie schließlich. »Wer hätte denn noch da sein sollen? Alle sind tot.« Ihr fällt selbst auf, dass sie zu vernünftig klingt.

»Alt, ja?« Mit hochgezogenen Augenbrauen wendet sich Ulrich so auch wieder nach vorne der Landschaft zu und beobachtet, wie Birken, Kiefern und Fichten vorbeihuschen, niedrige, winzige Häuser wie aus einem Playmobil-Bausatz und blaue, neugierige Augen von Seen, umsäumt von Lidern aus Mohnblumenwiesen.

Genau das ist es nämlich, schießt es ihr durch den Kopf, und sofort fühlt sie sich ein wenig erleichtert. Nein, sie hat keineswegs einen Anfall von Großmuttersentimentalität erlitten, was sie sich auch mit 75 Jahren schwer hätte verzeihen können. Sie ist nicht plötzlich heimwehtrunken geworden wie so viele andere Flüchtlinge. Aufräumen hatte sie wollen, zupacken. Ein neues Land, das es zu entdecken galt, hatte sie verführt, keine alte Heimat. So wie vor fünf Jahren, als sie mit den Lieferwagen über die einstige deutsch-deutsche Grenze gefahren waren und Kondome verteilt hatten und Kataloge. Das war ein Empfang gewesen, die Leute hatten sich richtig gefreut, ihnen die letzten Sachen sogar aus den Händen gerissen. Ja, wenn sie hier etwas hätte tun können ….

»Hier gibt es nichts zu tun für mich, Ulrich«, sagt sie leise zum Rücken ihres Sohnes.

»Schon gut, Mutter.« Ulrich dreht sich noch mal herum, aber diesmal lächelt er dabei. »Es wird bestimmt kein Problem sein, auf einen früheren Flug umzubuchen. Ich nehme an, dass du keine Lust hast, morgen noch Kaliningrad zu besichtigen?«

»Kaliningrad?«, fragt sie leicht verwirrt.

»Königsberg«, antwortet ihr Sohn, und jetzt grinst er. »Du weißt schon, die Stadt, die Zjeljenogradsk am nächsten liegt.«

Sie gönnt ihm den kleinen Triumph. Wenn alles reibungslos klappt, könnte sie schon übermorgen wieder am Schreibtisch sitzen – und ihre »Erledigt«-Ordner mästen.

Auch viel weiter westlich, bei Glücksburg in Schleswig-Holstein, stehen Gebäude, die in eine Landschaft eingebettet sind, die an die lichtüberflutete Wasserwelt des Samlandes erinnert. Nur dass der Blick hier über die Flensburger Förde gleitet, der Sommer kühler ist, der Winter kürzer und die Ostsee braver. Aber es ist dasselbe Wasser, das auch an die Kurische Nehrung schwappt, und das war der Grund, warum Beate Rotermund 1979 das Architekturbüro Asmussen & Partner beauftragt hatte, ihr hier, Am Leuchtturm 8, eine neue Heimat mit einer Prise Ostpreußen zu bauen. Nordisch klar und modern wirkt das Ensemble der zwei bienenwabenförmigen Häuser, das in seinem Inneren kaum Mauern oder Türen kennt. Doch abgesehen von der Nähe zum Meer und der Weite von Wiesen und Feldern, erzählt das Anwesen mit seinen 10 000 Quadratmetern nichts von der Vergangenheit, als Beate Rotermund noch Köstlin hieß.

Im Moment wirkt es etwas verlassen, denn zwei Jahre nach ihrem Tod am 16. Juli 2001 ist ihr jüngster Sohn Ulrich, der mit seiner Frau und den Söhnen Philipp und Reuben in der größeren der beiden sechseckigen Wohnamöben lebte, in die Schweiz übersiedelt. Auch die Yacht, die am Anlegeplatz dümpelte, ist verschwunden, genau wie Beate Rotermunds Surfboard und die Wasserskier. Es spricht für ihren Sinn für Humor, dass sie sich ein sechseckiges Haus zulegte. Denn die Zentrale des Erotik-Versands von Beate Rotermund in der Gutenbergstr. 12 hieß in Flensburg schlicht »Sex-Eck«.

Unweit davon, an der roten Ziegelwand eines Hauses am Marienkirchhof 4, ist eine Gedenktafel angebracht. »Hier lebte Beate Uhse von 1948 bis 1961« steht auf dem schmucklosen durchsichtigen Plastikschild, und die Damen des Frauenwerks des Kirchenkreises, der heute die Räumlichkeiten belegt, scheinen voll und ganz damit einverstanden zu sein, dass die Gründerin von Deutschlands größtem Erotik-Imperium auf diese Weise postum geehrt wird. Schließlich hat auch Udo Gräve, der Pastor der evangelischen St.-Marien-Kirche, nur lobende Worte für die Frau gefunden, deren Namen 97 Prozent der Deutschen kennen: »Eine hervorragende Unternehmerin und eine großartige Frau.«

In eineinhalb Zimmern in der Stadt, in deren Nähe sie bis zu ihrem Tod leben sollte, war die junge Witwe nach ihrer Flucht aus Ostpreußen und nach vielen Umwegen schließlich gelandet, und die teilte sie sich mit ihrem kleinen Sohn Klaus und der Tante Ernst-Walter Rotermunds, der einmal ihr Ehemann werden würde. Eineinhalb Räume, voll gestopft mit dem Nötigsten wie einer Wickelkommode – für eine Gutstochter, die eine überwältigend spendable Natur und die Großzügigkeit eines Landhauses gewohnt war, eine radikale Umstellung.

Doch Beate Rotermund, die damals noch Uhse hieß, war froh. Denn nur vier Jahre nach dem Ende eines Krieges, in dem sie ihre Heimat verlor, ihre Eltern und ihren ersten Mann Hans-Jürgen, hatte sie wieder Boden unter den Füßen. Eine Wohnung – und die Anfänge eines Broterwerbs, von dem sie zu diesem Zeitpunkt trotz der ihr angeborenen Zuversicht und Tatkraft nicht ahnte, dass er einmal als eine der großartigsten deutschen Wirtschaftskarrieren bezeichnet werden würde und sie selbst als eine der Gründerfiguren der Nachkriegszeit sowie als »Liebesdienerin der Nation«.

Beate Rotermund wurde in der Notzeit nach dem Ersten Weltkrieg geboren, am 25. Oktober 1919 auf Gut Wargenau in Cranz. Damals gehörte Ostpreußen zwar zum Deutschen Reich – wenn auch als Folge des verlorenen Krieges durch den Polnischen Korridor abgetrennt –, doch das weite Land war eine Welt für sich. Reisten die Bewohner Königsbergs, Tilsits oder Allensteins etwa nach Berlin, fuhren sie »von der Provinz ins Reich«.

Nach dem Zweiten Weltkrieg und der Eroberung durch russische Truppen 1945 teilte sich die Provinz nach dem Potsdamer Vertrag wie eine Amöbe in einen polnischen und einen russischen, an Litauen grenzenden Teil. Die deutsche Bevölkerung wurde vertrieben – und Ostpreußen zum verklärten Shangri La der Flüchtlinge und oft sogar von deren Kindern und Enkeln. Wie den Phantomschmerz nach einer Amputation empfanden viele den Verlust, und es waren keinesfalls nur die Ewiggestrigen. Für die meisten Vertriebenen blieb das Land Heimat, selbst wenn sie – wie die einstige *Zeit*-Herausgeberin Marion Gräfin Dönhoff oder der Arzt Hans Lehndorff – die Entscheidung der Bundesrepublik 1990 zur unwiderruflichen Anerkennung der Grenzen von 1945 politisch durchaus befürworteten.

Sie alle schrieben Bücher über den Ort ihrer Kindheit, und alle sind Liebeserklärungen an ein Land der Seen, Wälder voller Pilze, Flüsse, in denen Biber ihre Dämme bauen, leuchtenden Kartoffelfeuer und weißen Strände der Kurischen Nehrung am Frischen Haff – ein in Wasserfarben gebadetes Juwel des europäischen Ostens, ein Aquarell der Sehnsucht.

Liest man Dönhoffs *Kindheit in Ostpreußen*, Lehndorffs *Ostpreußisches Tagebuch* oder auch *Reise in ein melancholisches Land* von Ralf Giordano, dem die Provinz bis dahin fremd war, ertappt man sich nicht selten und verwirrt dabei, dass man Heimweh empfindet, Heimweh nach einem Land, das die meisten Deutschen nicht kennen und in das sie nie einen Fuß setzen werden. Zu verlockend erscheint die Welt, in der alles seine Ordnung hatte, die von gütigen Großgrundbesitzern und treuen Pächtern bevölkert gewesen zu sein schien, von sensenschwingenden Bauern und barfüßigen, rotbackigen Mädchen, die lachend das Heu aufschichteten, wobei ihre semmelblonden Zöpfe im Wind wehten.

Sicher, die Kindheitserinnerungen sind faktisch wahr, doch sie gelten einem imaginären Ort. Denn nicht nur die historischen Ereignisse haben die Flüchtlinge aus Ostpreußen vertrieben, sondern auch das Erwachsenwerden. Landschaften der Kindheit sind immer getränkt mit Magie, gehören der Welt der Mythen an, zu der nur Kinder Zutritt haben. Das Leben später erscheint uns fast immer enger, blasser und kürzer.

Seit der Grenzanerkennung ist Ostpreußen für Deutsche wieder geöffnet, und viele der Vertriebenen haben schnell die Gelegenheit wahrgenommen, in die Vergangenheit zu reisen. Für die meisten allerdings war es eine Enttäuschung, obwohl die Landschaft selbst – die planwirtschaftlich ausgebauten Städte voll geradliniger Plattenbauten natürlich ausgenommen – sich kaum verändert, sogar zu einem Zustand größerer Ursprünglichkeit zurückgefunden hat. Als hätte die Zeit den Atem angehalten, glaubt sich der Reisende im Deutschland des beginnenden 19. Jahrhunderts, unterwegs auf holprigen Kopfsteinpflasterstraßen und Alleen, über die sich grüne Laubdächer spannen. Noch immer basteln die Biber ihre Dämme, und noch immer klirren die Winter vor Frost.

Doch die Heimwehtouristen finden sich in einem Reich wieder, das ebenso vom Duft der Heimat umfangen ist wie von Gespenstern bevölkert. Denn sie vermissen, was verloren gegangen ist. Sie entdecken zwar Palmnicken oder Gumbinnen wieder, doch stellen sie auch fest, wie öde und leer die Städtchen wirken und wie vieles einfach ausradiert wurde, Häuser und ganze Dörfer. Über 80 Prozent der vormals deutschen Weiler sind nach 1945 untergegangen, obgleich der Krieg sie noch halbwegs intakt gelassen hatte. Insterburg etwa, heute Tschernjachowsk, konkurriert mit Kaliningrad, in dem heute der größte russische Heroinmarkt nach Moskau vermutet wird, um Nichtwiedererkennbarkeit.

Vor allem eines ist auf ewig verloren: vertraute Menschen und das kehlige Deutsch mit dem rollenden R, das kein Ü und kein Ö kennt und das dem Russischen gewichen ist. Wenn die Flüchtlinge das Kästchen der Erinnerungen öffnen, spult sich, vermischt mit den bäuerlichen Biedermeier-Szenerien, der Film der verdrängten Schreckensbilder ab, die das Sehnsuchtsland auf immer verseucht haben: die 16-jährigen Jungs, die, noch im letzten Moment von der Wehrmacht rekrutiert, vor der Roten Armee über das Eis des Haffs flohen. Die Bomben auf Königsberg, die nur ein Zehntel der Stadt verschonten. Die endlos langen Flüchtlingstrecks und die im furchtbaren Winter des letzten Kriegsjahres verhungerten, erfrorenen Kinder. Und viele Frauen erinnern sich an die erlittenen Vergewaltigungen.

Auch die Armut ist für die Heimkehrer auf Zeit heute greifbar, nackt und unverklärt in den entvölkerten Dörfern zu besichtigen. Schließlich konnten schon vor den Kriegen die Wenigsten einen Grafentitel oder ein Landgut ihr Eigen nennen und lebten einen mühsamen Alltag mit langen Arbeitsstunden, vielen Kindern, von denen etliche schon früh starben, und wenig Geld. Ein Symbol der Kargheit sind die an Zwergenhütten erinnernden Miniaturhäuser, in denen die Bewohner den Kopf einziehen mussten. Aufgrund der grimmigen Winter und eines Frühlings, in dem noch Ende April Schneemassen fallen konnten, hatten die Bauern weniger Zeit für den Ackerbau als anderswo, nur rund 140 Tage im Jahr; die Erträge waren nur halb so hoch wie in westlicheren Provinzen.

»Der kleine Bauer«, schreibt Marion Gräfin Dönhoff, hatte es »nicht leicht, sein Auskommen zu finden ...: Man kann sich heute gar keine Vorstellung von der allgemeinen Armut jener Zeit nach dem Ersten Weltkrieg machen: Städter kamen mit Rucksäcken aufs

Land, um auf den Feldern einzelne Ähren zu sammeln, die beim Abernten liegen geblieben waren ... Die Dorfleute trugen für gewöhnlich Holzpantinen, nur am Sonntag zum Kirchgang wurden die Schuhe herausgeholt ... Auch bei uns wurde an allem gespart. So fuhren wir nie zweiter Klasse in der Eisenbahn ..., sondern stets in der ungepolsterten dritten, selbst auf so langen Strecken wie der von Königsberg nach Berlin.«

Auch der Sozialismus konnte der einstigen halbfeudalen Gesellschaft keinen Wohlstand bringen, im Gegenteil. Im nördlichen Ostpreußen, nach den Vertreibungen fast menschenleer geworden, siedelten sich verarmte Familien, Soldaten, Desperados und Matrosen an, die ihre eigenen entsetzlichen Kriegserlebnisse hinter sich hatten. Ihnen war die Zivilisationsgeschichte dieses Landstrichs fremd, und die Propaganda hatte ihnen eingetrichtert, dass es hier nichts zu pflegen galt, die 600-jährige deutsche Geschichte ignoriert werden durfte. Auch von der Perestroika konnte Ostpreußen nicht profitieren: Investoren blieben der abgeschirmten Gegend fern, und 1989 machten die staatlichen Kolchosen Bankrott. Die Jungen drängten in die Großstädte, viele siedelten nach Gdansk oder Kaliningrad um und hinterließen bloß faltige Babuschkas mit Kopftüchern, nur Vergangenheit und Leere.

Das weltberühmte Gestüt Trakehnen, 1732 vom Vater Friedrich des Großen gegründet, heißt nun Jasnaja Poljana. Dort weiden zwischen den verfallenen Stallungen anstelle von tausend edlen Pferden heute nur Kühe. Und in Beate Rotermunds Geburtsort Cranz, dem jetzigen Zjeljenogradsk, ist Glamour der Tristesse gewichen. In dem mondänen Ostseebad mit seinen weißen, weiten Stränden, an denen so viel Bernstein angespült wird wie nirgendwo sonst, stehen zwar noch ein paar der alten Villen, die neureiche Kaliningrader als Sommerhäuser hergerichtet haben, doch der Ort wirkt leblos und verströmt den Hautgout des Verfalls.

»Die weiße Küste ist so schön geschwungen, man könnte glauben, in Nordafrika zu sein«, hatte Thomas Mann einst von der Dünenlandschaft der Kurischen Nehrung geschwärmt. Die 96 Kilometer lange Landzunge trennt das Meer vom Haff und hat so eine riesige Lagune geschaffen, dreimal so groß wie der Bodensee. In dem kleinen Dorf Nida, dem ehemaligen Nidden, mit seinen reetgedeckten Fischerhäusern und Bauerngärten voller Wicken, Pastorentäschl und Platterbsen, erwarb der Dichter 1931 ein Ferienhaus, in dem die Familie nur drei Sommer verbrachte, bevor sich Hermann Göring 1939 das Grundstück nahm. »Das Wasser des Haffs ist im Sommer bei blauem Himmel tiefblau. Es wirkt wie das Mittelmeer«, notierte Mann in *Mein Sommerhaus*.

Heute jedoch hat es die Algenblüte aufgeschäumt und grasgrün gefärbt. Seit 1987 nennt sich die Nehrung Nationalpark, und der Schlagbaum, der den Zugang kontrolliert, steht direkt hinter Zjeljenogradsk. Nur 6800 Menschen dürfen sich gleichzeitig auf der zwar langen, aber nur bis vier Kilometer breiten Landzunge aufhalten. Doch keineswegs sind es Ökologen, die hier das Sagen haben, sondern der Park ist dem Forstkomitee unterstellt – mit der Folge, dass man sich nur sehr vage an internationale Naturschutzkriterien hält. Anstatt ihn sich selbst zu überlassen, dient der Park immer noch der Forstwirtschaft und gedeiht so auf einem Kurs von landschaftlicher Ursprünglichkeit und menschlichem Unvermögen.

Zwar ziehen Sumpfohreulen, Schwarzmilane und Schwarzstörche ihre Runden über die wandernden weißen Sandberge und die ausgedehnten Feuchtwälder, schweben über Mooren, Flüssen und Kanälen. Doch am Strand von Lesnoje etwa soll eine hässliche, von den Badegästen weitgehend ignorierte Batterie von Autoreifen, die auf Betonriegeln thronen, die Vordüne schützen – und das, obwohl aktiver Küstenschutz eigentlich nicht im Nationalpark-Konzept vorgesehen war. Misswirtschaft und Abschirmung haben in der Tat ein Biotop kreiert, doch in Thomas Manns tiefblaues Wasser gelangen Phosphate und Nitrate von Dünge- und Waschmitteln sowie massenweise Fäkalien.

»Man muss sie gesehen haben, wenn einem nicht ein wunderbares Bild in der Seele fehlen soll«, hatte Wilhelm von Humboldt über die Kurische Nehrung geschrieben. Beate Rotermund besaß dieses Bild, und sie wusste, dass die Gegenwart kein schöneres malen würde. Deshalb hatte sie, alles andere als eine Heimwehtouristin, bis 1994 gezögert, in die alte Heimat zu reisen, bis ihr Sohn sie dazu überredet hatte. Und deshalb musste sie, nach ihrem enttäuschenden Besuch auf Wargenau, nicht nochmals das Haff sehen. Sie hatte die Bestätigung für das gefunden, was sie schon ahnte: Die Vergangenheit war tot, es gab keinen Weg zurück. Das Heute spielt sich woanders ab, zwischen Flensburg und Florida.

Beate war als Kind so dünn wie als erwachsene Frau, doch ihr Vater war dick. »Der Köstlin« wurde der stattliche Mann in Cranz und Umgebung respektvoll genannt, sogar von seiner Frau. Ein gut gelaunter Bär, der nach Pferden und Zigarren roch und in dessen Schoß sich Beate am Abend kuschelte, wenn sie mit dem Jagdhund Schuft genug auf den Wiesen und in den Wäldern herumgestreift war, die Gut Wargenau umgaben.

Otto Köstlin, der aus Ochsenhausen im Württembergischen stammte und nie seine schwäbische Mundart gegen das kehlige Deutsch Ostpreußens eintauschen sollte, und seine Frau Margarete waren Bilderbucheltern. »Beate fühlte sich so unendlich geborgen«, berichtet ihre spätere Sekretärin Irmgard Hill. »Und gleichzeitig frei wie eine Katze.«

Selbst in der heutigen Gesellschaft würde die Erziehungsauffassung der Köstlins als liberal gelten. Für das patriarchalisch geprägte Ostpreußen der zwanziger und dreißiger Jahre traf das allemal zu. Die Worte und Wünsche von Graf August etwa, dem Botschaftsattaché, Abgeordneten des Reichstags und Vater Marion Dönhoffs, die nicht weit von Cranz im Schloss von Friedrichstein aufwuchs, waren Gesetz für Pächter, Ehefrau und den Nachwuchs. »Kinder«, erinnerte sich die *Zeit*-Herausgeberin in *Kindheit in Ostpreußen*, »spielten zu jener Zeit keine eigene Rolle, die sollten erst mal mit Anstand erwachsen werden – das etwa mag die Einstellung der Erwachsenen gewesen sein.«

So herrschte auf Schloss Friedrichstein »ein strenges Regiment«. Die Richtschnur der Mutter von Marion Dönhoff war die Konvention, denn wer »ihr nicht entsprach, wer sich nicht daran hielt, wurde automatisch aus der Gesellschaft ausgestoßen«. Die Gräfin vertrat etwa die Auffassung, dass Frauen weniger intelligent als Männer seien, »nicht imstande, Spengler zu verstehen«, den Verfasser vom *Untergang des Abendlandes*. Im Allgemeinen sahen die Kinder ihre Eltern selten, die Erziehung wurde an angestellte Lehrer und Gouvernanten delegiert – und die Journalistin fügte hinzu, sie habe von ihnen »nichts Wesentliches gelernt, sondern eigentlich nur durch die Atmosphäre des Hauses ...: Verantwortung zu tragen, das wurde uns nicht gepredigt, das ergab sich einfach in der Gemeinschaft«.

Wie anders ging es auf Wargenau zu, einem ehemaligen Rittergut mit 1800 Morgen Land. Sicher, der Köstlin war nicht adlig und damit nicht dem Sittenkodex der ostpreußischen Junker unterworfen. Aber sogar der kleinste Bauer spielte in jenen Jahren Herr in seinem Haus, auch wenn es winzig war. Für Otto Köstlin dagegen waren seine Kinder eigenständige Persönlichkeiten, die ganz eigene Charakterzüge hatten, die es behutsam zu fördern und zu lenken galt. »Nie war einer da, der mich wegscheuchte oder mit Verboten traktierte«, erinnert sich die Tochter, die sich frei auf dem Gut bewegen, Ställe, Küche und die Wiesen, Wälder und Felder ganz nach Lust und Laune erkunden durfte.

Als bodenständig, großzügig und zuversichtlich hat Beate ihn in

Erinnerung, wenn auch mit einem leichten Hang zur gelegentlichen Melancholie – Phasen der Niedergeschlagenheit, in denen seine Frau ihn mit Umarmungen und einer Tasse seltenen Kaffees tröstete. Ihn, den genialen Landwirt, dessen Pferdebohnen und Rüben über die Maßen gerühmt wurden, sieht sie als denjenigen an, der in ihr die Eigenschaften zum Blühen brachte, mit denen sie durchs Leben gehen sollte: Tatkraft und Optimismus, gepaart mit einem kristallklaren, praktischen Verstand und einer überwältigenden Liebe zur Natur.

Das Erziehungskonzept der Köstlins, das sich bei Beate und zuvor schon bei ihren älteren Geschwistern Ulrich und Elisabeth bewährt hatte, hieß: Lass die Kinder machen, was sie wollen, lass sie ihre Freiheit genießen. Aber wann immer sie Unterstützung, einen Rat oder eine Umarmung brauchen – sei da für sie, stehe immer auf ihrer Seite.

Beate bewunderte ihren Vater nicht aus der Ferne, wie es damals üblich war. Er ließ sie an seinem Alltag und seiner Arbeit teilhaben. Sie war dabei, wenn er noch vor dem Frühstück, angetan mit einem lila Morgenmantel, im Garten das Gemüse und die Blumen begutachtete. Sie hörte aufmerksam zu, wenn er ihr ihre Namen nannte und mit schwieligen Bärenpranken so unglaublich zart über die Blätter und Staubgefäße von Schlüsselblumen und Lupinen strich. Sie begleitete ihn, wenn er mit großen Schritten über sein Land ging und den Arbeitern Anweisungen gab oder Berichte über den Stand der Ernte einholte. Und sie lernte das Reiten von ihm. Schon in der ersten Stunde ließ er die Dreijährige, an deren Fähigkeiten er niemals zweifelte, auf dem Araber-Trakehner-Schimmel seiner Frau nicht nur Schritt gehen, sondern traben und – wenn auch an der Longe – sogar galoppieren. Fest klammerte sich das Kind an Mankas Mähne und klebte auf ihrem starken Rücken. Auch später sollte sie nie vom Pferd fallen.

War Beates Vater ihr Komplize, so war die Mutter ihr Rollenmodell. Denn Margarete Köstlin war für das junge Jahrhundert in vieler Hinsicht noch ungewöhnlicher als ihr Mann. Die Bürgerstochter aus gutem Berliner Hause hatte nicht nur – an einer Knabenschule – das Abitur erworben, sondern als eines von fünf Mädchen an der berühmten Medizinischen Fakultät Heidelbergs studiert, zwar mit der moralischen Unterstützung ihrer Mutter, aber gegen den Widerstand vieler erschrockener Professoren. Noch nach der Geburt von Ulrich und der kleinen Etti bis zur Übersiedlung nach Wargenau 1917 arbeitete Margarete in ihrem geliebten Beruf als Kinderärztin.

Nie war es für Beate Köstlin wirklich eine Frage, ob sie eine höhere Schule besuchen oder einen Beruf ausüben sollte. Sie hielt das für normal, von ihrer Mutter und ihrer Großmutter, die die Brauerei ihres Mannes nach dessen Tod weiterführte, kannte sie nichts anderes. Auch später war sie sich nur rein intellektuell bewusst, dass diese Selbstverständlichkeit in jener Zeit und bis in die Siebziger hinein ein geistiges Privileg war. Eben weil sie nie Zweifel an der eigenen Stärke und Intelligenz und der ihres eigenen Geschlechts hatte, sollte ihr die feministische Emanzipationsbewegung der späten sechziger Jahre immer ein wenig künstlich und angestrengt erscheinen.

»Wenn jemand nicht mit ihrem Arbeitstempo und ihrem Pensum mithalten konnte«, erinnert sich ihre Sekretärin, »hat sie ihm das nie vorgeworfen, sondern auch mal einen Gang zurückgeschaltet, sich ganz freundlich ihren Angestellten angepasst. Aber ich habe immer gemerkt, dass sie sich wunderte, warum die anderen manchmal nicht genauso fröhlich und tatkräftig bei der Arbeit waren wie sie selbst.«

Warum, mag die Unternehmerin sich gefragt haben, braucht man einen theoretischen Überbau für etwas, das sich doch von selbst versteht? Warum krempeln die Mädels denn nicht einfach die Ärmel hoch und tun, was sie anstreben, anstatt die Ungerechtigkeit der männlich dominierten Gesellschaft zu beweinen?

Die Chefin nahm zwar Rücksicht auf die Zögernden und Zaudernden, aber emotional konnte sie Schwäche und Ohnmachtsgefühle nicht nachvollziehen. Zeitlebens hatte sie keine rechte Vorstellung davon, dass ihr Mangel an Selbstzweifeln, die pragmatische Klugheit einer Landwirtstochter und ihr Übermaß an Energie sie zu einem Ausnahmegeschöpf machten – wenn sie auch immer wieder von ihrer glücklichen Kindheit, der Freiheit auf Wargenau und ihren wunderbaren Eltern erzählte, die sie voller Zärtlichkeit »wilde Hummelbiene« nannten. Und davon, dass gewöhnliche Menschen eine Menge an Ängsten überwinden müssen, bevor sie sich als Gestalter und nicht mehr als Opfer des eigenen Schicksals sehen.

»Ich glaube, das wird ein gutes Gespräch«, denkt Irmgard Hill. Sie legt den Hörer auf, drückt die Zigarette aus und geht die paar Meter zum Schreibtisch ihrer Chefin hinüber, der, nur von Glaswänden abgetrennt, im Großraumbüro der Firma steht.

Es ist gerade neun Uhr morgens, aber die beiden Frauen sind bereits seit einer Stunde bei der Arbeit, wie immer sind sie als Erste gekommen und würden als Letzte gehen. Im Vorbeigehen greift sich Beate Rotermunds Assistentin, Pressesprecherin und Vertraute eine Möhre aus dem großen, geflochtenen Weidenkorb. Schon vor drei Stunden, als sogar sie selbst noch schlief, hat die begeisterte Bio-Gärtnerin Beate die Karotten aus den Beeten gerupft und wie immer einen großen Teil der Ernte mit in die Firma gebracht, wo das selbst gezogene Gemüse, die saftigen Äpfel und die erdverkrusteten Kartoffeln reißenden Absatz finden, besonders bei den Mitarbeitern, die mitten in Flensburg wohnen.

»Die Person von der *Emma* hat wieder angerufen«, lässt sie, am Schreibtisch angekommen, beiläufig fallen.

Beate Uhse schaut von ihrem Aktenordner auf. »Zum wievielten Mal jetzt?«, fragt sie. »Ist ja wohl eine richtig Hartnäckige.«

»Aber nett«, erwidert Irmgard Hill. »Ich meine, die gehört nicht zu diesen Verkrampften. Wollen Sie nicht mal selbst mit ihr reden? Ich glaube, sie ist wirklich an Ihnen als Mensch interessiert und wird bestimmt nicht diesen ›Orgasmuse‹-Mist wiederkäuen.«

Ihre Chefin lacht laut auf. Sie findet die vielen Spitznamen, mit denen die Presse sie seit den ersten Anfängen bedacht hat – »Porno-general«, »Sexpertin« und »Schlummermutter der Republik seit deren ersten Stunde« – eigentlich ganz lustig, »Video-Bums-Kano-ne« allerdings ausgenommen. Belustigt sieht sie ihre Sekretärin an. »An mir als Mensch, ja? Was soll schon an mir als Mensch so besonders sein?«

Irmgard Hill entschließt sich, diese Frage zu überhören. Auf solche Diskussionen lässt sie sich schon lange nicht mehr ein.

»Soll ich sie mal zu Ihnen rüberstellen?«, drängt sie. Manchmal hat sie den Eindruck, als wäre ihr mehr an einem guten Image von Beate Rotermund gelegen als der Chefin selbst.

»Ich weiß ja nicht …«, sagt die. Sie muss an die Talkshows denken, bei denen sie mit Feministinnen zusammengesessen hat und in ihrer Eigenschaft als »Marketenderin der Kissenschlachten« das sexuelle Klima der Bundesrepublik sezieren sollte. Meistens hatten solche Runden doch nur damit geendet, dass sie sich dagegen verteidigen musste, die Würde der Frau mit Füßen zu treten. Welcher Frau eigentlich?, überlegt sie und gibt sich einer sekundenkurzen Attacke von Trotz hin, ihrer eigenen ganz bestimmt nicht. Was macht schließlich würdevoller als Unabhängigkeit und Zufriedenheit?

Seufzend beugt sie sich wieder über den aufgeschlagenen Akten-ordner mit den Zahlenkolonnen. »Dann man los, Frau Hill«, mur-melt sie, »die *Emma* soll ihr Interview kriegen.« Vielleicht haben die Jahre ja die medialen Wegbereiterinnen der Emanzipation ein we-nig milder ihr gegenüber gestimmt.

Die Hummelbiene war sieben oder acht, als sie ihrem Vater offenbarte, dass sie Kapitän werden wollte, und die anderen Kinder sie wegen ihres ungewöhnlichen Berufswunsches furchtbar hänselten. Otto Köstlin hatte nur gelacht. Dann zog er das weinende Mädchen an sich und verriet ihr zwei Dinge. Dass man das, was man will, auch kann, und dass es in Russland bereits weibliche Kapitäne gab.

Er hatte nie verstehen können, warum so viele Männer seiner Generation etwas gegen berufstätige oder gar studierte Frauen hatten. Dass seine fleißige und vernünftige Margarete erst ihr Staatsexamen machen wollte, als er sie 1906 in Berlin kennen lernte, fand er selbstverständlich. Und als sie ihm mitteilte, dass sie ihn nur unter der Bedingung heiraten würde, auch als Kinderärztin arbeiten zu können, nickte er bloß. Und das tat sie auch, zuletzt in Kiel, wo das junge Paar vor dem Erwerb von Wargenau im letzten Kriegsjahr mit den beiden Kindern lebte. In Schleswig-Holstein hatte der studierte Landwirt Otto Grund vom Grafen von Miehlberg gepachtet, da der elterliche Hof in Ochsenhausen traditionsgemäß seinem ältesten Bruder zugefallen war.

Wargenau mit seinen 40 Zimmern war riesengroß, hatte 1800 Morgen Land, auf denen Kartoffeln, Karotten und Getreide wuchsen. Auf den Wiesen grasten Herden von Kühen und Pferden, und häufig förderte Otto Köstlin seine Tiere selbst ans Licht der Welt. Für seine jüngste Tochter Beate war das ein großes Glück. Der Kutscher Karper war nämlich immer noch unterwegs auf der einstündigen Fahrt von Cranz, wo er die Hebamme abgeholt hatte, als Margaretes Wehen einsetzten: Also spielte der Hausherr eben selbst Hebamme, dreizehn Jahre nach der Geburt von Ulrich und zehn nach der von Etti. Beherzt griff er zu, als er bemerkte, dass sich die Nabelschnur um den Hals seiner Tochter gewickelt hatte, und rettete ihr damit das Leben.

Margarete hatte sich gut an den neuen Alltag auf Wargenau gewöhnt. Sicher, sie konnte nun keine Praxis mehr führen, aber es gab mehr als genug zu tun – und reichlich kranke Kinder, Knechte und Mägde außerdem, so dass sie nie aus der medizinischen Übung kam. Der Vater sorgte für die Ernte und die Mutter dafür, dass sie verkauft wurde; sie kümmerte sich um die Buchführung und einen Haushalt, der mit Familie und Angestellten an die zwanzig Personen zählte.

Die zarte Beate, die fast schon so früh gestorben wäre, entwickelte sich zum halben Jungen. Angetan mit den Lederhosen, die der Vater ihr aus seiner Heimat besorgt hatte, ritt sie auf dem Pferd Manka oder fuhr mit dem Rad zur drei Kilometer entfernten Volksschule in Cranz – nachdem die Mutter sie schon nach wenigen Monaten von der benachbarten Zwergschule abgemeldet hatte. Ein wenig städtischer Einfluss, fand sie, könnte gerade in sprachlicher Hinsicht nicht schaden, denn Beate rollte das R genauso gut wie die Dorfkinder und ersetzte Umlaute durch ein I. Nach der Schule zog der Wildfang mit dem adretten hellblonden Pagenkopf mit ihrer Jungensbande herum, spielte Verstecken und Fangen und manchmal sogar mit ihren wenigen Freundinnen Hüpfspiele. Allerdings fand sie die Mädchen mit ihren Zöpfen und den schwarzen Strickstrümpfen im Allgemeinen erschreckend brav und empfindlich.

Sie war ein echtes Landgör, obwohl die Cranzer Promenadencafés, bevölkert von der sonntäglich angezogenen Königsberger Hautevolee, und besonders auch eine Reise »ins Reich« nach Berlin sie in städtischer Großartigkeit durchaus beeindruckten. Aber um wie viel schöner war es, mit den Freunden über die Wiesen zu rennen oder mit Manka über die Felder zu galoppieren. Die Mutter, die der zehn Jahre älteren Etti durchaus noch damenhaftes Benehmen beibringen konnte, ließ ihre Jüngste gewähren. Schließlich war aus den beiden Großen etwas geworden: Ulrich studierte in Königsberg Jura, und selbst die brave Etti hatte einen Beruf erlernt und arbeitete als Kinderpflegerin. Mit der ihr eigenen Gelassenheit und Zuversicht machte sie sich keinerlei Sorgen, dass auch ihre Beate, wenn sie sich einmal ausgetobt hatte, wie von selbst einen guten Weg ins Erwachsenenleben finden würde.

»Wie baut man eigentlich Flügel?«

Der Stellmacher der Köstlins kratzt sich am Kopf und sieht verwundert in die gletscherblauen Augen der achtjährigen Tochter seines Chefs, die sich in ihren Lederhosen vor ihm aufgebaut hat. »Nun«, sagt er bedächtig, »aus Federn, vermute ich mal.«

»Klar, aus Federn«, antwortet Beate ungeduldig. »Aber aus was noch? Wie macht man, dass die Federn fliegen?«

Hätte der Stellmacher im Entfernstesten geahnt, was Beate mit den Flügeln bezweckte, er wäre wohl weniger hilfsbereit gewesen. Aber die Kleine hat ja immer einen Haufen verrückter Ideen im Kopf, und eigentlich ist das ja ein ganz interessantes Problem, das sie da hat. Der Handwerker fühlt sich herausgefordert. »Man könnte wohl so ein Gerüst aus Latten basteln«, überlegt er laut. »Und auf das dann festes Papier kleben.«

»Und die Federn?«

Der Mann lacht. »Federn müssen also sein, ja?«

»Natürlich. Ich habe schon ganz viele gesammelt.«

»Nun, die klebst du dann einfach auf die Pappe.«

»Und wo tue ich die Hände rein?«

Der Stellmacher denkt nach und bietet Beate dann an, die Flügel mit ihm gemeinsam zu bauen, mit Schlaufen und Griffen für Arme und Hände. Vielleicht stellt er sich vor, dass sich Beate die beiden Dinger anschnallen, flügelschlagend übers Stoppelfeld rennen und sich dabei vorstellen würde, sie sei ein Vogel. Kinder haben ja diese ungeheure Einbildungskraft und können sich alle möglichen Dinge ausmalen. Doch eigentlich hätte er Beate gut genug kennen müssen, um zu wissen, dass das pragmatische Kind nicht zu Phantastereien neigt. Hat es Visionen, sollen sie auch wirklich werden, ganz schnell.

War Ikarus, von dem Ulrich ihr erzählt hat, nicht auch mit seinen künstlichen Flügeln geflogen? Gut, er ist der Sonne ein klitzekleines bisschen zu nahe gekommen, aber so dumm würde sie sich bestimmt nicht anstellen. Außerdem will sie ja erst mal nur vom Verandadach abheben, das winzig kleine zweieinhalb Meter von der Erde weg ist.

Am nächsten Tag holt Beate also ihre lückenlos mit Truthahnfedern beklebten Prunkstücke hervor, klettert in der Mittagspause, als alle schlafen, aufs Dach und stürzt, heftig mit den Flügeln schlagend, auf den Kiesweg.

»Beate«, sagt die Mutter leise, als sie ihrer Tochter die Knie verbindet, die keine Träne vergießt, »hast du denn gar nicht daran gedacht, was alles hätte passieren können?«

Das Mädchen, das mit ein paar Prellungen und Bänderdehnungen davongekommen war, schüttelt mit zusammengebissenen Zähnen den Kopf. Nein, die Idee, dass der Flugversuch schief gehen könnte, ist ihm gar nicht gekommen. Und es wird es noch mal probieren, nimmt es sich vor, vielleicht nicht mit selbst gebastelten Flügeln, aber irgendwie, irgendwann würde sie mit den Wolken um die Wette fliegen. Dass Charles Lindbergh bald nach ihrem luftigen Abenteuer im Alleinflug den Atlantik überquert, bestärkt sie nur noch in ihrem Glauben, dass Träume nutzlos sind, wenn man sie sich nicht erfüllt.

Irmgard Hill war »wie ins Herz getroffen«, als sie im März 1988 erwartungsvoll die *Emma* aufschlug und ihre Chefin, vor einem Flugzeug stehend, ihr in Ledermontur entgegenstarrte. »BOMBER-Pilotin + PORNO-Produzentin« hatte Alice Schwarzers feministische Zeitschrift getitelt, und dann ging es weiter mit einem Text, den die Sekretärin »als eine glatte Lüge« empfand, als »total schockierend«: »Mit 25 fliegt sie Stukas an die Front. Für Hitlers Luftwaffe. Mit 69 verkauft sie Frauen. Für 90 Millionen im Jahr.«

Zwischen den Zeilen wird eine Nähe zum Nationalsozialismus suggeriert, die Beate Rotermund, politisch erschreckend desinteressiert, keineswegs hatte.

Man kann der jungen Frau, die bei Ausbruch des Krieges 20 Jahre zählte, durchaus vorwerfen, dass sie von Hitlers Schreckensregime profitiert hat. Schließlich durfte sie im vorletzten Kriegsjahr mit dem Rang eines Hauptmanns ihre Passion ausleben und für die Luftwaffe fliegen – allerdings meist Schulflugzeuge im Überführungsgeschwader und keine Bomber. Auch dass sie mit einer Art Tunnelblick in die Wolken den nationalsozialistischen Terror weitgehend ignorierte oder sich weigerte, ihn bewusst wahrzunehmen, ist eine Tatsache. Doch der Partei war sie nicht beigetreten, Kampfeinsätze hatte sie nie absolviert: »Ich ließ mich blenden ... Politik interessierte mich nicht. Mich interessierte die Fliegerei und meine Familie.«

In einer kühnen pseudopsychologischen Spekulation verquickte die Zeitschrift außerdem Beate Rotermunds Karriere als Fliegerin mit der als Unternehmerin im Sex-Business, sah die Erstere indirekt als Voraussetzung für die Nächste. »Aus dem Hauptmann der Luftwaffe«, so das Blatt, wurde – und hier zitierte es das Sex-Magazin *Penthouse* – der »General der Lustwaffe«. Als eine Art Dank an die Männerwelt, die ihre Laufbahn als Pilotin unterstützte, soll sie ihr Sex-Spielzeug auf den Markt gebracht haben. Und die Frau, »die 70 verschiedene Flugzeugtypen fliegen konnte«, habe so auch »70 verschiedene Vibratortypen im Programm«.

»Wir waren ja Anfeindungen gewöhnt«, sagt Irmgard Hill, »aber diese Journalistin, die das geschrieben hat, wahrscheinlich aber eher Alice Schwarzer selbst, wollte Beate einfach nur eins auswischen. Dabei haben sich die beiden so wunderbar verstanden, ich hätte schwören können, dass ein fairer Artikel bei der Begegnung herauskommt.«

Doch wie sollte es? In ihrem Kampf für ein Verbot der Pornographie musste Alice Schwarzer in einer Frau, die unbekümmert mit einem eher für Männer interessanten Sex-Sortiment zur mehrfachen Millionärin wurde, einfach ein Feindbild sein, eine Verräterin ihres eigenen Geschlechts. Dieselbe politische Naivität, die sie in den Hitlerjahren deutsche Jäger fliegen ließ, machte Beate Rotermund auch zur unfreiwilligen Zielscheibe einer Presse, die einfach nicht glauben wollte, dass sie das gesellschaftliche Umfeld, in dem sie sich befand, weitgehend abschalten konnte wie ein nervendes Fernsehprogramm.

Weder sollte sie jemals Selbstkritik an ihrer Luftwaffenzeit üben, noch konnte sie etwas mit dem Vorwurf der Frauenfeindlichkeit anfangen, zumindest so lange, wie diese sich nicht in Gewalt äußerte. Die einzige persönliche Begegnung mit Alice Schwarzer bei einer Talkshow artete in einer nach ihren Worten »völlig feindseligen Attacke« aus. Sie wollte fliegen, also ist sie geflogen. Sie wollte verkaufen, also hat sie verkauft. Punktum. Schließlich war sie Pilotin und Kauffrau – und keine Soziologin.

Zweites Kapitel

Die Flügel der Freiheit
Schulbesuch im Leben

»Und ihr kauft euer Gemüse wirklich im Laden?« Beate ist beeindruckt, aber auch nicht wirklich überrascht. Schließlich kommt Jochen aus einer Cranzer Arztfamilie, die sich eine tolle Villa leisten kann.

Jochen Heller lacht. Freundschaftlich legt er den Arm um das dreizehnjährige Mädchen, mit dem er zusammen in den Dünen sitzt und auf die Nordsee schaut. »Kann ja nicht jeder so ein Landei wie du sein«, sagt er.

»Landei! Das wirst du bereuen!«, schreit Beate in gespieltem Zorn und wirft sich auf den kichernden Jungen und kitzelt ihn, bis beide über und über mit Sand bedeckt und völlig außer Atem sind.

»Komm, die Hockeystunde fängt an«, japst Beate.

»Wir könnten auch einfach noch ein bisschen hier bleiben«, schlägt Jochen mit leiser Stimme vor.

»Spinnst du? Was sollen wir denn hier machen?«

»Da fällt mir schon was ein …«

Beate setzt sich so abrupt auf, dass Jochens Arm auf dem Sand landet, und schaut ihren Freund streng an. »Willst du etwa knutschen?«

Jochen wird rot. »Machen doch alle«, erwidert er lahm.

»Ist doch öde«, ruft Beate. Dann grinst sie. »Guck mal, da unten ...« Sie deutet auf eine Schar Jungen, die trotz der Dezemberkälte ihre Hosen und Jacken ausgezogen haben und ins eisige Meer rennen. »Wer als Erster da ist«, ruft sie Jochen noch über die Schulter zu und jagt die Düne hinunter. Jochen Heller lässt sich das nicht zweimal sagen. Im Galopp verfolgt er das Mädchen, das sich seine Freundin nennt und das er noch nie geküsst hat. Aber er holt es nicht ein; als er ankommt, tobt eine nackte Beate bereits mit ihren Kameraden in den Wellen. Sie ist einfach zu fix, denkt Jochen, das schnellste Mädel, das er je kennen gelernt hat. Aber genau dafür liebt er es ja – auch wenn das dumme Ding, wie es ihm viele Jahre später gestehen sollte, das überhaupt nicht mitbekommen hat.

Sechs Jahre erst gab es die »Schule am Meer« auf der deutschen Nordseeinsel Juist, als Beate Köstlins Mutter ihre zwölfjährige Tochter dorthin schickte. Die Schule in Cranz erfüllte die Ansprüche nicht mehr, die sie an die Ausbildung ihres Kindes hatte, das Gymnasium in Königsberg war über 40 Kilometer entfernt und damit viel zu weit weg – Beate hätte in der Woche zur Untermiete bei einer zuverlässigen Pensionsfrau wohnen müssen. Außerdem war es eine sehr traditionelle Schule und stand damit im Widerspruch zu den Erziehungsidealen, die das liberale Landwirtspaar aus Wargenau hatte.

Das Internat von Martin Luserke dagegen versprach all das, was den Köstlins für ihre Jüngste so wichtig erschien: die Förderung von Eigenart und Selbstwert, Naturverbundenheit, Freude am kreativen Gestalten, Sport, Sport, Sport, Theaterspiel und viel Musik, unterrichtet von Eduard Zuckmayer, dem Bruder des Dramatikers. Für die rund 150 Schüler, die aus allen sozialen Schichten kamen, ein wahres Paradies – bis zum Katastrophenjahr 1933. Nach der Machtergreifung durch die Nationalsozialisten sah Luserke keine Möglichkeit mehr, die Schule in seinem Sinn weiterzuführen. 1934 wurde sie geschlossen. Der von seinen Schülern verehrte »Dichter des Meeres« machte sich mit seinem Boot »Krake« auf lange Reisen, schrieb in der Nachkriegszeit viel gelesene Bücher wie *Hasko, der Wassergeuse* und starb mit 88 Jahren im nordfriesischen Meldorf.

Als Zögling des Juister Heims durfte die kleine Beate profitieren von der experimentierfreudigen historischen Nische zwischen Kaiserreich und nationalsozialistischem Terror. Nie lief sie Gefahr, sich durch ein Schulsystem alten Stils verbiegen zu lassen, das eine dem Selbstzweck dienende Disziplin und Unterwerfung verlangte – welchem bärtigen Gott auch immer gegenüber.

Ob Hermann Hesse in seinem Schulroman *Unterm Rad* (1906), Robert Musil in *Zögling Törless* (1906), Alfred Andersch 14 Jahre später in *Vater eines Mörders* oder Thomas Mann über Hanno Buddenbrook im Jahre 1901: Sie alle beschrieben die Lehranstalten, im Besonderen die Militärschulen, als Institutionen der systematischen Demütigung sowie der geistigen und moralischen Kastration junger Menschen, auch noch im 20. Jahrhundert. »Ich verabscheute die Schule und tat ihren Anforderungen bis ans Ende nicht Genüge«, bekannte Thomas Mann im *Lebensabriss*; seine Romanfigur Hanno lässt er die langen Unterrichtsstunden des Katharineums hassen: »Die Sekunden dehnten sich martervoll.« Hermann Hesse sagte über die eigene Schulzeit, auf der die Erlebnisse seines Tagträumers Hans beruhen: »An mir hat die Schule viel kaputtgemacht, und ich kenne wenig bedeutende Persönlichkeiten, denen es nicht ähnlich ging. Gelernt habe ich dort nur Latein und Lügen ...«

Diese literarischen Zeugnisse des Sadismus, des geistigen Leerlaufs und einer säbelrasselnden Disziplin und Vaterlandstreue lassen allerdings kaum ahnen, dass sich um die Jahrhundertwende machtvolle gesellschaftliche Umwälzungen vollzogen, die gerade auch das Schulsystem betrafen. Wie in Parallelwelten blühten und vergingen eine Vielzahl von sozialen Tendenzen, Phänomenen und Ereignissen in Kunst, Politik und Wissenschaft.

Gräfin Dönhoff wurde zwar hauptsächlich von Hauslehrern unterrichtet, erlebte aber 1924 eine kurze Episode als Schülerin in Potsdam. Ihre Erinnerungen daran illustrieren den zerrissenen Geist der Zeit. In ihrem *Ostpreußischen Tagebuch* berichtet sie, wie ein Mitschüler ihr gestand, dass er kein Monarchist sei. Worauf die 15-Jährige – und dabei war ihr »ganz revolutionär zumute« – geantwortet hatte: »Ich auch nicht«: »Der Kaiser war erst seit ein paar Jahren von der Bühne abgetreten, und angesichts unseres Herkommens war eine solche Äußerung wenn auch nicht revolutionär, so doch zumindest ein Beweis dafür, dass jede Generation neue Maßstäbe setzt.«

Die zwanziger Jahre, zeitlich eingepfercht in Äras der Autoritätshörigkeit, waren in Preußen durchaus geprägt von bildungspolitischen Reformansätzen – genauer gesagt, von Modernisierungstendenzen, die sich bereits gegen Ende des 19. Jahrhunderts angedeutet hatten und während des Krieges zum Erliegen gekommen waren. Die industrielle Revolution und die technologische Entwicklung der Kaiserzeit verlangten nach immer mehr gut ausgebildeten Arbeitskräften.

In diesem Klima des Umbruchs, der »Umwertung aller Werte«, hatte der für die späten wilhelminischen Jahre charakteristische Unternehmungsgeist jene ungeheuren Innovationsschübe in Gang gesetzt – untermalt vom Klang rasselnder Säbel. So findet in *Die Modernität des Wilhelminismus* der Publizist und Verleger Wolf Jobst Siedler sogar, dass die zwanziger Jahre »nur frühere Tendenzen vollstreckten«. Die Nachkriegszeit sei, verglichen mit dem revolutionären Elan des Kaiserreichs, nur »Vollzugsbeamter der Geschichte« gewesen.

Damals wurde die Schulpflicht durchgesetzt und ein staatlich organisiertes, finanziertes und kontrolliertes Schulsystem etabliert.

Das allerdings war ständisch gegliedert und teilte sich auf in Anstalten für die niederen Stände und höhere Schulen, die in der Regel begüterte und männliche Schüler besuchten. In der achtklassigen Volksschule waren – für die zukünftigen Soldaten – paramilitärische Übungen an der Tagesordnung. In den Gymnasien verstanden sich die Lehrer eher als Wissenschaftler, fühlten sich durch ihre Lehraufgaben eher gestört, als dass sie darin Erfüllung fanden. Und erst 1908 bekamen einige preußische Schulen das Recht, Mädchen das Abitur ablegen zu lassen.

Nach dem Krieg schaffte es die Weimarer Republik, das ständische System abzuschaffen – wenn auch die Nationalversammlung sich gegen einen völligen Umbau aussprach. Das Reichsschulgesetz schrieb eine vierjährige Grundschule fest, in der Kinder aller Schichten gemeinsam unterrichtet wurden, die Entscheidung für eine höhere Laufbahn sollte also erst danach fallen. Bildungsmöglichkeiten standen nun ungeachtet der sozialen Herkunft zumindest theoretisch allen offen.

In den *Bestimmungen über die Mittelschule in Preußen* von 1925 heißt es: »Es ist selbstverständlich, dass sich der Unterricht auf der Eigentätigkeit der Schüler, der geistigen wie der körperlichen, aufzubauen hat, dass die Unterrichtsergebnisse unter Führung des Lehrers durch Beobachtung, Versuch, Schließen und selbständiges Lesen erarbeitet werden müssen.« Dem Lehrer sollte also nur noch eine lenkende Rolle zukommen. Und: »Nie wieder«, so ein Aufruf des preußischen Kultusministers Haenisch, »soll die Schule zur Stätte der Volksverhetzung und Kriegsverherrlichung werden.«

Doch der Gehorsam fordernde Geist Wilhelms II. konnte in den kurzen Jahren der Republik nicht getötet werden, schon gar nicht auf dem Land. Noch immer mussten die meisten deutschen Schüler viele Stunden am Tag stillsitzen, zuhören, aufschreiben, memorieren – eine für Kinder fast unmögliche Aufgabe, die nur durch ständige Disziplinierung aufrechterhalten werden konnte. Der Umbau des Schulsystems konnte nicht verhindern, dass immer noch meist nur Jungen aus guten Familien das Abitur ablegten. Und auch den immer lauter klingenden vaterländischen Parolen der deutschen Jugend hatten demokratische Lehrinhalte nichts entgegenzusetzen – die nationalistischen Strömungen intensivierten sich im Gegenteil noch.

Erst 1976 wurde die Prügelstrafe in Schulen in Baden-Württemberg als letztem deutschen Bundesland endgültig abgeschafft, wenn sie zumindest in Großstädten auch selten angewendet oder sogar geächtet wurde. Zur selben Zeit aber, als Beate Köstlin nach Juist reiste, mussten unartige bayerische Kinder selbst bei kleinen Vergehen etliche Minuten auf der spitzen Seite eines Holzscheits knien. Auch der Rohrstock kam zum Einsatz und demütigende Strafen wie das Aufsetzen von Eselsohren oder das Umhängen einer Schandtafel – von der Entfernung des Schulalltags vom wirklichen und der Reduzierung des Intellekts auf das bloße Auswendiglernen von Fakten einmal ganz abgesehen.

Deutsche Schüler jener Jahre saßen aufrecht und mit verschränkten Armen an kleinen Pulten, immer mit der Möglichkeit rechnend, dass ein heftiger Schlag mit dem Lineal auf ihren Händen landen könnte oder eine Backpfeife in ihrem Gesicht. So täuschten sie Aufmerksamkeit vor, wenn sie die Vorträge der strengen Pädagogen noch so überflüssig und realitätsfern fanden. Natürlich waren die meisten Jugendlichen froh, die Anstalten mit meist 14 Jahren verlassen und ins wirkliche Leben eintreten zu können.

Ganz im Gegensatz dazu stand eine andere Entwicklung. Bereits im Kaiserreich hatte sich, ausgelöst durch die großen sozialen Veränderungen, eine neue Sicht auf die Kindheit abgezeichnet: die »Bewegung vom Kind aus«. Es wurden weniger Kinder geboren, und auch die blieben immer mehr von Kinderarbeit verschont. Eine beginnende Kinderheilkunde und -psychologie lenkte die öffentliche Aufmerksamkeit auf die frühen Jahre.

Das Kindsein war nun mehr als eine Vorstufe zum Menschsein – und die Söhne und Töchter galten als eigenständige Charaktere anstatt bloß als die Zukunft sichernde Erben. Die Erwachsenen versuchten sie in ihrem Anderssein zu begreifen, und damit auch ihre Ängste, Denkweisen, ihr Spiel und die kindhafte Sicht auf die Welt.

Entsprechend entwickelte sich in den Gesellschaften, die von der industriellen Revolution geprägt waren, neue Vorstellungen von der Erziehung des Kindes. Die so genannte Reformpädagogik breitete sich in Schweden wie in England und in Nordamerika aus. Rainer Maria Rilke, der sich intensiv mit der Aufbruchsbewegung beschäftigt hatte, lässt Kasimir in seiner Erzählung *Im Gespräch* die neue Meinung auf den Punkt bringen: »Kunst ist Kindheit nämlich. Kunst heißt, nicht wissen, dass die Welt schon ist, und eine machen. Nicht zerstören, was man vorfindet, sondern einfach nichts Fertiges finden. Lauter Möglichkeiten. Lauter Wünsche ... Niemals vollenden. Niemals den siebenten Tag haben. Niemals sehen, dass alles gut ist. Unzufriedenheit ist Jugend.«

Doch Inhalte der Reformpädagogik – und gerade auch deren Widersprüche – speisen sich aus der seltsamen Mischung aus Erstarrung und Aufbruch, die die beiden Jahrzehnte vor und nach dem Ersten Weltkrieg kennzeichnet. Begründet wurde die Bewegung zunächst von Einzelgängern, Idealisten, die die Enttäuschung über die offizielle Erziehungspolitik des Kaiserreichs einte und ein aufklärerisches Sendungsbewusstsein – wie Martin Luserke mit seinen Gesinnungsgenossen, den »Pädagogischen Rebellen«. Ein Sammelbecken junger Avantgardisten entstand, in dem sich eine Vielzahl von Gruppen zusammenfand. Sie teilten den Abscheu gegen preußische Disziplin, die Inhalte des Lehrplans und die Art des Unterrichts, aber auch die Kritik an der Dekadenz der Zivilisation und ihren Auswüchsen »Mammonismus, Alkoholismus, Nikotinismus und Sexualismus«, als die sie der Schulreformer Hermann Lietz geißelte. Schulen, so fanden die Aufklärer, sollten nicht Wissen drillen, sondern den Charakter bilden.

Sie alle hatten begeistert *Das Jahrhundert des Kindes* gelesen, den Bestseller der Pädagogin und Frauenrechtlerin Ellen Keys, die Rilke »Anwalt und Apostel des Kindes« nannte. Die Schwedin forderte, dass die »Seelenmorde an den Schulen« und ihr systematischer Kampf gegen den individuellen Charakter endlich aufzuhören habe – und zwar durch die Erziehung in »Schulen der Zukunft«. Die Ideen stießen weltweit auf ungeheure Resonanz: In nur sechs Jahren, zwischen 1902 und 1908, erreichte das Buch 14 Auflagen.

Die jungen Rebellen machten sich daran, die Visionen von Keys in die Wirklichkeit umzusetzen. Gerade in Deutschland gründeten sie jede Menge neuer, freier Schulen. Zu den Pionieren zählen Hermann Lietz und seine Landerziehungsheime wie Ilsenburg (entstanden 1898), Paul Geheeb mit seiner Odenwaldschule (1910) sowie Gustav Wynekens Schule Wickersdorf im Thüringer Wald (1906), ferner auch die Schule, die der Anthroposoph Rudolf Steiner 1919 für die Kinder der Arbeiter in der Zigarettenfabrik Waldorf-Astoria schuf.

Das gemeinsame Anliegen dieser freien Schulen – deren Konzept sich letztlich aus den schon 150 Jahre alten Vorstellungen Jean-Jacques Rousseaus speiste – war die Förderung der Gruppen- und Projektarbeit, Künste, Sport und eine manchmal überromantische Bewunderung und Mythisierung der Natur. Den Gründervätern schwebte eine Einheitsschule vor, die nicht an Konfessionen gebunden war und soziale Barrieren überwand, vor allem aber die Orientierung an den Bedürfnissen und Fähigkeiten des Kindes. Das Erziehungsziel war ausgesprochen individualistisch. Das Kind sollte das entfalten, was in ihm steckte, ohne sich an den fremden Normen der Erwachsenenwelt orientieren zu müssen. Mittel dazu war das Prinzip der gemeinsamen Erziehung. Mit der Gruppe als Spiegel, mit der Verantwortung für sie und der Findung der eigenen Rolle in einer Gemeinschaft, so die These, bilde sich die individuelle Persönlichkeit heraus.

Zudem waren alle mehr oder weniger an der »deutschen bürgerlichen Jugendbewegung« orientiert, die zwischen 1896 und 1933 blühte. Die Jungen nämlich zeigten sich entsetzt vom Fortschrittstaumel und der Technikgläubigkeit der ausgehenden Kaiserzeit und wollten die Vergangenheit als nationales Gut neu erleben. In den frühen Jahren, der Zeit des »Wandervogels«, suchten sie das Gute, Wahre und Schöne, das sie in alten Volksbräuchen zu finden glaubten und auf Fahrten durch deutsche Landschaften wie vor ihnen schon die mittelalterlichen Vaganten. Gemeinsame Identität fanden die vielen Bünde in ihrem – anfangs noch eher unpolitischen – Deutschsein, in der Verherrlichung von Wikingertum und germanischen Mythen. Mit den Jahren wurde die Suche nach einer völkischen Identität immer stärker – und damit auch deutlich antisemitischer: Die Juden waren nun ein »feindliches Volk«.

So sind auch die freien Schulen der wild wuchernden Reformpädagogik, die alle von den Inhalten der Jugendbewegung inspiriert wurden, extrem unterschiedlich – auch wenn sie unter dem Einheitsbegriff zusammengefasst wurden. Manche sind radikale Gegenentwürfe zur Staatsschule, manche eine ländlich-idyllische Spiegelung der Durchschnittsgesellschaft. Während man Hermann Lietz durchaus als Antisemiten bezeichnen kann, war die Odenwaldschule ausgesprochen liberal. Ihr Gründer Paul Geheeb verabscheute die Begeisterung für Vaterlandstaumel und alles Völkische.

In der Weimarer Republik setzte sich der Gründungseifer fort: 1920 gesellte sich etwa Kurt Hahns Salem am Bodensee zu dem losen Verband freier Schulen hinzu, 1928 Max Bondys Lüneburger Schule. Wenn die Impulse für die Reformpädagogik auch noch aus dem Kaiserreich herrührten, blühte sie ab 1919 richtig auf. Wie auf allen anderen gesellschaftlichen und kulturellen Ebenen realisierten sich die pädagogischen Projekte in rasantem Tempo.

Durch die Begründung eines demokratischen Rechtsstaats erhielt die Aufbruchsbewegung einen ungeheuren Schub. Die einzelnen Reformer schlossen sich in Übergruppen wie dem »Weltbund für die Erneuerung der Erziehung« zusammen. Am Ende der Weimarer Republik zählte eine Studie rund 200 Versuchsschulen in Deutschland, die Bewegung stieg auf aus dem Schattendasein einer lebensreformerischen Subkultur ins öffentliche Bewusstsein.

Das Bürgertum jedenfalls, das durch die Auswüchse und die Rasanz der Auflösung gewohnter Strukturen stark verunsichert war, sympathisierte in großen Teilen mit den Ideen der charismatischen Visionäre und vertraute ihnen gerne ihre Kinder an – wie die Eltern Beate Köstlins. Die Ideen der Reformer gehörten nach der Jahrhundertwende zu den bevorzugten Gesprächsthemen der Gebildeten, und auch in der Presse wurden sie immer wieder durchaus wohlwollend diskutiert.

Doch das war nur die eine, die progressive Seite der erzieherischen Experimentierwiesen. Die andere Seite – die »anti-aufklärerischen, anti-demokratischen, teilweise sogar rassistischen Denkformen«, die der Erziehungswissenschaftler Wolfgang Keim in einem Aufsatz für die *Frankfurter Rundschau* benennt – verrät die Verwandtschaft zum nationalsozialistischen Gedankengut.

In der Weimarer Republik zeigte die Jugendbewegung, aus der sich die Ideen der neuen Pädagogen speisten, ohnehin ein extrem soldatisches Gesicht. Begriffe wie »Blut und Boden«, »Volk und Reich« setzten sich durch, den Arbeiter stilisierte man zum Hoffnungsträger und Wegbereiter eines neuen Nationalstaats. Und so gerieten die Hoffnungen auf einen »sozialrevolutionären Sozialismus« in gefährliche Nähe zu ultrakonservativem Gedankengut – die geistige Nährlösung für Hitlers Theorien.

Ebenso wie die Bündische Jugend zogen auch junge Sozialdemokraten mit der Gitarre durchs Land, um der so genannten Amerikanisierung des Alltags zu entfliehen: ein abwertendes Schlagwort der Zwanziger und Dreißiger für moderne Ideen und technischen Fortschritt. Sicher, manche hatten selbst in den Schützengräben des Ersten Weltkriegs gelegen, gehörten einer »verlorenen Generation« an, deren Väter gefallen waren. Und nach der Weltwirtschaftskrise mussten sie feststellen, dass sie überflüssig waren, dass der Arbeitsmarkt keinen Platz für sie bereithielt. Die Angst und die Hoffnungslosigkeit machten für Adolf Hitlers Männer der Weg frei: Ab 1930 nahm eine ungeheure Propagandamaschinerie den Betrieb auf. Während sich immer mehr Jugendliche in den Bünden zusammenschlossen und als gesellschaftlichem Gegenentwurf von einem »Jungenreich« träumten, ahnten sie nicht, dass die Hitlerjugend als Einheitsorganisation Deutschland bald von allen Bünden bereinigen sollte und die totale geistige Gleichschaltung der Jugend durchsetzen würde.

Eine Entwicklung, die viele der freien Schulen widerspiegelten. Manche in ihrem Nationalismus, der mit einer progressiven Pädagogik und der Romantisierung des Völkischen Hand in Hand ging, andere nur in ihrer Besinnung auf Natur und Kunst, gekoppelt mit einem gefährlichen Ignorieren von politischen Prozessen. Eigentlich hatten die Schulen ja die Wirklichkeit, den Alltag, ins Schulhaus holen sollen – doch nun waren auf einmal gesellschaftliche Schonräume mit »Zauberberg«-Atmosphäre entstanden.

So bekam auch Beate Köstlin vom Weg Deutschlands in die Katastrophe nichts mit. Als typisches Jungensmädchen konzentrierte sie sich auf den Sport. Wie schon auf dem Rittergut zog sie die Gesellschaft von Knaben der der Mädchen vor, denn die »schienen mir alberne Wesen zu sein, wehleidig, maulig – und nicht sportlich genug«. Eine wirkliche Freundin hatte sie nie. Auch in ihrem späteren Leben sollte sie sich mit Männern immer besser verstehen als mit Frauen. Während der Bruder Ulrich für sie die Heldenrolle spielte – »auf meinen großen Bruder war ich enorm stolz, weil der alles wusste, was ich nicht wusste« – , waren sie und ihre Schwester Etti »sich nicht grün: … Sie beschwerte sich immer, dass sie viel schlechter dran sei als ich und dass ich vorgezogen würde. Etti war eine Dame … ich war ein Räuber, wild und hopsig.«

Nun aber war Beate ein Backfisch – und versuchte, mit den physischen Veränderungen in ihrem eigenen Körper und dem Erwachsenwerden fertig zu werden, vor allem aber mit der Pubertät der anderen. In ihrer Biografie stellt sie sich als ausgesprochen kindliches Kind dar, das das – von der Schule tolerierte – Herumgeknutsche der anderen stets ein wenig peinlich fand. Nie sollte Jochen den ersehnten Kuss bekommen. »Liebe«, so schreibt sie, »war mir unheimlich …« Nackt mit Jungs in den Wellen zu baden war eine Sache – Zärtlichkeiten eine andere, weitaus gefährlichere. Und so sollte es noch einige Jahre bleiben.

Die biologischen Vorgänge waren dem Landkind allerdings durchaus vertraut. Otto und Margarete Köstlin hatten weder aus der Fortpflanzung ein Geheimnis gemacht noch aus der Liebe. Und während die meisten deutschen Bürgerstöchter noch bis zur Ehe in der Furcht lebten, vom Küssen schwanger zu werden, und deren Eltern niemals der Gedanke gekommen wäre, ihre Kinder aufzuklären, wusste Beate schon, was Kondome waren.

So oft war sie Zeugin gewesen, wenn Haustiere sich gepaart hatten, dass sie die Erklärungen der Mutter gelassen und nur leidlich interessiert zur Kenntnis nahm, die Fortpflanzung war »so normal wie Melken oder Hühnerfüttern«. Noch bevor sie wirklich neugierig werden konnte, wurden die noch nicht ausgesprochenen Fragen bereits gründlich und sachlich beantwortet. Auf Wargenau standen ihr medizinische Lexika zur Verfügung, um die menschliche Anatomie kennen zu lernen – in den zwei Jahren auf Juist und den folgenden beiden Jahren auf der Odenwaldschule dann echte Jungs. Und mit denen ging sie auf Klassenfahrt ins Land der Liebe.

»Dass es eine solche Schule in Deutschland einmal geben konnte! Nationalismus und Rassenwahn hatten nie aufgehört, das öffentliche Leben des Reiches zu vergiften; hier aber, in dieser Oase der Gesittung, herrschte die Toleranz.«

Dies schrieb Klaus Mann 1944 in *Der Wendepunkt* über seine Jahre als 16-Jähriger in der Odenwaldschule, die er 1922 ein Jahr lang besucht hatte. »Die Kurse interessierten mich nicht. Paulus, der Verständnis für mein Verlangen nach Einsamkeit und privater Lektüre hatte, dispensierte mich von vielen Unterrichtsstunden. Ein großer Teil des Tages gehörte mir selbst – meinen eigenen Träumen und Meditationen. Ich nutzte die Zeit, die mir so großzügig gewährt ward. Ich las.«

Wenn man bedenkt, dass Paul Geheebs Odenwaldschule eine der international renommiertesten und auch revolutionärsten freien Schulen ihrer Zeit war, erstaunt es zunächst, dass die Erlebnisse im Oberhambacher Internat an der Bergstraße Beate Rotermund in ihrer Autobiografie gerade mal eine Seite wert waren – obwohl die damals 14-Jährige immerhin zwei Jahre dort verbrachte.

Sicher, sie fand den vielen Sport ganz prima und auch den Gemeinschaftsgeist, der durch die Villenanlage wehte. Doch es scheint, dass Beate zwar durchaus von den Früchten der liberalen Erziehung profitierte, aber sich nie wirklich darüber im Klaren war, wie dankbar sie hätte sein müssen, dass sie sich so frei hatte entwickeln können. Niemals reflektierte sie, dass das Schicksal ihr, verglichen mit gleichaltrigen Kindern, eine glückliche Sonderrolle als weißer Rabe geschenkt hatte.

Dabei ist es durchaus nachvollziehbar, dass die kleine Köstlin ihr Glück ganz selbstverständlich hinnahm. Schließlich hatte das Mädchen kaum Vergleichsmöglichkeiten. Es wusste einfach nicht, dass andere Kinder nicht aufgeklärt wurden, keine emanzipierte Mutter hatten und keinen fürsorglichen Vater, dass sie keine Reformschulen besuchten. Die erwachsene Frau Rotermund aber verhielt sich ganz ähnlich wie das Kind Beate: Ihr war zwar klar, dass ihre liberalen Eltern und die Internatserziehung sie vor bedingungsloser Gläubigkeit der nationalsozialistischen Propaganda und der wirtschaftlichen wie politischen Achterbahnfahrt der zwanziger und dreißiger Jahre weitgehend geschützt hatten. Doch dass ihr frühes Leben auf der Sonnenseite sie auch zu einem Menschen gemacht hatte, der sich vorwiegend auf die eigenen Erlebnisse und Gefühle konzentrieren durfte – das hat sie nie gesehen.

So genoss die ostpreußische Bauerntochter unbeschwerte Jahre in einer Schule, die auf progressive Neuerungen setzte wie die Koedukation und das Kurssystem. Sie erlebte eine friedliche Jugend, die sich kaum von der eines heutigen Kindes unterscheidet – und das in den politisch so explosiven Jahren nach der Machtergreifung der Nationalsozialisten.

Das, woran sie sich erinnert, ist rein persönlich – die erste Schwärmerei für den blonden Unterprimaner Uwe, der allerdings nur an älteren Mädchen interessiert war, und auch die Küsse von Klevi, einem etwas älteren Jungen aus Heidelberg. Auch in dieser Beziehung war Beate selbstbewusst genug, die Grenzen zu stecken. Obwohl selbst Mädchen ihres Alters allein bestimmen durften, wo sie ihre Nächte verbrachten, ließ sie sich nicht auf sexuelle Abenteuer ein, hatte ein instinktives Gefühl dafür, wie weit sie gehen durfte, für welches Maß an Erotik sie reif genug war – selbst wenn sie die Verdienste dafür großzügig ihrem Freund zuschreibt: »Er bedrängte mich nie; er spürte intuitiv, was ich fühlte; er streichelte mich gerne, und ich ließ mich gerne von ihm streicheln; er nötigte mich zu nichts, was ich nicht wollte – und Klevi merkte, dass ich noch nicht bereit war, mit ihm zu schlafen.«

Die Lust, die im Brechen von Tabus liegt, hat Beate niemals kennen gelernt, der Reiz des Verbotenen blieb ihr fremd. Sie durfte ja ohnehin alles tun, wonach ihr der Sinn stand – warum sollte sie sich dann auf Abenteuer einlassen, die ihr hätten gefährlich werden können? Warum eine Schwangerschaft oder eine lästige Abhängigkeit riskieren, wenn ihr doch einleuchtete, was die Mutter gesagt hatte: »Wenn du mit einem Mann schläfst, entsteht eine enge seelische Bindung ... Du findest den Mann toll, du heiratest ihn, und dann stellt sich heraus, es war doch nicht der Richtige. Dann bist du elend dran.«

Beate Köstlin wusste zwar noch nicht genau, was sie mit ihrem Leben anfangen wollte, aber dass sie nicht den konventionellen Weg einschlagen würde, von einem Prinzen träumte und einer Kinderschar, das war ihr klar. Und natürlich würde sie einen Beruf ergreifen – genau wie ihre Mutter und ihre Großmutter.

Paul Geheeb war ein exzentrischer Einzelgänger, der sich in einer Art Waldschrat-Look mit Kniebundhose und Prophetenbart gefiel. Er war Humanist, mit allen progressiven Kräften seiner Zeit in Berührung gekommen – der Frauenbewegung und dem Sozialismus genauso wie Wohlfahrtsideen. Er teilte zwar die Zivilisationskritik der anderen Erneuerer, doch war er deutlich weltläufiger.

Seine Odenwaldschule hatte sich in der Weimarer Republik zum Wallfahrtsort der internationalen aufgeklärten Erziehungswissenschaft entwickelt und unterhielt eine Vielzahl von Kontakten quer über den Globus – unter anderem mit Alexander Neill, dem späteren Gründer von Summerhill (entstanden 1927), der selbst einige Zeit an der Neuen Deutschen Schule in Hellerau unterrichtet hatte.

Geheeb hatte ein starkes Interesse an der Wiener Tiefenpsychologie und liebte die Natur – wenn auch ganz und gar nicht romantisch, sondern eher distanziert bewundernd. Auch damit zeigte er Distanz zur Jugendbewegung und dem naturverklärenden Credo der Landerziehungsheime. Der wichtigste Unterschied allerdings war, dass er zwar heimatverbunden war, aber den Hurra-Patriotismus, die Volkstümelei und das nationalistische Brimborium anderer Reformer entschieden ablehnte.

Sein Ideenspektrum umfasste etwa das Zusammenleben der Kinder in altersgemischten Internatsfamilien, die Koedukation und die Auflösung des Klassenverbands zugunsten einer Kursorganisation. Damit war er vielleicht der radikalste Erneuerer. In einem Brief von 1923 schrieb er: »… unser Milieu ist auch dadurch so kompliziert und differenziert, dass fast alle denkbaren Rassen und Nationen vertreten sind, unser Milieu in erfreulichstem Sinne international ist und auf politischem wie religiösem Gebiet die denkbar größte Differenzierung besteht.«

Deshalb zog Geheebs pädagogisches Experiment auch eine große Zahl von intellektuellen Gästen an: Die so genannten Besucherbücher der Odenwaldschule verzeichnen zwischen 1910 und 1933 rund 11 500 Einträge – dabei unter anderem die Politikerin und Frauenrechtlerin Clara Zetkin, bildende Künstler wie Ernst Barlach, Käthe Kollwitz und der später als »entartet« diffamierte Maler Karl Schmidt-Rotluff, Schriftsteller wie Ludwig Thoma und Frank Wedekind, den Historiker und Sohn von Thomas Mann, Golo, die Unternehmerin Käte Kruse und den Philosophen Martin Buber.

Doch das Interesse der deutschen und internationalen Intelligenzia bewirkte keineswegs, dass politisches Bewusstsein entstand. Die gesammelte Korrespondenz des Schriftstellers und Odenwaldschulzöglings Felix Hartlaub mit seinem Vater ist ein Zeugnis der intellektuellen Ambition der Schüler und der politischen Entwicklung Deutschlands – und auch dafür, wie wenig diese sich gegenseitig beeinflussten, wie heftig der gesellschaftliche Schonraum Schule verteidigt wurde. So lobte im Jahre 1928 der junge Autor, nachzulesen in *In seinen Briefen* (1958), zwar einerseits das offene geistige Klima: »Keiner von uns ist irgendwie gebunden, obwohl wir alle Elemente, Juden, Quäker, Theosophen, Protestanten, bei uns vereinigt haben. Keiner erhob Anspruch, irgendwie Christ zu sein; wir kommen zu den kühnsten Schlüssen, den tollsten Diskussionen …«

Andererseits stellte der 16-Jährige, der im Zweiten Weltkrieg fallen sollte, in einer Eintragung von 1929 fest: »Die Entwicklung der letzten drei Jahre hat wohl als Hauptinhalt: die langsame Verdrängung des Jugendbewegungsstils, der einst hier alles bedeutete, durch die Einflüsse der Stadt und Gesellschaft – eine ganz natürliche Tatsache. Aber diese Leute, die mit Amerikanismus, Flirt usw. alles ersetzen wollen, können nur zersetzend wirken. Denn unser Direktor hat eben kurze Hosen und den Apostelbart; der Landerziehungsheimgedanke lässt sich nicht mit dem Staat verquicken.«

Noch im Herbst 1933 fällt nicht einmal der Name Adolf Hitler. Verständlich, hatte Felix Hartlaub doch 1930 notiert: »Ich merke jetzt auch besonders deutlich, wie meilenweit doch Welt, Tag und Tagesereignisse abliegen. Man spricht vom politischen Geschehen mit Schmunzeln wie von Völkern, die weit in der Türkei aufeinander schlagen; man spricht sich zu, als spräche man von einem Land, das gar nicht existiert, was man nur besser nicht ausspricht. Nur wenige Menschen sehen den Dingen richtig ins Auge. Die meisten beschäftigen sich damit nur aus Sensationslust oder weil sie nichts an die Schule bindet, nichts dieser hiesigen Gegenwart verpflichtet.«

Nur ein einziges Mal, beim 20-jährigen Schuljubiläum im Jahre 1930, kam es wohl zu einer hitzigen Debatte, und zwar unter den ehemaligen Schülern, die längst in der Wirklichkeit gelandet waren. Das Thema: Geheebs Neigung, politische Probleme zu pädagogisieren, anstatt sie kontrovers zu diskutieren.

So blieb die Politik im schulischen Abseits, selbst an diesem Hort der Liberalität und nicht nur auf echten Inseln wie der Anstalt auf Juist – der einzigen Schule, die geografisch abgeschnitten war von der Wirklichkeit des Festlands.

Dass Luserkes Schule schließen musste, weil sie dem neuen Regime nicht ins völkische Konzept passte, erwähnte Beate Rotermund in ihrer Autobiografie mit keinem Wort. Vage gibt sie »finanzielle Schwierigkeiten« als Grund an. Als sie dann später, kurz nach der Machtergreifung der Nationalsozialisten, auf die Odenwaldschule wechselte, mag sie gar nicht registriert haben, dass deren legendäre Leiter schon gar nicht mehr da waren. Entweder hat sie nicht gewusst oder fand es nicht wichtig, dass Paul und Edith Geheeb 1932 in die Schweiz emigrierten und dort die »École d'Humanité« gegründet hatten.

Kurz nachdem Beate 1935 die Schule verlassen hatte, wurde wieder in Jahrgangsklassen unterrichtet, ausländische Lehrkräfte mussten gehen. Vier Jahre später dann sollte der freie Geist endgültig erstickt werden. Der Reichsarbeitsdienst beantragte die Übernahme der Odenwaldschule, die, »da ihr Sinn der nationalsozialistischen Erziehungsgemeinschaft widerspricht, nicht von Dauer sein« werde. 1944 wurde die baldige Verstaatlichung festgelegt – zu der es aber so kurz vor Kriegsende dann doch nicht mehr kommen sollte.

»Die sehen aber schick aus, findest du nicht?«

Ihre Klassenkameradin stößt sie in die Rippen, und Beate muss kichern. Vor der Schule stehen einige ältere Jungen mit raspelkurzen blonden Haaren und in schwarzen Shorts und braunen Hemden mit Schulterklappen. Dazu tragen sie Halstücher, befestigt mit Lederknoten – und lächeln ihr zu, eindeutig ihr, wie sie findet, und keineswegs ihrer schwarzhaarigen, etwas pummeligen Begleiterin.

»Kennst du die?«

»Klar, du etwa nicht?«

Beate schüttelt den Kopf. Woher auch sollte sie die Jungs kennen, schließlich ist sie die letzten drei Jahre in Internaten gewesen, und die Dorfkinder in Wargenau hatten weder Schulterriemen noch Fahrtenmesser.

»Das sind die von der HJ«, belehrt die Freundin sie. »Du weißt schon, Hitlerjugend.«

Hitlerjugend? Vage erinnert sich Beate, dass ihre Eltern ab und zu von einem Hitler geredet hatten, aber sie hatte kaum zugehört. Soweit sie weiß, war das so ein Politiker aus Österreich, den auch viele Leute in Deutschland ganz großartig fanden. Ihre Eltern allerdings mochten ihn nicht besonders gut leiden.

Der Größere der beiden lächelt sie wieder an. Automatisch grinst Beate zurück.

»Komm, lass uns gehen, Beate«, sagt die Freundin. »Ich habe keine Lust, mit denen zu reden.«

»Warum denn nicht?« Beate bleibt stehen. »Die scheinen doch ganz nett zu sein.«

»Du hast wirklich keine Ahnung«, erwidert die Freundin verächtlich. »Man merkt wirklich, dass du aus der Provinz kommst ...«

»Das ist gemein«, antwortet Beate wütend. »Nur weil du aus Frankfurt kommst, musst du ja nicht so angeben. Du triffst doch keinen Ball beim Hockey.«

»Hockey ...«, stöhnt die Freundin. »Du hast auch nichts im Kopf außer deinem Sport. Weißt du eigentlich, warum die hier sind? Die versuchen uns zu überreden, bei ihnen mitzumachen.«

»Wobei denn mitmachen?«

Der große Junge, der eben noch mit einem anderen Kind geredet hatte, kommt langsam auf die beiden zu.

»Na, bei den Vereinsabenden natürlich«, zischt die Freundin. »Und bei den Geländespielen. Komm, lass uns verschwinden, bevor die dich auch noch anquatschen.«

»Wieso mich und nicht dich?«

Die Freundin fasst Beate am Arm und sieht ihr in die Augen. »Weil ich Jüdin bin, du dummes Ding«, sagt sie ernst. »Und Jüdinnen wollen die nicht dabeihaben, das kann ich dir flüstern.«

»Du spinnst.« Beate versteht überhaupt nicht, warum ihre Freundin auf einmal so zickig ist. Typisch Mädchen eben. Was sollte denn irgendein Mensch auf der Welt gegen Juden haben? In der Schule sind doch jede Menge Kinder jüdisch. Oder katholisch oder evangelisch oder auch überhaupt nichts, das spielt doch überhaupt keine Rolle. »Ich will ja einfach nur wissen, was der eigentlich will«, sagt sie störrisch. »Dann geh du eben schon mal vor, in Ordnung?«

»Gar nichts ist in Ordnung«, sagt die Freundin. Mit schnellen Schritten geht sie weg, dreht sich noch einmal um und ruft Beate zu: »Du wirst schon sehen, was du davon hast.«

Verblüfft sieht Beate ihr nach. Dann zuckt sie mit den Schultern und wendet sich dem Jungen in den kurzen schwarzen Hosen zu. Die Metallnägel an seinen Stiefeln klacken laut, als er näher kommt.

»Na?«, sagt er. »Deine Freundin ist wohl nicht so besonders sportlich, oder?«

»Woher willst du das denn wissen?« Obwohl Beate ziemlich sauer auf sie ist, hat sie das Gefühl, sie verteidigen zu müssen.

»Weil ich gehört habe, dass die keine Lust hat, bei uns mitzumachen. Und wir machen eben jede Menge Sport. Leichtathletik, Turnen, was du willst. Und manchmal fahren wir sogar in Ferienlager, singen, machen Lagerfeuer und so …«

»Klasse.« Beate spürt, wie sie Feuer fängt. Sport und Lagerfeuer, genau das Richtige für sie. »Seid ihr so etwas wie Pfadfinder?«

»Ja, so ähnlich. Nur dass bei uns eben die Erwachsenen viel weniger zu melden haben. Bei uns haben wir selbst das Sagen. Ich bin zum Beispiel Fähnleinführer, siehst du?« Der Junge weist auf eine Schnur an seinem Hemd. »Ich führe eine Gruppe von 120 Jungs an.«

Beate ist beeindruckt. Sie weiß zwar nicht, was ein Fähnleinführer ist, aber dass ein Junge, höchstens ein Jahr älter als sie, anderen sagen darf, was sie zu tun haben, findet sie toll. »Und was ist mit den Mädchen?«, fragt sie. »Machen die auch so viel Sport wie ihr?«

»Klar«, sagt der Junge. »Allerdings haben die Mädchen eine eigene Gruppe, den BDM.«

»Und tragen die auch kurze Hosen und sehen aus wie Soldaten?«

Der Junge grinst und knufft Beate spielerisch in die Schulter. »Nee, das nun nicht gerade. Aber eine Uniform haben die Mädels auch. Damit man uns gleich erkennen kann. Also, hast du Lust, mal vorbeizukommen?«

Unsicher dreht sich Beate um. Vielleicht ist ihre Freundin ja doch zurückgekehrt. Aber sie kann sie nicht entdecken. »Gut«, sagt sie dann zögernd. »Vorbeikommen kann ich ja mal ...«

»Famos!«, ruft der Junge. »Das wird dir bestimmt prima gefallen. Und weißt du, was? Hör nicht auf deine Freundin, das scheint mir so eine richtige Spielverderberin zu sein. Wir werden nämlich jede Woche mehr.«

Diesmal sagt Beate nichts mehr, um ihre Freundin zu verteidigen. Vielleicht hat der Junge ja Recht. Vielleicht gönnt sie es ihr ja einfach nicht, dass diese Hitlerjugend sie, Beate, dabeihaben will – und ihre Freundin eben nicht.

Beate Köstlin brachte alle Voraussetzungen für ein perfektes BDM-Mädel mit. »Vielleicht«, soll sie später überlegen, »war Sport damals der Schlüssel für mich zur Hitlerjugend.« Sie war deutschstämmig und von arischer Abstammung, blond und athletisch – »flink wie ein Windhund, zäh wie Leder«. Und auch wenn sie noch nicht »hart wie Kruppstahl« war – sie erfüllte alle Kriterien, die Joseph Goebbels sich von deutschen Frauen erträumte, sah »gesund und kräftig« aus, »graziös und hübsch«. Und sie hatte auch »keine Muskelpakete an den Armen und Beinen und einen Tritt wie ein Grenadier«.

Der »Bund Deutscher Mädchen« diente der »weltanschaulichen Schulung«, so hatte die BDM-Reichsreferentin Jutta Rüdigers den Zweck der Organisation definiert, der »sportlichen Ertüchtigung« und der »sozialen Einsatzbereitschaft« – wobei die Erziehungs-arbeit, wie Hitler es in *Mein Kampf* darlegte, in erster Linie dem »Heranzüchten kerngesunder Körper« diene und erst »in zweiter

Linie ... der Ausbildung geistiger Fähigkeiten«. Die BDM-Formel hieß: ein Drittel NS-Indoktrination, zwei Drittel Leibesübungen.

So programmierte man die Mädchen schon früh auf ihre Rolle: Diszipliniert und körperlich gut geschult, würden sie klaglos die künftigen Entbehrungen in einem Krieg auf sich nehmen und gesunde Kinder zur Welt bringen – und das, als Folge der ideologischen Unterweisungen, reichlich und freudig. Oder, wie es Reichsjugendführer Baldur von Schirach ausdrückte: »Unsere Mädel ... sollen Körper und Seele kräftigen und stählen, so dass sie fähig sind, Deutschland ein gesundes, starkes Geschlecht zu schenken.«

Viele Anreize sorgten dafür, dass die HJ attraktiv für die neuen Mitglieder war. Die Töchter bürgerlicher Familien konnten den starren Konventionen des Elternhauses entkommen oder versprachen sich Vorteile für ihre berufliche Laufbahn. Hitlers Credo »Jugend soll durch Jugend geführt werden« klang viel versprechend für die heranwachsende Generation, die mit den Ideen der immer nationalistischer denkenden Jugendbewegung aufgewachsen war und die ein heftiges Misstrauen gegen die Welt der Erwachsenen hegte. Dazu kam die Schmach, dass ihre Eltern den Krieg verloren hatten.

Natürlich war auch gerade für Jungensmädchen wie Beate Köstlin die Aussicht extrem verlockend, es den Knaben gleichtun zu können und mit ihnen auf einer Ebene zu stehen. Beim BDM durfte sie rennen, toben und jede Menge geschlechtsuntypischer Aufgaben übernehmen.

Dass all das leere Versprechungen waren, zeigte sich allerdings schnell: Die angebliche Verantwortung der Jugendlichen war nur Vorspiegelung, die eigentliche Befehlsgewalt behielten natürlich die Erwachsenen. Schließlich waren sie es, die die Mädelscharführerinnen und Fähnleinführer ernannten. Wahlen waren bei der HJ unbekannt. Die Fäden zog die NSDAP.

Auch der Part der Frauen in der HJ änderte sich je nachdem, welchen Nutzen er für Hitlers Absichten hatte: Der BDM ruderte mal Richtung Turnhalle, mal Richtung Kreißsaal, mal Richtung Kriegshilfsorganisation. Zu Anfang standen ästhetische Werte wie das nordische Schönheitsideal und Volkstänze weit höher im Kurs als am Ende der dreißiger Jahre. Da nämlich wurden aus den grazilen »Kulturträgerinnen« ganz schnell Gebärmaschinen und künftige Soldatenmütter, dann schließlich – nun endlich gehorsam, opferbereit, pflichtbewusst und mit trainierten Körpern – Blitzmädel, Betreuerinnen von Soldaten, Lazarett- und Luftwaffenhelferinnen sowie Arbeiterinnen in der Rüstungsindustrie.

Was als Moment der Emanzipation erlebt wurde, war in Wirklichkeit Gefolgschaftstraining. Besonders die Werte der speziellen »Glaube-und-Schönheit«-Organisation für die älteren BDM-Mädel waren in den Vierzigern komplett überholt. Dass sie Kurse in Körperpflege, Tanz und Säuglingspflege belegt hatten, half den deutschen Frauen im Bombenhagel nicht.

Ein Jahr nach der Machtergreifung und nur wenige Tage nach ihrer Anwerbung trug Beate Köstlin einen blauen Rock, eine kurzärmelige weiße Bluse, eine braune Weste, Halstuch und Lederknoten und eine braune Lederjacke. Wie einige andere Schülerinnen der Odenwaldschule auch war sie Mitglied einer der vier Teilorganisationen der Hitlerjugend geworden, dem BDM eben. Wer noch zu klein für HJ und BDM war, nämlich jünger als 14, konnte zu den Jungmädeln oder dem Jungvolk gehen. Die noch Jüngeren durften immerhin schon als Sechsjährige zu den »Küken«.

60-Meter-Lauf in 12 Sekunden? 20 Meter Schlagballwurf? Eine Hechtrolle über zwei Mädel? Die sportlichen Leistungen, die für die Aufnahme erbracht werden mussten, waren für die athletische Beate kein Problem, die paar Lieder und Merksätze erst recht nicht. Und während Hitler seine ersten Autobahnen baute, »gingen ich und ein paar andere einmal die Woche begeistert hinunter ins Dorf Oberhambach ... Wir turnten, übten gymnastische Figuren ein und nahmen an Geländespielen teil«, erinnert sich Beate Rotermund. Sie war »natürlich stolz«, als auch sie schon bald »eine Art Vorturnerin«, eine Fähnleinführerin, wurde und damit ungefähr 120 Mädel unter sich hatte. An mehr allerdings erinnert sie sich nicht – oder sie mochte sich nicht erinnern. »Was wussten wir denn schon von Hitler und dem eigentlichen Sinn der Hitlerjugend?«, fragt sie – eher rhetorisch – in ihren Lebenserinnerungen. »Nichts«, gibt sie dann selbst die Antwort. »Oberhambach lag aus der Welt: ein Nest an der Bergstraße.«

Was sicherlich stimmte, zumindest ansatzweise. Wahrscheinlich hatte Beate Köstlin in der Naturidylle des Odenwalds wirklich wenig mitbekommen von den Aufmärschen und Fackelzügen der Nationalsozialisten, deren Zeuge man in den Städten wurde. In ihre Schule gingen immer noch jüdische Kinder, während immer weniger die öffentlichen Anstalten besuchen konnten. Bis 1935 hatte sich die Zahl jüdischer Schüler an Staatsschulen bereits halbiert, nach der Reichskristallnacht waren sie dort praktisch nicht mehr vorhanden.

Die Odenwaldschule entging zunächst auch weitgehend der ideologischen Uniformierung des Lehrkörpers, die sich zwischen 1933 und 1936 abspielte, der Anfangsphase der NS-Schulpolitik. Jüdische, pazifistische und sozialistische Lehrer hatten den Hut nehmen müssen, aufgrund einer von den neuen Machthabern schnell zusammengebastelten Rechtsgrundlage.

An öffentlichen Anstalten stand ab 1936 statt Biologie »Vererbungslehre« und »Rassenkunde« im Lehrplan, in Geschichte vorzugsweise die der »nordischen Rasse«, und im Deutschunterricht wurde über »vaterländische Größe« doziert. Die freie Schule dagegen durfte weiterhin die »undeutsche« klassisch-humanistische Bildung vermitteln. Der Schulalltag verlief ohne Hitlergruß und Fahnenappelle weitgehend in der gewohnten Ordnung.

Gut, der Schulleiter Geheeb wohnte nun in der Schweiz. Aber er muss etwa in denselben Wochen emigriert sein, als Beate Schülerin wurde; mit Sicherheit führte das Mädchen sein Verschwinden ebenso wenig auf nationalsozialistische Einflussnahme zurück, wie es das bei der Schließung der Juister Schule getan hatte, wo es lediglich »finanzielle Probleme« vermutet hatte. Ohnehin scheint es wahrscheinlich, dass es sich kaum Gedanken darüber machte. Das Landkind war eben absolut apolitisch – und damit ein typisches Produkt seiner schulischen Umgebung.

Und dennoch hätte auch eine unbeschwerte, von der zeitgeschichtlichen Entwicklung bislang verschonte Jugendliche mehr wissen können. Denn einmal in der Woche muss auch das BDM-Mädel Beate, Hessische Meisterin im Speerwerfen, die so genannten Heimabende besucht haben – regelmäßige Veranstaltungen der HJ in behaglich eingerichteten, kerzenbeleuchteten Stuben, die der politischen Schulung dienten.

Sicher, dort wurden Lieder aus dem »Zupfgeigenhansel« gesungen, man bastelte und benannte die heimatliche Flora und Fauna. Aber die Schulungsleiterinnen sprachen auch über »das Deutschtum in aller Welt«, machten Rassenkunde zum Thema oder den »Führer und seine Bewegung«. »Halte das deutsche Blut rein«, lautete einer jener typischen Merksätze, die die Mädchen bei den Heimabenden immer wieder memorieren mussten, »wahre deine Ehre und deine Art bei der Begegnung mit Volksfremden« oder »Die Reinhaltung des Blutes liegt im Interesse aller wertvollen Rassen.«

Zudem hatte auch Beate am 20. April, Hitlers Geburtstag, den feierlichen Eid abgelegt: »Ich verspreche, in der Hitlerjugend allzeit meine Pflicht zu tun, in Liebe und Treue zum Führer und zu unserer Fahne.« Wie sie diesen Schwur mit ihrer liberalen Umgebung in Einklang brachte, darüber schweigt Beate Rotermund sich später aus. Auch die kleine Köstlin ist den militärischen Kommandos gefolgt, nach denen sich die sportlichen Übungen abspielten. Und wenn sie samstags nicht zum Unterricht kam, weil sie an diesen

Staatsjugendtagen auf den Sportfesten herumturnte, hätte ihr eigentlich auffallen müssen, dass die politisch opportune Freistellung vom Unterricht ihren progressiven Lehrern nicht unbedingt leicht gefallen war.

1926 war die HJ auf dem 2. Reichsparteitag von der NSDAP als nationalsozialistische Jugendbewegung gegründet worden – der BDM 1930 – und gehörte zu der so genannten Sturmabteilung, der SA. Kurz vor der Machtergreifung kam es zu einem Verbot der SA und damit auch der HJ. Es folgte ein einjähriges Zwischenspiel als »Nationalsozialistische Jugendbewegung«, dann gliederte Baldur von Schirach die HJ wieder der NSDAP an. Vier Jahre nachdem sich Beate Köstlin in ein BDM-Mädel verwandelt hatte, erklärte am 1. Dezember 1936 das »Gesetz über die Hitler-Jugend« die NS-Jugendorganisation zur Staatsjugend. Noch war die Teilnahme freiwillig, ab 1939 Pflicht.

Spielte die HJ in der Weimarer Republik neben den vielen anderen Jugendbünden eine Nebenrolle, sollte sich das ganz schnell ändern. 1932 fanden sich etwa 100 000 Mädchen und Jungen in HJ und BDM zusammen, im Jahr darauf schon 3,5 Millionen. Bei Beate Köstlins Eintritt war nur ein Viertel der HJ weiblich, bei Kriegsbeginn stellten Mädchen schon die Hälfte der inzwischen 8,7 Millionen Mitglieder.

Andere Jugendverbände gab es neben der Staatsjugend nicht mehr. Ob jüdisch, pazifistisch oder sozialistisch: Alle Vereinigungen, die noch aus der Weimarer Republik stammten, wurden entweder von der HJ geschluckt oder zerschlagen. Lediglich die Katholische Jugend schaffte es, unabhängig zu bleiben. Und noch kurze Zeit konnten sich eher lose und großstädtische Gruppen wie die »Edelweißpiraten« oder die »Swingjugend« dem Arm der HJ entziehen und das Unbehagen an der neuen Zeit durch einen unangepassten Lebensstil ausdrücken. Dann wurde den musikbegeisterten

Jugendlichen die Einberufung zugestellt. Oder sie wurden sogar wie die »Edelweißpiraten« hingerichtet.

»Von der Jugend«, hieß es im »Gesetz über die Hitler-Jugend«, »hängt die Zukunft des Deutschen Volkes ab.« Nun galt sie erstmals für einen Staat als Wert an sich – wenn auch ganz anders, als die deutsche Jugendbewegung es sich in den letzten vierzig Jahren erträumt hatte.

Durch den frühen BDM-Beitritt Beate Köstlins hätte eigentlich für sie eine Laufbahn nahe gelegen, die Hitler 1938 in einer Rede in Reichenbach für seine HJ konkretisiert hatte: erst Jungvolk, dann BDM, zwischen 17 und 21 Mitglied im BDM-Werk »Glaube und Schönheit«. Danach Arbeitsdienst, Eintritt in die Partei und für die Jungen Wehrmacht, für die Mädchen Rollen im Kriegshilfsdienst oder als vielfache Mutter. »Und sie«, so der Führer in seiner Rede über die Positionierung der jungen Deutschen, »werden nicht mehr frei sein für ihr ganzes Leben.«

Doch wieder einmal hatte das Mädchen aus Ostpreußen Glück. Noch bevor die BDM-Mädel ihre rhythmische Gymnastik aufgaben und Pulswärmer für die Soldaten an der Front strickten oder für die Winterhilfe sammelten, noch ehe sie sich um verwaiste Kinder kümmern und in Feldküchen helfen mussten, war die Bauerntochter schon dem BDM davongeflogen und in einem anderen Land. 1936 wurde eine fassungslose Welt Zeuge von Hitlers sommerlicher Propaganda-Olympiade und dem propagandistischen Schauspiel von begnadeten Körpern voller Kraft und Freude. Doch Beate Köstlin arbeitete als Au-pair-Mädchen in England.

Deutschlands größte Unternehmerin war ein Sonntagskind. Die Rollen, die die Zeitgeschichte für sie vorgesehen hatte, blieben ihr erspart. Weder musste sie sich gegen ein engstirniges Elternhaus und ein erstickendes Schulsystem durchsetzen, noch hatte sie unter dem rigiden Frauenbild ihrer Generation zu leiden – im Gegenteil, auf allen Ebenen erhielt sie Unterstützung, um ihre Talente zu entwickeln und ihre Neigungen zu verwirklichen. Auch die Not der Nachkriegsjahre scheint spurlos an Wargenau vorbeigegangen zu sein; während die Gräfin Marion Dönhoff detailliert vom spartanischen Leben jener Zeit berichtet und von der relativen Armut, die sogar sie im elterlichen Schloss kennen gelernt hatte, fällt in Beate Rotermunds Erinnerungen kein Wort über Hunger oder Entbehrungen, weder auf dem Gut noch im Dorf.

Und selbst wenn sie – in all ihrer Naivität – wie in der HJ mit politischer Propaganda in Berührung kam, prallte diese letztendlich an ihrem gesunden Menschenverstand ab. Sie war eine Meisterin darin, die Vorteile wahrzunehmen, die der BDM ihr bot, und den Rest einfach auszublenden. Die Freiheit und Fürsorge in ihrer Kindheit hatten ihr Gelegenheit gegeben, ein starkes Selbstvertrauen zu entwickeln, und auch die Schulen hatten ihren selbst gestellten pädagogischen Auftrag erfüllt, das Kind seinen ureigenen Charakter finden zu lassen. So standen im Zentrum von Beate Köstlins Gefühlen letztendlich nur sie selbst und ihre Ziele, mochte sie gleichzeitig auch noch so großzügig und liebevoll sein.

Wie auch hätte sie politisches Bewusstsein entwickeln sollen? Gegen welche Feinde hätte sie rebellieren können? Das Leben hatte ihr in der Jugend bittere Erfahrungen erspart. Und da sie reichlich mit Pragmatismus gesegnet war und weniger mit Phantasie, waren ihr die Zeichen der Zeit entgangen. Konzentriert auf ihre Visionen, mangelte es ihr an Sensibilität oder auch nur schlichtem Interesse für die Entwicklungen in ihrem Umfeld.

Beate Köstlins Welt war in Ordnung. Bis zum Ende des Krieges hatte sie sich stets in geschlossenen, harmonischen Zirkeln bewegt, Kokons, die das Unheil der Welt da draußen abschirmten. Mochten es das Gut sein, ihre Schulen – oder der Männer-Klub der Flieger.

Drittes Kapitel

Jahre als Pilotin
Die Welt von oben gesehen

»Ich will aber nicht studieren.«

»Natürlich willst du.« Die Momente, in denen Beates Mutter sich wirklich über ihre Tochter ärgert, sind selten. Aber dies ist so ein Moment, und sie wischt, ganz untypisch für sie selbst, die Weigerung Beates einfach vom Tisch. Da hätte dem Kind jede Universität im Land offen gestanden – ganz anders als ihr selbst, die sich immer noch mit Schrecken an die feindseligen Professoren in Heidelberg erinnert –, und das dumme Ding hat einfach keine Lust. Noch nicht einmal das Abitur mag es ablegen.

Sie bemüht sich, die Ungeduld in ihrer Stimme zu unterdrücken. »Schau mal, Beate«, beginnt sie einen neuen Versuch, ihre Tochter zur Vernunft zu bringen. »Du weißt, dass ich mir wünsche, dass du auch Medizin studierst und Kinderärztin wirst, genauso wie ich. Du bist so intelligent, dass es ein Jammer...«

»Aber, Mama, du weißt genau, dass ich kein Blut sehen kann...« Jetzt wird auch die Tochter allmählich wütend. Sicher ist sie klug. Klug genug, um selbst zu wissen, was gut für sie ist. Und schreiende Gören mit Nadeln zu pieksen gehört ganz bestimmt nicht dazu. Ganze Tage und Nächte auf neonbeleuchteten Krankenhausfluren herumzurennen. Oder eingesperrt in Königsberg in einer Praxis zu sitzen, während draußen die Sonne vom wolkenlosen ostpreußischen Himmel scheint und die Luft nach Levkojen duftet.

»Dann wirst du eben keine Ärztin. Aber mach doch zumindest dein Abitur!«

»Das brauch ich dazu nicht.«

Margarete Köstlin wird hellhörig. Also hat ihre Tochter doch schon Pläne gemacht? »Wozu brauchst du das nicht?«, erkundigt sie sich.

Beate nimmt sich zusammen. Nur zu gut erinnert sie sich daran, wie sie nach ihrer Ikarus-Imitation vom Dach gefallen ist und die Mutter stumm ihre Wunden verbunden hat. Also besser kein Wort vom Fliegen erwähnen ... »Für ... für England«, stammelt sie schließlich. Sie räuspert sich und fügt mit fester Stimme hinzu: »Ich möchte einfach Englisch lernen, das braucht man heute.« Und setzt in Gedanken hinzu: »Und besonders als Pilotin.«

Frau Köstlin schaut fragend ihren Mann an, und der schaut genauso zurück. Sie seufzt. Anscheinend war das ihre Entscheidung, Otto findet ohnehin immer alles prima, was Beate so vorhat. Aber nach England? Warum eigentlich nicht, grübelt sie. Gut, ihre wilde Hummel ist wirklich eher praktisch veranlagt, und vielleicht entwickelt sie ja doch Ambitionen, den Hof zu übernehmen. Vor ihrer Rückkehr aufs platte Land ein bisschen polyglotte Luft zu schnuppern täte ihrer Bildung wahrscheinlich sogar ganz gut. Und schließlich ist Beate ja erst 16. Wer weiß, ob sie danach nicht doch mit der Schule weitermachen würde, die mittlere Reife hat sie ja immerhin geschafft.

»Nun ja«, sagt sie nach einer Weile. »Wir können ja mal sehen, was es da für Möglichkeiten gibt ...«

Beate fällt der Mutter um den Hals.

»Da soll es so ein Austauschprogramm geben«, meldet sich der Vater unvermittelt zu Wort. »Erst kommt ein englisches Mädchen als Gast zu uns, und anschließend geht Beate zu der englischen Familie.«

Margarete Köstlin schiebt ihre Tochter zur Seite und sieht ihrem Mann fest in die Augen. »Ach«, sagt sie und kann ihr Amüsement dabei nur schlecht verbergen. »Ist da etwa eine Konspiration im Gange?«

»Mensch, Mutti«, ruft Beate, »das ist doch eine tolle Idee. Was glaubst du, wie stolz du auf mich bist, wenn ich fließend Englisch kann? Das ist heutzutage viel wichtiger als Latein oder Griechisch, weißt du. Dann kann man alles Mögliche werden ...«

»In Ordnung, in Ordnung!«, stöhnt die Mutter in gespielter Resignation. »Wenn ihr beide euch miteinander verschworen habt, dann muss ich mich geschlagen geben.« Sie nimmt ihre Tochter in den Arm und lächelt Otto Köstlin an. Schließlich gibt es ja mit Ulrich schon den zweiten Akademiker in der Familie. Und ihre Beate ist ein Mensch, der immer auf die Füße fällt. Sie würde ihren Weg schon machen – ob er über England führte oder auch nicht.

Seit Lindberghs sensationeller Atlantiküberquerung hatte sich der Traum, Pilotin zu werden, in Beate Köstlins Kopf festgesetzt. Und als ein Jahr nach ihrem missglückten Alleinflug vom Verandadach zwei junge Männer auf den Wiesen des väterlichen Guts Rundflüge mit ihrer mehr schlecht als recht zusammengebastelten Maschine offerierten, war die Sache eigentlich klar für sie. Sie hatte auf dem Pilotensitz Platz nehmen und den Steuerknüppel in der Hand halten dürfen – und in all den Jahren auf den Schulen hatte sie nie dieses wunderbare Gefühl vergessen. Einfach den Knüppel durchdrücken und nach oben sausen, die Welt von oben sehen und mit den Wolken um die Wette fliegen – konnte es etwas Schöneres geben?

Wie sie ihre Vision verwirklichen würde, wusste sie noch nicht, aber natürlich war es das Beste, keine Zeit mit Mathematikformeln oder lateinischen Vokabeln zu verschwenden. Am besten, sie machte sich erst einmal daran, Stufe eins ihres noch verschwommenen Flug-Plans zu verwirklichen, und das hieß eben, richtig Englisch zu lernen.

Das Austauschprogramm, das ihr Vater aufgetrieben hatte, stellte dabei allerdings nur den Anfang dar. Denn Beate Köstlin war eine Perfektionistin: Was wert ist, getan zu werden, mag sie sich gesagt haben, ist es auch wert, gut getan zu werden. Ihr Englisch sollte nicht brauchbar sein, sondern fließend. Also verbrachte sie erst einmal die beiden Monate bei ihrer Gastfamilie in Aberistwyth, einer walisischen Universitätsstadt, und teilte dann der Mutter und dem Vater im fernen Ostpreußen mit, dass sie noch längere Zeit auf der Insel zu verbringen gedenke, und zwar als Au-pair-Mädchen – Geld, so hatte sie es sich nämlich vorgenommen, sollte die Familie ihr Abenteuer nicht kosten. Sie war der Navigator und legte eigenständig die Route ihres Lebens fest, also musste sie sich auch selbst finanzieren.

Zum ersten Mal konnte das behütete Kind zeigen, wie viel Zielstrebigkeit, Vernunft und Selbstverantwortung in ihm steckten und wie stark sein Unabhängigkeitsdrang war. Heimweh dagegen gehörte zu den überflüssigen Gefühlen – was sollte es bringen, sich der Sehnsucht nach Menschen und Orten hinzugeben, wenn man doch ganz woanders war? Sicher, ihrem Freund Klevi aus der Odenwaldschule schrieb sie nach wie vor. Aber auch diese junge Liebe hatte sie nicht davon abhalten können, ihr Leben so zu gestalten, wie sie es wollte. Eines Mannes wegen zu bleiben, wenn sie es sich doch so sehnlich wünschte, einfach nur davonzufliegen? Undenkbar, die Vorstellung war ihr erst gar nicht gekommen.

So rief Beate Köstlin auch keineswegs weinend zu Hause an, als sie sich bei ihrer ersten Au-pair-Stelle in dem walisischen Hafenstädtchen, in dem es ihr als Gast bei der Kapitänsfamilie so gut gefallen hatte, ausgebeutet fühlte. Vor allem mit der gleichaltrigen Tochter des Hauses, die den Gast aus Deutschland wie ein Dienstmädchen behandelte, verstand sie sich nicht. Und auch die Frau des Biologieprofessors stellte direkt bei Beates Ankunft jegliche Aktivität bei den Hausarbeiten ein und überließ ihr sämtliche Putzerei und Kocherei. Zudem musste sich die Cinderella aus Ostpreußen um den Garten kümmern, die Öfen in Gang halten und sogar das Pferd des englischen Mädchens striegeln.

Vier Monate lang schuftete die 17-Jährige für einen Hungerlohn – bis sich ein Ausweg abzeichnete. Durch die Vermittlung einer Bekannten verbrachte sie die folgenden acht Monate in Birmingham bei einer wesentlich netteren Fabrikantenfamilie. Die Bickerstaffs zeigten sich dankbar für den Arbeitselan der jungen Deutschen und taten alles, damit sie sich wohl fühlte, nahmen sie mit zu Einladungen, ins Kino und zu Sportveranstaltungen. Beate polierte ihre Sprachkenntnisse auf und absorbierte entzückt »den typisch britischen Stil, sich das Leben nach traditionellen Mustern zu gestalten«. Denn Konventionen, die angenehm und hübsch anzusehen sind, wusste sie ihr ganzes Leben lang durchaus zu schätzen – Hauptsache, sie lagen ihr nicht als Hindernisse im Weg.

Kaum zurück in Ostpreußen, zündete Beate Köstlin Stufe zwei ihres Startprogramms in den Himmel. Denn nun galt es, tatsächlich eine fliegerische Ausbildung zu bekommen. Margarete Köstlin war inzwischen in ihre Pläne eingeweiht und hatte ihnen nichts mehr entgegenzusetzen. Die Souveränität, mit der ihre Tochter den Aufenthalt im Ausland gemanagt hatte, hatte sie davon überzeugt, dass Beate jedes Recht der Welt hatte, für sich selbst zu entscheiden. Als Backfisch mit Flausen im Kopf hatte sie Wargenau verlassen, als selbstbewusste junge Frau war sie zurückgekehrt.

Nur eine einzige Bedingung stellte sie, bevor sie ihre wilde Hummel fliegen ließ, und die erfüllte diese gerne. Denn Beate sah durchaus ein, dass gründliche Kenntnisse in der Hauswirtschaft für eine Gutstochter sinnvoll waren. Hauptsache, sie musste nicht mehr die Schulbank drücken. Also lernte sie ein halbes Jahr lang, wie man kocht, einmacht, schlachtet und die Angestellten anweist. Sie war sich zwar sicher, dass sie einmal als professionelle Einfliegerin ihren Lebensunterhalt verdienen würde. Aber natürlich schadete es keineswegs, das Gut, das sie und ihre Geschwister erben würden, auch führen zu können.

Doch egal, so weit wollte sie erst einmal nicht denken. Bisher hatte sich ja alles in ihrem Leben irgendwie in eine brauchbare und angenehme Richtung entwickelt: Sie war es gewohnt, dass das Schicksal es gut mit ihr meinte, und sie war überzeugt, dass der Zug zum Ziel schon ganz von alleine zur rechten Zeit auftauchen würde. Sie selbst brauchte dann ja nur noch aufzuspringen.

Beate Köstlin behielt Recht. Im Sommer nach ihrer Rückkehr aus England, kurz vor ihrem 18. Geburtstag, durfte das Mädchen erstmals eine Lederkappe aufsetzen, in einen wattierten Anzug steigen und auf dem Pilotensitz einer kleinen Propellermaschine Platz nehmen. Wie schon so oft war es der verständnisvolle Vater, der die Hand im Spiel gehabt und durch die Vermittlung eines Bekannten Flugstunden im »Deutschen Aeroclub« in Rangsdorf bei Berlin organisiert hatte. »Ich hätte schreien können vor Glück«, erinnert sich Beate Rotermund später. »Ich fühlte ein wonniges Schauern.«

Der Flugplatz, die Fliegerschule und der Aeroclub waren erst im Jahr zuvor in Anwesenheit von illustren Gästen einen Tag vor Beginn der Olympischen Spiele eröffnet worden, galt er doch als der schönste Sportflughafen Deutschlands. Seit 1935 produzierten auf dem Gelände die Bücker-Werke serienmäßig Sport- und Schulflugzeuge vom Typ »Jungmann« und »Jungmeister«, später dann für die NS-Luftwaffe.

Früh am Morgen fuhr Beate mit dem Rad am See entlang zum praktischen Unterricht, lernte abends in ihrem kleinen Untermieter-Zimmer die Theorie, hob in drei Monaten 213-mal ab und kam immer wieder heil herunter, flog alleine 300 Kilometer über Land –

und schaffte es tatsächlich, pünktlich zu ihrem Geburtstag den ersehnten Pilotenschein in der Tasche zu haben.

Wieder hatte sie Ostpreußen verlassen – und auch diesmal blickte sie nicht zurück. Denn schließlich war sie dabei, den Himmel zu erobern: fast so schnell wie der Schall.

Beate Köstlin war zwar nicht die »schnellste Frau der Welt« – diesen Titel führte die zwei Jahre ältere Französin Jacqueline Auriol, der es nach dem Krieg gelang, als erste Frau die Schallmauer zu durchbrechen. Die fliegerische Karriere der jungen Ostpreußin dagegen hatte in doppelter Hinsicht Seltenheitswert: Nicht nur, dass sie bereits vor dem Weltkrieg eine Pilotenausbildung absolvierte, war ungewöhnlich, sondern noch mehr, dass sie ihr Können der Wehrmacht zur Verfügung stellte und Fliegerin der Luftwaffe wurde.

Zur Zeit des Zweiten Weltkriegs gehörten der Wehrmacht neben Beate Uhse – sie hatte inzwischen geheiratet und den Namen ihres Mannes angenommen – nur sechs weitere Pilotinnen an. Das Reich der Wolken war eine weltweite Männerdomäne, und selbst in der riesigen Sowjetunion saßen nur 18 Frauen in den Kanzeln der Jäger.

Die bekannteste Luftwaffen-Pilotin jener Jahre war Hanna Reitsch, die es sogar zur ersten deutschen Flugkapitänin gebracht hat. Zudem flog sie als Erste einen Hubschrauber und stellte über 40 Rekorde auf. Die beiden Frauen hatten viel gemeinsam: Auch Hanna Reitsch begann ihre Laufbahn als Einfliegerin und testete neue Flugzeugtypen. Welche Eigenschaften die Maschinen hatten, wie sicher sie waren – all das musste sie unter extremen Bedingungen herausfinden und die Geräte dabei bis an deren technisches Limit fliegen. Ein Beruf, der per se gefährlich war: Tödliche Unfälle kamen immer wieder vor.

Leben und Werdegang der Pilotin Reitsch ist allerdings wesentlich umfassender dokumentiert als der der Pilotin Uhse, über deren frühe Jahre, abgesehen von ihrer Autobiografie, kaum schriftliche

Zeugnisse vorhanden sind. Die Fliegerei galt stets nur als wahlweise anekdotischer oder bedenklicher Schnörkel in ihrer Vita: Ein öffentlicher Mensch wurde die Ostpreußin erst mit der Gründung ihres Sex-Imperiums.

Nach ihrem Tod fällt auf, dass sie stets nur auf diese Rolle, diese eine Funktion als Entrepreneurin des Eros reduziert wurde – oder auch sich reduzieren ließ. In all den Artikeln, die über die Unternehmerin verfasst worden sind, stehen letztlich die sattsam bekannten Daten und Fakten. Alle Interviews mit ihr zielen im Grunde nur auf den Voyeur in uns ab, thematisieren die angebliche und, wie es oft scheint, erhoffte Anrüchigkeit des Gewerbes.

Doch wer war der Mensch hinter der öffentlichen Person? Nie ist zu ihren Lebzeiten auch nur der Versuch unternommen worden, seine Psychologie zu entschlüsseln. Sobald sich herausstellte, dass die Privatperson weder nymphoman, pervers noch polygam war und sie von ihrer Charakterstruktur her eigentlich genauso in der Damenoberbekleidungsbranche hätte reüssieren können, erlahmte das Interesse von Reportern wie Lesern: nur um bei der nächsten Gelegenheit, mit dem selben enttäuschenden Ergebnis, wieder aufzuflackern. Es scheint, als hätte die Unternehmerin mit der Wahl des Sujets ihrer Firma ein Versprechen abgegeben – und dann einfach nicht gehalten.

Die millionenschwere Domina der deutschen Sex-Industrie, so die märchenhafte Vorstellung, hätte doch auch als Mensch etwas von dem ausstrahlen müssen, was sie verkaufte. Wenigstens einen Hauch von Laszivität ausstrahlen. So wie heute Teresa Orlowski oder Dolly Buster, die modernen Frontfrauen im Business, die sich mit Kleidung und Auftreten bemühen, das persönliche und das Image ihrer Firmen zur Deckung zu bringen. Vergessen wird dabei, dass Beate Rotermund den Grundstein zu ihrem Imperium eher zufällig gelegt hatte. Schließlich hatte sie nie vorgehabt, als eine Art Großmeisterin des Geschlechtsverkehrs Karriere zu machen.

Hätte sich ihr nach Kriegsende ein anderer, lukrativerer Broterwerb angeboten als der Verkauf einer Broschüre mit Verhütungstipps, hätte sie wohl diesen gewählt.

Lag dem Desinteresse an der tatsächlichen Person auf der einen Seite also eine naiv-lüsterne Erwartungshaltung zugrunde, tat Beate Rotermund auch wenig dazu, ihr ihre eigene Wahrheit entgegenzusetzen. Sicher, sie präsentierte sich stets als patente Pragmatikerin und Geschäftsfrau. Doch nie ließ sie jemanden Einblick in ihre Seele nehmen – noch nicht einmal, wie sich im Laufe der Jahre herausstellen sollte, sich selbst.

Ihre Autobiografie ist letztendlich eine Aneinanderreihung von Anekdoten, Erinnerungen und Fakten. Jede Auseinandersetzung mit den Ereignissen ihres Lebens aber – und vor allem mit dem, was sie in ihr ausgelöst haben mögen – umgeht sie. Das »Schreckliche, das ich erlebt habe«, zu reflektieren ist für sie »sentimental«. Sie ist handlungsorientiert, ein Mensch, der nie nach dem Warum fragt, sich ungern umblickt, lieber eine Lösung sucht, als zu jammern oder sich Launen und Schuldgefühlen hinzugeben. »Wenn man pausenlos nur zurückschaut«, sagte sie, »dann ist man immer nur schwach.«

Fast penetrant optimistisch und pragmatisch hat sie den zornigen, den traurigen, den schuldbewussten und den furchtsamen Teil ihres Wesens abgespalten, ihn sich selbst und dementsprechend der Öffentlichkeit verweigert – einer Öffentlichkeit, die sie zu so großen Teilen mitgeformt hat, in der sie eine bestimmende Rolle innehatte. Sie hat die Gesellschaft nicht seziert, nicht polarisiert wie der Aufklärer Oswalt Kolle. Sie hat nur über ihre Reaktionen gestaunt und sich über die Hindernisse geärgert, die ihr in den Weg gelegt worden sind – um dann die für ihre wirtschaftlichen Ziele bestmögliche Strategie zur Überwindung herauszufinden.

Sie selbst hat das sicherlich anders gesehen. Sie schließlich – war sie überzeugt – verbarg keine Geheimnisse. Sie dachte, dass sie sich zeigte, wie sie war – ohne zu sehen, dass sie vielleicht zu wenig wahrnahm. Ob Irmgard Hill, ihre Sekretärin, ob ihre langjährige Haushälterin oder der Gärtner: Sie alle haben ihre Chefin als einen stets ausgeglichenen, positiven Menschen in Erinnerung.

Hätte Beate Rotermund mehr Selbsterforschung zugelassen, ihr Bild in der Öffentlichkeit wäre sicherlich ein anderes, persönlicheres als das der unverwüstlichen Unternehmerin. Man hätte sich über sie als Person aufgeregt und nicht nur über ihr Geschäft – oder hätte sie selbst bewundert anstatt nur ihre Umsatzzahlen. Vielleicht aber wäre eine weniger kontrollierte und selbstbeherrschte Beate Rotermund auch nicht zur erfolgreichsten deutschen Selfmade-Frau schlechthin geworden – manche Ziele kann man wohl nur erreichen, wenn man nicht nach links und rechts schaut.

Ihre unerschütterliche Zuversicht, die ihr Unternehmen zum Erfolg führte, war darin begründet, dass sie Analyse, Zweifel und Selbsterforschung einfach nicht zuließ. Sie war in der Hitlerjugend? »Was wussten wir denn schon von Hitler …« Sie machte Geschäfte mit der Würde der Frauen? »Noch nie gab es so viele Freiheiten für uns Frauen wie heute.« Sie ist für Hitler geflogen? »Als Deutscher tat man seine Pflicht für sein Land in diesem schlimmen Krieg … als Familienmutter, als Bauer, als Soldat, als Flieger. So dachte ich, wie Millionen andere.«

Die deutsche Luftwaffe nach der Machtergreifung war ausgesprochen modern in ihrer ganzen Struktur und Organisation, bestens gerüstet für den Krieg. 1935 hatte Hitler, da schon seine gewaltigen Expansionspläne im Kopf, den Befehl zum Wiederaufbau gegeben und dabei den Versailler Vertrag unterlaufen. Denn der hatte im Geburtsjahr Beate Köstlins nach dem verlorenen Ersten Weltkrieg Deutschland nur noch Restbestände der einstigen fliegerischen Macht zugestanden: drei Jagdstaffeln, fünf Kampfgeschwader und acht Aufklärungs- und Seefliegerstaffeln.

1939 bereits besaß das Reich mit 4000 Maschinen die mächtigste Luftstreitmacht der Welt, überaus flexibel und effektiv – der erste Strahlbomber, das erste Raketenflugzeug, der erste Düsenjäger, der erste Kampftransporter und Raketenjäger –, die deutsche Luftfahrt stellte einen technischen Rekord nach dem anderen auf und legte mit ihrer V 2-Fernrakete gleichzeitig den Grundstein für die moderne Raumfahrt.

Als sich Beate Köstlin 1937, knapp 18-jährig, bei den Bücker-Flugzeugwerken vorstellte, auf deren Gelände ja auch ihre Schule untergebracht war, hatte sie keine Ahnung, dass sich zur selben Zeit die deutsche Ingenieurselite der Entwicklung von hochmodernen Kampfmaschinen widmete – und dass sie selbst bald in einer davon sitzen sollte. Sie hatte nur eines im Sinn: irgendwie bei Bücker ein Praktikum zu bekommen, obwohl sie außer ihrem Pilotenschein keine andere der Voraussetzungen, etwa ein Studium in Flugzeugbau, dazu mitbrachte: Stufe drei ihres Plans, Einfliegerin zu werden.

Wieder war das Glück auf ihrer Seite. Aufgrund der exzellenten Beurteilung der Flugschule und eines Ersten Preises für den »Zuverlässigkeitsflug 1938« für Pilotinnen bekam sie den Job. Dank einer bestandenen Kunstflugprüfung durfte sie gleich noch an einer Flugrallye quer durch Europa teilnehmen – und wieder einen Ersten Preis einstreichen. Und nach einem halben Jahr in der Lehrwerkstatt und den Montagehallen – allein unter 2000 Männern – hatte Beate Köstlin es geschafft: Weil ein Einflieger fehlte, durfte sie einspringen.

Kurz darauf, sie war gerade 19, bekam sie ihre erste Arbeit als Einfliegerin bei der Firma Friedrich in Straußberg bei Berlin, die rund 500 Flugzeuge pro Jahr fertigte. Für himmlische 1500 Mark im Monat konnte sie nun jeden Tag neue Maschinen erproben, erst »Moran«-Flugzeuge, dann eine Bücker 131. An die Gefahr dabei dachte sie nie.

Zur selben Zeit war Flugkapitänin Hanna Reitsch an der Flug-erprobungsstelle in Rechlin schon dabei, die Tauglichkeit von Stu-kas, Bombern und Jagdmaschinen zu testen. Später musste sie, die diese militärfliegerische Aufgabe als hohe patriotische Auszeich-nung empfand, sich selbstverständlich vorwerfen lassen, die ersten Schritte eines Angriffskrieges unterstützt zu haben.

Vorhaltungen dieser Art wurden Jahre später der Unternehmerin dagegen selten entgegengebracht – bis auf jenen *Emma*-Artikel von 1988, der sie als Kampfpilotin darstellte. Und so blieb ihr es auch erspart, sich mit einem Wortgeklingel von Frieden und Freiheit herauswinden zu müssen wie ihre nationalistisch gesinnte Kollegin. Denn die wollte in Hitlers auf Kampf gepolter Militärluftflotte »Wächter vor den Toren des Friedens« gesehen haben und »im wehrmäßigen Erstarken« des deutschen Volkes »ein Erstarken sei-ner Kraft und die Möglichkeit, den Frieden zu wahren«.

Beate Köstlin flog derweil noch in aller politischen Naivität ihre Schulungsflugzeuge. Natürlich konnte es ihrer Aufmerksamkeit nicht entgangen sein, dass auch in Rangsdorf nun im Auftrag der Nationalsozialisten produziert wurde. Aber wieder hält sie im Nachhinein nichts davon für erwähnenswert.

»Na, Maxe? Wie wär's, wenn du mal ein Kleid anziehst?«

»Ein Kleid?« Beate Köstlin starrt verwirrt ihren Fluglehrer an.

Der durchtrainierte Mann erwidert amüsiert ihren Blick.

»Wieso das denn?«

»Weil wir heute Abend ausgehen. Wir könnten uns *Wasser für Canitoga* angucken.«

Eigentlich ist Maxe, wie Beate von den Fliegern in Rangsdorf genannt wird, ja nie um eine Antwort verlegen. Aber Hans-Jürgen Uhse hat so eine Art, sie anzugucken, die sie ganz nervös macht. Meint der das jetzt ernst, oder will er sich nur auf ihre Kosten einen Spaß machen?

»Da hast du doch mitgespielt, oder?«

Beate nickt. Ob ihr Fluglehrer etwas dagegen hat, dass sie sich ihr Honorar als Stunt-Double für Pilotenrollen in Ufa-Filmen aufbessert? Ihr machen die Dreharbeiten jedenfalls einen Riesenspaß.

»Und den Hans Albers hast du doch auch kennen gelernt, nicht wahr? Wenn ich ein Mädchen wäre, hätte ich mich bestimmt sofort in den verguckt.«

Jetzt wird die Flugschülerin knallrot. Wie kann es sein, dass Uhse von ihrer Schwärmerei für den blonden Hans weiß?

Sie rettet sich mit Schnoddrigkeit. »Quatsch«, sagt sie, »Sie sehen doch viel besser aus.«

Hans-Jürgen Uhse lacht laut. »Eine ganz schön große Klappe hast du«, meint er dann. »Aber das gefällt mir ja gerade an dir. Also, wie ist es, hast du Lust heute Abend?«

»Sie meinen das also wirklich ernst?« Beate wird ganz aufgeregt. Flüchtig denkt sie an Klevi, ihren Freund aus der Odenwaldschule, der zwar keine Küsse mehr von ihr bekommt, aber immerhin lange Briefe. Doch ihr Lehrer, zehn Jahre älter, ist ja ein richtiger, echter Mann, kein Junge. Der sieht sie wohl nur als freche Göre und will bestimmt nicht das von ihr, wozu Klevi sie nie gedrängt hat.

»Klar meine ich das ernst.« Hans-Jürgen Uhse, der bisher in seiner braunen Lederkombi an einem Flugzeug gelehnt hat, richtet sich auf und streicht Beate eine blonde Haarsträhne wieder ordentlich hinter die Ohren. »Also, heute Abend um acht? Ich hole dich ab.«

»Woher wissen Sie denn, wo ich wohne?«

»Ich weiß so ziemlich alles von dir«, erwidert der Mann. »Und was ich noch nicht weiß, erzählst du mir einfach heute. Ab jetzt kannst du übrigens du zu mir sagen.« Er dreht sich um und geht zum Haus des Aeroclubs hinüber.

»Und das Kleid?«, schreit Beate ihm nach. »Muss ich wirklich so ein doofes Kleid anziehen?«

»Lass mal bleiben«, ruft Hans-Jürgen Uhse zurück. »So wie du bist, gefällst du mir am besten.«

»Eine attraktive Erscheinung. Ein drahtiger, sportlicher Typ mit strahlenden, kritischen Augen. Er sprach ruhig und bestimmt, er war einer, zu dem man sofort Vertrauen fasste«: Beate Köstlins künftiger Ehemann schaffte, was Klevi nicht gelang. Der »Wildfang« verliebte sich, heftig und romantisch.

Mit Männerwelten hatte sie nie Probleme gehabt. Genauso leicht, wie ihr der kumpelhafte Umgang mit Dorfjungs, Schulfreunden und Fliegerkollegen fiel, glitt sie in die wenigen tiefen, erotischen Beziehungen, die sie führen sollte. Männer, so fand sie immer, waren leicht zu verstehen – sie dachten linear von A nach B, schweiften nicht ab, ließen sich von Fakten leiten und richteten kein Gefühlschaos an.

Frauen erlebte sie dagegen als furchtbar kompliziert. Es scheint, als hätte sie ausgesprochen feminine Frauen sogar als ein bisschen unheimlich empfunden. Lösungsorientiert, burschikos und mit einem kristallklaren Verstand gesegnet, hatte sie nie das Bedürfnis, den eigenen Seelenzustand oder den von Freundinnen oder gar den von Männern zu sezieren. Denn die, so sah sie es, sagten ja ohnehin, was sie dachten, ohne in emotionale Strudel zu tauchen und alles durcheinander zu bringen. Kurzum: Männer waren zupackend wie sie selbst. Frauen waren verwirrend mysteriös und unlogisch.

So ist es auch nicht verwunderlich, dass Beate Köstlin niemals von Schwierigkeiten berichten konnte, mit denen sie eigentlich im Boy's Club der Piloten – zumal der Militärpiloten – hätte kämpfen müssen. Hanna Reitsch zumindest hat nach eigenen Aussagen heftig unter Feindseligkeit gelitten, fühlte sich ausgeschlossen und befand, dass sie stets mehr leisten musste als die männlichen Kollegen, um von ihnen anerkannt zu werden. »Doch auch hier«, so Reitschs Biograf Armin Preuß über ihre Zeit an der Flugerprobungsstelle für Militärmaschinen, »spürt sie zunächst wieder die schlecht verhohlene Ablehnung des ›stärkeren Geschlechts‹.« Oder: »Die Schule für Verkehrsflieger wird straff männlich, fast militärisch geführt ... Die Ordnung ist in der Tat so stramm soldatisch, dass Hanna bei jedem Schritt Angst hat, alles falsch zu machen ... Sie hat den Eindruck, dass man einen Grund sucht, sie nach Hause zu schicken.«

Beate Köstlin dagegen berichtet lediglich amüsiert, wie sie in der Rangsdorfer Lehrwerkstatt »weit laufen musste, wenn ich aufs Klo wollte. In der Fabrikation gab es weit und breit keine Damentoilette.« Die Kollegen, so nahm sie es wahr, hatten sehr schnell damit aufgehört, sie als langhaarigen Störfaktor zu sehen, und ihr den liebevoll gemeinten Spitznamen Maxe gegeben. Und sollte es beim »Überführungsgeschwader Mitte« in Berlin-Tempelhof Ausgrenzungstendenzen der 40 Flieger gegenüber den fünf Fliegerinnen gegeben haben, so hielt die Luftwaffen-Pilotin dies für unwichtig. Oder sie mochten, wenn dies auch schwer vorstellbar und zeituntypisch wäre, tatsächlich nicht passiert sein.

Warum sollte einer Beate Rotermund das erspart geblieben sein, wogegen eine Hanna Reitsch nur wenige Kilometer weiter, im selben Kreis und zur selben Zeit, so mühsam hatte kämpfen müssen? Viel wahrscheinlicher ist es, dass die junge Frau wieder dank ihrer Gabe, nicht zu hören, was sie nicht hören wollte, unterschwelliges wie offensichtliches Mobbing schlichtweg ignorierte, es einfach nicht ins Bewusstsein dringen ließ.

Dass sie Jahre später von Feministinnen als »Verräterin der Frauen, als Verbündete der Männer verketzert« wurde, wie sie selbst es ausdrückt, fand Beate Rotermund deshalb im besten Fall albern, im schlimmsten Fall »beleidigend und bösartig«. Ihrer Meinung nach waren in den Siebzigern »die Zeiten der Männer als Pascha mit Recht vorbei«, und »noch nie gab es so viel Freiheit für Frauen wie heute«.

War sie nicht selbst, so mag sie es gesehen haben, ein Parade-beispiel dafür, dass Frauen alle Türen offen standen? Schließlich war ihre Kundschaft zu knapp einem Drittel weiblich. Das reichte ihr als Beweis, dass Frauen keineswegs durch Pornographie belei-digt, sondern angeregt wurden – ob sie Sex-Spielzeug nun für sich kauften, ihrer Partner wegen oder um eine unbefriedigende Bezie-hung zu retten.

Mit gewohnter Entschlossenheit zur vordergründigen Naivität kehrte sie jahrzehntelange Debatten, die die deutsche Gesellschaft aufgeregt und gespalten haben, mit leichter Hand und mit Blick auf ihre Bilanz einfach unter den Tisch. So phantasievoll und einfühl-sam, dass das Schicksal weniger starker und weniger vom Leben begünstigter Frauen ihr den Blick für gesellschaftliche Phänomene geöffnet hätte, war sie nun einmal nicht.

Die Unternehmerin war zwar politisch und historisch völlig des-interessiert. Dennoch erstaunt es immer wieder, wie sehr ihr eigenes Leben die Geschichte ihres Landes spiegelt – und wie wenig sie ihre sehr deutsche Vita reflektierte, die von all dem berührt und geprägt wurde, was im letzten, an gesellschaftlichen und politischen Re-volutionen so reichen Jahrhundert geschehen war. Wie ungemein charakteristisch sich ihre Geisteshaltung für die Psychologie ihrer Generation ausnimmt, der es anfangs und in großen Teilen nicht gelang, die Zeichen der Zeit zu erkennen und zu deuten, und die dann, wie die Analytikerin Margarete Mitscherlich präzise und sensibel diagnostizierte, »unfähig zu trauern« war.

Ohne dass sie sich dessen je bewusst war, ist das Leben von Beate Rotermund ein Produkt all der Ereignisse und Entwicklungen, die das 20. Jahrhundert durchlief. Geboren am Ende des Ersten Welt-kriegs, hat sie als Kind die Weimarer Republik erlebt und die Welt-wirtschaftskrise, ging in den Jahren vor und nach der Machtergrei-fung zur Schule, heiratete unmittelbar nach Ausbruch des Zweiten

Weltkriegs, an dem sie als Pilotin teilnahm, fand sich als Soldatenwitwe wieder, erlebte den Verlust ihrer Heimat und ihres Besitzes und die dramatische Flucht aus dem Osten, war eine zentrale Figur des deutschen Wirtschaftswunders und Zeugin der Umwälzungen in den rebellischen Sechzigern, trug bei zur Abschaffung des Pornographieparagraphen in den Siebzigern, ergriff nach dem Fall der Mauer in den Achtzigern die Gelegenheit, ihrem Unternehmen eine zweite Blüte zu bescheren, ging in den Neunzigern, als das Aktienfieber die Deutschen ergriff, an die Börse und profitierte in ihrem Business heftig vom Siegeszug der Neuen Medien.

All diese historischen Meilensteine zählt sie zwar in ihrer Autobiografie auf, doch sie dienen ihr nur dazu, ihr eigenes Leben zu strukturieren. Was hat sie mitbekommen vom Schrecken des Zweiten Weltkriegs? Die Machtergreifung erwähnt die damals 14-Jährige überhaupt nicht, die Phase der militärischen und ideologischen Aufrüstung ging an ihr vorbei. Doch kann man einer Jugendlichen noch politische Naivität unterstellen, so muss man die Haltung einer 70-jährigen Frau mit unverändert brillanter Intelligenz, die die ersten Überfälle der neuen europäischen Supermacht auf kleine Völker, die Reichskristallnacht und den systematischen Mord an den Juden in ihren Lebenserinnerungen übergeht, schon politisch blind nennen oder wissentlich ignorant. »Die politische Großwetterlage konnte ich nicht überschauen«, verteidigt sich die Luftwaffen-Pilotin, »vielleicht wollte ich das damals auch gar nicht.«

Sie weiß nur sehr wenig vom Krieg zu berichten, und das, was sie erzählt, hat immer nur mit dessen Auswirkungen auf ihr privates Glück zu tun. »Und plötzlich«, schreibt sie in ihrem Buch, »hatten wir Krieg« – ein Krieg, in dem sie »keinem was getan hat« und der sieben Seiten später genauso unvermittelt zu Ende geht. Aber auch ein Krieg, der ihr den Mann genommen hat und beide Elternteile und den Verlust all dessen bescherte, was sie besaß. Auf den »totalen

Krieg« war ein totaler Verlust gefolgt, der sie »nur noch Trauer« und »einen dumpfen Schmerz« verspüren ließ.

So bilden auch ihre emotionalen Reaktionen auf die historischen Ereignisse ein für die meisten deutschen Zeitzeugen so bekanntes Muster. Zunächst Ignoranz, dann, als das nicht mehr half, verhaltene freudige Gläubigkeit – »wie Millionen Deutsche war auch ich nach Hitlers Machtübernahme davon überzeugt, dass ›Adolf der Gütige‹, wie man ihn spöttisch nannte, tatsächlich bessere Zeiten bringen würde«. Beate Rotermund, wie sie nach ihrer zweiten Heirat nach dem Krieg hieß, scheute sich nicht, wie viele andere auch, die drei schon zum Klischee mutierten Errungenschaften Hitlers zu konstatieren, die angeblich den Blick auf seine anderen Machenschaften vernebelt hatten: »Er holte die Arbeitslosen von der Straße, er ließ Autobahnen bauen, er demonstrierte der Welt bei den Olympischen Spielen in Berlin, zu welcher sportlichen Größe die Deutschen fähig waren.«

Dann kamen Angst und Bedrohung, als tatsächlich der Krieg ausbrach, entsprechend der Versuch, in einer privaten Nische das persönliche Glück zu retten. Es folgte das Entsetzen, als der Bombenhagel auch das nicht mehr möglich machte, und am Ende schließlich, als der Krieg verloren war und die Russen immer näher kamen, die Furcht.

Der Wut aber auf die eigene politische Passivität räumte Beate Rotermund in ihrem Herzen genauso wenig Platz ein wie der Trauer über das, was die Nationalsozialisten – von denen sie sich, wieder »wie Millionen andere Deutsche auch«, hatte blenden lassen – der Welt und ihrem eigenen Land angetan hatten.

Man kann nur darüber spekulieren, wie weit Beate Rotermunds Hitler-Gläubigkeit tatsächlich ging. Sicher, ihre Charakterstruktur war darauf angelegt, nur sich selbst als Fokus der Welt zu sehen – wie ihre Reaktionen auf all das, was ihr schon vor der Machtergreifung passierte, gezeigt haben. Doch immerhin ließ sie sich im letzten Kriegsjahr, im März 1944, von der Luftwaffe rekrutieren und überführte noch bis zum 21. April des folgenden Jahres, als »der Krieg längst verloren« und »Berlin fast völlig von der Roten Armee eingeschlossen« war, im Rang eines Hauptmanns deutsche Jäger.

War es Pflichtbewusstsein, blindes Weitermachen im Angesicht der Katastrophe, ein Broterwerb, der ihr und ihrem Kind den Lebensunterhalt sicherte, oder das trotzige Ausleben ihrer großen Passion, der Fliegerei? Oder war es doch pervertierter Patriotismus oder gar blinde Gefolgschaft der Dritte-Reich-Ideologie? Dass Beate Rotermund nie Mitglied der Partei wurde und sich nie wirklich mit Politik beschäftigt hat, legt zumindest nahe, dass sie keine überzeugte Nationalsozialistin war, sondern allenfalls einer der vielen Mitläufer.

Ihre erste große Liebe jedenfalls war im April 1945, als ihr Leben im Osten endete, bereits ein Jahr lang tot. Später sollten Hans-Jürgen Uhse nur noch zwei Männer folgen, die eine wirkliche Rolle in ihrem Herzen spielten – Ewe Rotermund, mit dem sie 23 Jahre verheiratet war, und nach der Scheidung 1972 ihr um vieles jüngerer amerikanischer Liebhaber John Holland. Dazwischen lagen höchstens zwei, drei unwichtige Affären: Ihre Männer, so die Frau, die als »Orgasmuse« Wirtschaftsgeschichte schrieb, konnte sie »an den Fingern einer Hand« aufzählen.

Sie weiß nicht genau, welches Geräusch sie da gerade geweckt hat. Aber seitdem der Krieg begonnen hat, wacht sie des Öfteren nachts auf. Aber in dieser Nacht ist es nicht so schlimm, im Dunkeln dazuliegen, denn sie fühlt den warmen Körper ihres Mannes neben sich und hört seine regelmäßigen Atemzüge. Sanft streicht sie ihm mit der Hand über die Wange.

»Hans-Jürgen?«

Ihr Mann atmet ruhig weiter. Vielleicht sollte sie ihn schlafen lassen. Aber die Tage, die er bei ihr in dem Rangsdorfer Häuschen verbringen kann, sind einfach zu selten. Vier Jahre ist es jetzt schon her, dass er seinen Gestellungsbefehl erhalten hat, seit dem Tag der spontanen Hochzeit, einer dieser typischen, schnellen Kriegstrauungen.

Unwillkürlich muss sie lächeln, als sie daran denkt, dass sie sich an diesem Tag gerade mal vier Stunden von ihrem Einflieger-Job bei den Flugzeugwerken Friedrich verabschiedet hatte, um die so unromantische Zeremonie auf dem Standesamt Dahlewitz zu absolvieren. Wie erstaunt Herr Stocker, der technische Leiter, war, als sie ihm sagte, wen sie heiraten wollte. Also hatte tatsächlich keiner etwas von ihrer Affäre gewusst.

Aber sie waren ja auch sehr diskret gewesen, auch wenn sie sich jeden Abend getroffen hatten. Treffen, die allerdings nie in gemeinsamen Nächten mündeten: Um Punkt zehn musste sie gehen, denn schließlich wohnte ihr Freund genauso wie sie selbst zur Untermiete, und die Vermieter bestanden auf der Anstandszeit-Grenze. Allerdings hatte die ganze Geheimnistuerei auch Spaß gemacht, zumindest am Anfang noch. Tagsüber nannten sie sich »Herr Uhse« und »Fräulein Köstlin«, ein paar Stunden später lagen sie dann miteinander im Bett.

Himmel, was ist sie vor der ersten Nacht aufgeregt gewesen. »Glaube mir, das ist schön für uns beide«, hat er am Abend davor gesagt. »Lass uns ein Liebespaar werden.« »Ich weiß nicht«, hat sie geantwortet, »irgendwie habe ich ein bisschen Angst.« Aber dann war Hans so zart, so behutsam – und auch ohne dass sie bei dieser ersten intimen Begegnung einen Höhepunkt bekommen hatte, würde sie die prickelnde Gefühlsmelange aus Vertrauen, Erregtheit und Geborgenheit nie vergessen, die sie damals überwältigt hatte.

Beate Uhse steht auf und geht ans Fenster. Im Mondlicht kann sie schemenhaft die Stauden im Garten des kleinen Häuschens erkennen, in dem sie seit der Hochzeit drei Jahre zuvor wohnen. Gut, sie muss zwei Stunden mit der S-Bahn fahren, um zu den Werken nach Straußberg zu kommen, aber das Paar liebt Rangsdorf und seinen See, wo es sich kennen gelernt hat.

Sie hört, wie die Atemzüge ihres Mannes unruhig werden. Ob er jetzt doch aufwacht? Sie kehrt zurück zum Bett und horcht: Nein, er hat sich nur auf die Seite gedreht und schläft weiter. Schade. Sie geht in die Küche, um sich eine Tasse Tee zu machen, ohne dabei das Licht einzuschalten. Das Haus ist so klein, dass sie auch im schwachen Licht der Dämmerung nicht gegen die moderne Haselnuss-Anbauwand stößt, die ihre Eltern ihr zur Hochzeit geschenkt haben, wie auch so viele andere Möbelstücke, die das junge Paar sich sonst nicht hätte leisten können.

Mit der heißen Tasse in der Hand setzt sie sich auf die Bettkante. Gott, wie ist ihr Vater wütend gewesen, als sie ihm gestand, dass sie einen Flieger heiraten wollte. »Ich will Schnott und Tränen nicht sehen, wenn mal was passiert«, hat er gesagt, als sie mit Hans-Jürgen zum Antrittsbesuch nach Ostpreußen gefahren war. Sogar den Monatswechsel hat er ihr ein ganzes Jahr lang gesperrt.

Vielleicht, denkt sie jetzt, ist auch gar nicht Hans der Grund gewesen. Vielleicht hat Vater gegen alle Vernunft immer noch gehofft, dass sie doch einmal Wargenau übernehmen würde. Aber sie liebt ihre Arbeit nun einmal, und Hans hat das immer verstanden. Erst hat sie ja nicht heiraten wollen, weil sie Angst bekam, dass er von ihr verlangen würde, ihren Beruf als Einfliegerin aufzugeben. Hat er aber nicht, im Gegenteil, er hat sie noch bestärkt in ihrem Wunsch, Pilotin zu bleiben. Schließlich, denkt sie und schaut ihren schlafenden Mann an, sind wir beide Flieger, Seelenverwandte, beide von der Grenzenlosigkeit des Himmels fasziniert.

Mit der leeren Tasse in der Hand steht sie auf und tastet sich zurück zur Küche. Sie ist so froh, dass die beiden wichtigsten Männer in ihrem Leben, Hans und ihr Vater, sich heute so gut verstehen.

Am Tag der Hochzeit noch hat Hans-Jürgen wegmüssen, nach Magdeburg, um dort auf weitere Befehle zu warten. Vorher hatten sie noch schnell in der Kantine eine Erbsensuppe gegessen.

Sie spült die Tasse aus und lässt die Gedanken weiterwandern. Schlichter konnte eine Trauung wohl nicht gefeiert werden als mit heißer Suppe und kaltem Bier und einem Meister und einem Monteur als fix organisierte Trauzeugen. Dafür war die kirchliche Hochzeit ein Monat später umso schöner gewesen. Ihr Leutnant hatte in Posen, wo er für die Luftwaffe als Ausbilder eingesetzt war, eine knappe Woche Urlaub bekommen – Zeit genug, um eine anständige Feier zu organisieren. Sogar die Eltern kamen aus Ostpreußen herbeigeflogen. Sie muss plötzlich kichern, als das Bild ihres Vaters in ihrem Kopf auftaucht, wie er aus dem Flugzeug stieg, mit zwei dicken ostpreußischen Enten bewaffnet.

»Beate?«

Hastig geht sie zurück ins Schlafzimmer. Hans sitzt gähnend und aufrecht im Bett und hat die Nachttischlampe eingeschaltet. »Kannst du wieder nicht schlafen?«

»Ich bin plötzlich aufgewacht«, sagt sie und setzt sich wieder auf die Bettkante. »Da war so ein merkwürdiges Geräusch …«

»Merkwürdige Geräusche gibt's jetzt viele«, antwortet er. Hans-Jürgen Uhse zieht seine Frau an sich. »Komm, du bist ja ganz kalt. Hättest dir wenigstens einen Bademantel anziehen sollen.«

Zufrieden kuschelt sich Beate an ihn und zieht die Decke eng um sie beide herum. »Schon das dritte Jahr Krieg«, sagt sie. »Meinst du, das dauert noch lange?«

»Wer kann das schon wissen. Weißt du, am Anfang war ich ganz sicher, dass alles schnell vorbei sein würde. Aber jetzt …« Er blickt aus dem Fenster. Draußen wird es langsam hell. »Manchmal«, sagt er dann langsam, »manchmal habe ich so meine Zweifel, ob das wirklich stimmt, was die im Radio so erzählen. Von unseren ganzen Siegen.«

»Wir haben die ganze Welt gegen uns«, zitiert Beate Uhse ihren Vater. »Das kann ja nicht gut gehen …«

»Na komm, sieh mal nicht so schwarz in die Zukunft«, tröstet Hans-Jürgen Uhse seine Frau. »Guck mal, wir haben's doch eigentlich noch ganz gut. So oft, wie ich Urlaub kriege … Andere Männer sind monatelang von zu Hause weg, und ich kann immer mal wieder reingeflogen kommen.«

»Gott sei Dank«, sagt seine Frau. »Ich wüsste auch gar nicht, wie ich das so lange ohne dich aushalten sollte.« Sie tastet nach den Knöpfen seiner Schlafanzugjacke.

Ihr Mann dreht sich um und zieht die Schublade des Nachttischchens auf, wo die Präservative liegen.

»Nicht«, sagt sie.

»Nicht?« Er nimmt seine Hand zurück. »Bist du sicher?«

Die junge Frau nickt. »So viele Männer sind schon gefallen«, sagt sie.

»Ich komme immer wieder zu dir zurück, Beate, das musst du mir einfach glauben.«

»Ich glaube es ja auch. Aber …« Sie hält inne.

»Aber wenn nicht …«, setzt er ihre unausgesprochenen Gedanken fort, »dann hast du wenigstens ein Kind von mir.«

»Wir wollten doch immer ein Kind haben«, sagt Beate heftig, »nur eben nicht jetzt, wo alles so furchtbar ist. Aber der Krieg kann einfach nicht unser Leben so total bestimmen, findest du nicht auch?«

»Ich liebe dich, Beate«, flüstert er. Er nimmt sie in die Arme. »Und hab keine Angst, ja? Wir schauen einfach, was passiert.«

Kurz darauf ist Beate Uhse schwanger. Immer noch, bis sechs Wochen vor dem Stichtag, erprobt sie Flugzeuge für die Friedrich-Werke. Als sie in den Wehen liegt, im Sommer 1943, fallen bereits Bomben auf Berlin und die Rietberg-Klinik, in der sie entbindet. Doch nach der Entwarnung, als sie vom Bunker zurück in den

Kreißsaal geht, nimmt die Geburt ein gutes Ende: Klaus Uhse ist gesund – ihr erstes Kind, das ihr viele Jahre später einmal das Leben retten wird.

Hans-Jürgen Uhse blieb nur ein knappes Jahr bei seinem Sohn, den er in dieser Zeit zumindest gelegentlich sah. Am 30. Mai 1944 kam der Staffelkapitän der »Hellen Nachtjagd« durch einen Genickbruch ums Leben – allerdings nicht vom Feind abgeschossen, sondern in Magdeburg bei der Kollision seines Jägers mit dem eines anderen Offiziers.

Zu dieser Zeit arbeitete auch seine Frau bereits für die Luftwaffe; sie überführte Flugzeuge zu den Startorten der Piloten, nach Jüterborg, Budapest, Wien oder Prag. Die Friedrich-Werke in Straußberg gab es ohnehin nicht mehr, sie waren zugunsten kriegswichtigerer Unternehmen dichtgemacht worden. Wenn sie oben in der Kanzel saß, ging Beate Uhse nie die tödliche Gefahr aus dem Kopf, zu der ihr Mann sich freiwillig gemeldet hatte: Die »Helle Nachtjagd« bestand aus schnellen kleinen Maschinen, die amerikanische Kampfflugzeuge abschießen sollten, bevor sie Berlin bombardieren konnten. Wenn er sie nach der Mission zu Hause anrief, worauf sie bestand, war sie einige Stunden lang glücklich – bis er sie erneut anrief, um zu melden, dass der nächste Einsatz bevorstand.

Ihre eigene fliegerische Aufgabe dagegen kam ihr vergleichsweise sicher vor. Zumal sie einen entscheidenden Vorteil in sich barg: Hatte ihr Mann Urlaub, musste er nicht auf seine Frau warten, sondern konnte einfach zur selben Zeit wie sie eine zweite Maschine überführen. So hatte das junge Paar auf der Rückfahrt im Zug von den bereits vereinnahmten europäischen Metropolen lange Stunden Zeit für sich selbst, während Hanna, das 19-jährige Kindermädchen, auf den kleinen Klaus aufpasste.

Nun aber war Beate Uhse mit nur 24 Jahren Witwe. Ihr Mann wurde auf Wargenau begraben. Natürlich hätte sie sich in ihrer

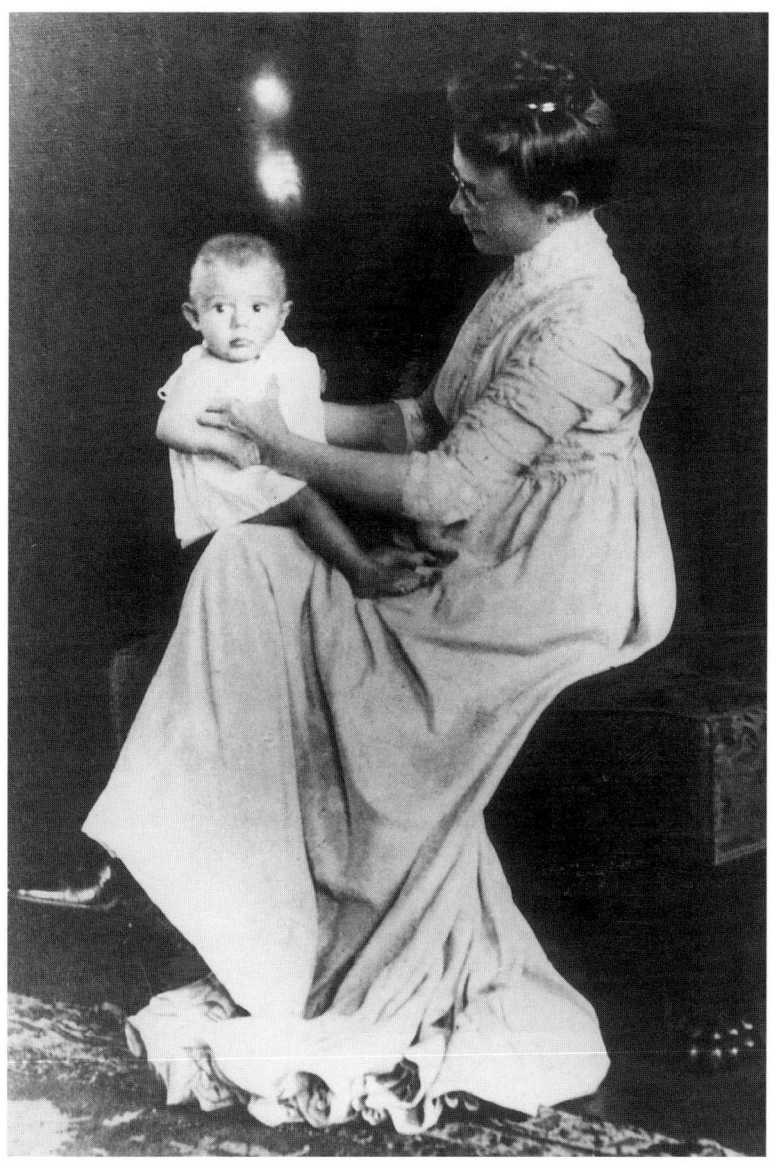

Beate Köstlin auf dem Schoß ihrer Mutter, 1920

Margarete und Otto Köstlin, die Eltern

Gut Wargenau in Ostpreußen, das Elternhaus

Beate im Matrosenanzug, 1926

Bei den Brücker-Werken, 1938

*Beate Köstlin als Schülerin der
Odenwaldschule, 1935*

Beate Köstlin als Einfliegerin vor einer »Jungmann«, 1938

Beate Köstlin mit ihrem Kunstfluglehrer und späteren Ehemann Hans-Jürgen Uhse in Rangsdorf, 1937

Hans-Jürgen Uhse auf seinem letzten Heimaturlaub mit Sohn Klaus, Rangsdorf 1944

*Beate Uhse mit ihrem zweiten Ehemann Ernst–Walter Rotermund,
nach 1949*

*Beate Uhse mit den
Kindern Ulli, Klaus,
Bärbel und Dirk
(von rechts)*

Beate Uhse mit Dirk Rotermund und Klaus Uhse

Trauer verkriechen, sich mit Klaus auf den elterlichen Hof zurückziehen können. Doch auch der war ihr keine wirkliche Heimat mehr. Zu viel hatte sich geändert, denn auch ihre Schwester war gestorben, hatte nach der Geburt ihres zweiten Kindes eine Lungenentzündung bekommen. Stattdessen wurde Beate Uhse Soldat. Sie wollte die Hoffnungslosigkeit und den Schmerz nicht fühlen, und das gelang ihr nun einmal am besten, wenn sie über der Welt in den Wolken war. Sie hatte, so schien es ihr, nichts mehr zu verlieren, denn sie hatte bereits zu viel verloren.

Also nahm sie das Angebot an, offiziell und im Rang eines Hauptmanns für die Luftstreitkraft zu arbeiten. Beate Uhse meldete sich zum Dienst beim Überführungsgeschwader Mitte in Berlin-Tempelhof. Zunächst überführte sie Schulungsflugzeuge, ab August dann auch Jäger an die Front, ohne eine Ausbildung als Jagdfliegerin zu haben. Von August 1944 bis April 1945 dauerte die lebensgefährliche Mission. Dann, als bereits die Russen bei Berlin standen, organisierte sie sich mit Hilfe eines befreundeten Piloten auf dem Flughafen Gatow eine Maschine und flog mitsamt Klaus und dem Kindermädchen auf einer abenteuerlichen Flucht und unter feindlichem Feuer nach Pommern. Nach einer ebenso schnellen wie unerwarteten Wiedervereinigung mit ihrer Staffel ging es nach Lübeck, schließlich ins Kriegsgefangenenlager Leck in Schleswig-Holstein.

Dort erlebte sie das Kriegsende: Am 8. Mai ergab sich, wie die übrige Wehrmacht auch, ihre Staffel bedingungslos, Beate Uhse war nun eine Kriegsgefangene der Briten. Aber sie war im Westen angekommen. Ihr zweites Leben konnte beginnen. Und ihre Karriere als legendäre Heldin des Wirtschaftswunders.

Viertes Kapitel

Nachkriegszeit
In einem anderen Land

Es wurde immer enger im Westen Deutschlands. Nachdem die Wehrmacht kapituliert hatte, wollten an die zehn Millionen Flüchtlinge und Zwangsaussiedler aus den ehemaligen Ostgebieten untergebracht werden – und sie fanden sich wieder in einem Land der Trümmer, dem sie bloß eine Last waren und das de facto von Schiebern und Spekulanten regiert wurde. In einer wüstengleichen »klassenlosen Klau-Gesellschaft«, wie Heinrich Böll sie beschrieb, die keine politischen Strukturen mehr besaß, sich aufgelöst hatte wie ein Zuckerstück im Wasser.

Fast allen Deutschen, insbesondere denen aus dem Osten, erschien diese Zeit als das Ende – doch den meisten wurde es dann ein wundersam schneller neuer Anfang. Später wird die Eingliederung des Heeres der Heimatlosen als eine der herausragenden Leistungen der jungen Bundesrepublik gefeiert werden.

Ein Viertel des »Altreichs« war verloren: Ost- und Westpreußen, Ober- und Niederschlesien, mehr als zwei Drittel von Pommern und die Hälfte Brandenburgs – neben den rein flächenmäßigen Einbußen auch ein immaterieller Verlust von geistigen und kulturellen Territorien. Die meisten der entwurzelten Bewohner wurden

an den ruinengespickten Einöden der Großstädte vorbei in über-
füllte Gemeinden aufs Land gelotst – so wie Beate Uhse, Hanna
und Klaus, die in der Schulbücherei eines nordfriesischen Dorfes
Unterkunft fanden. Braderup zählte einst 300 Köpfe und nun,
zusammen mit den Flüchtlingen, eintausend. Insgesamt 860 000
Vertriebene haben die Bevölkerungszahl Schleswig-Holsteins um
ein Drittel erhöht.

Gut zwei Jahre sollte das Trio in der Bücherei verbringen, eine
vergleichsweise annehmbare Existenz. Im März 1945, kurz vor der
Befreiung also, berichtet die *Neue Zürcher Zeitung* über »eine admi-
nistrativ und politisch amorphe Masse von Stadtruinen und Menschen, die fast alle nicht mehr in regulären Haushalten leben,
sondern ihr Dasein in Kellern oder riesigen Luftschutzräumen fris-
ten«. Ganz Deutschland hatte sich in ein Notaufnahmelager verwandelt – mit zerstörten Schienen und Straßen, mit blockierten
Flüssen, ohne Strom, Gas und Wasser, ohne Telefon und Post und
mit gerade einmal 1100 Kalorien Nahrung pro Tag und Kopf – und
das alles in der klirrenden Kälte jener Winter.

Die meisten Flüchtlinge hatten auf ihren Trecks weitaus schlim-
mere Erfahrungen machen müssen als die junge Pilotin, hatten
mitspielen müssen in diesem gewaltigen Trauerdrama deutscher
Geschichte. Als Gläubige der noch einmal zur vollen Stärke ange-
fachten nationalsozialistischen Propaganda und ihren Durchhalte-
parolen vom »Endsieg« gegen den »angloamerikanischen Bomben-
terror«, den »Volkssturm«-Wahnsinn vom September 1944 noch
in schrecklicher Erinnerung, waren fast alle zu spät nach Westen
aufgebrochen. Im Oktober, als die Westmächte bereits an der
Reichsgrenze standen und die Russen schon in Ostpreußen einge-
drungen waren, mussten sie nun, im letzten Kriegswinter, begleitet
von Schüssen, Tieffliegerangriffen und Bombenlärm, mit ihren
Handwagen, Holzkoffern und Pferdefuhrwerken über das Eis der
zugefrorenen Flüsse in langen Trecks um ihr Leben laufen. Nach

Kriegsende und nach den Potsdamer Beschlüssen 1946 dann folgten ihnen die traurigen Kolonnen der Vertriebenen.

Natürlich erreichen nicht alle das Land jenseits von Oder und Neiße. Auf den Trecks spielt sich die seit Jahrhunderten unveränderte, die weltweit immer gleiche Flüchtlingstragödie ab: Hunderttausende verhungern, erfrieren und sterben an Seuchen, Familien werden zerrissen, Frauen vergewaltigt, Kinder zu Waisen. 1945, nach der Winteroffensive der sowjetischen Truppen, war Ostpreußen wieder einmal abgeschnitten, der Weg nach Westen blockiert. Mit einer Armada von Schiffen konnten allerdings immerhin zwei Millionen Zivilisten und Soldaten gerettet werden. Andere, wie fünfeinhalbtausend Passagiere der torpedierten »Wilhelm Gustloff«, ertranken im eisigen Wasser der Ostsee.

Deutschland und sein ehemaliger Osten wurden Schauplatz einer gigantischen Völkerwanderung mit rund zwölf Millionen Menschen, die meisten von ihnen zu Fuß. In die Züge der Flüchtlinge und Vertriebenen nach Westen – und auch in die Gegenrichtung – mischten sich ehemalige Soldaten, entlassene Kriegsgefangene, Verletzte, Evakuierte und Zwangsarbeiter auf dem Heimweg nach Polen und Russland, heimkehrende Emigranten und Kindertrupps, die aufs Land in nur scheinbare Sicherheit verschickt worden waren und nun ihre Eltern suchten. Bis 1947 starben rund zwei Millionen an den Folgen der Qualen durch Flucht und Vertreibung – ein Siebtel der einstigen Bewohner des deutschen Ostens.

Im Februar 1945 setzte die Konferenz von Jalta die Einteilung des amputierten Reiches in vier Besatzungszonen fest – voneinander abgegrenzte Gebiete, die unter der strengen Kontrolle von Briten, Amerikanern, Franzosen oder Sowjets standen. Der deutschen Wirtschaft wurde eine Zwangspause verordnet, jede politische und ökonomische Betätigung war den Besiegten verboten. Doch schon zwei Jahre später mündete die alliierte Teamarbeit durch die Angst des Westens vor dem militärischen Expansionskurs Russlands in den Kalten Krieg. Die britischen, amerikanischen und zuletzt auch die französischen Siegermächte vereinigten sich in einer gemeinsamen Zone und lockerten allmählich die wirtschaftskontrollierenden Zügel, um Deutschland als Bollwerk gegen die Kommunisten zu stärken.

Ideen von einem harmlosen, politisch kastrierten Agrarland, wie etwa der »Morgenthau-Plan« es vorsah, waren nun Schnee von gestern. Begierig nutzten die Besiegten den neuen Spielraum für den Wiederaufbau und ergriffen die Chance auf ein besseres Leben. Ein zaghafter Aufschwung gewann zunehmend an Tempo – bis er sich nach der Währungsreform 1948 als bestauntes und beneidetes deutsches Wirtschaftswunder präsentierte.

»Beate! Das glaube ich nicht. Bist du das wirklich? Beate!«

Beate Uhse lacht, obwohl ihr die Hüfte schmerzt. Sorgfältig lehnt sie ihr Fahrrad an die Mauer und humpelt auf ihre Kusine zu, die wie erstarrt unten an der Haustür steht.

»Natürlich bin ich das, Inge. Oder habe ich mich so verändert?« Sie umarmt die Frau, die genauso dünn ist wie sie selbst. Genauso merkwürdig angezogen ist sie auch: Während sie noch immer in ihrer abgetragenen Pilotenjacke herumläuft, hat Inge von Scherpenberg sich ihr Kleid anscheinend aus einem alten Vorkriegsvorhang genäht und die Jacke dazu, gegen die frühe Herbstkälte, aus einem Kohlensack.

»Natürlich hast du dich verändert. Meine Güte, Beatchen aus Ostpreußen ... Komm rauf, du musst mir alles erzählen!«

Die magere Frau mit dem Pagenkopf klemmt sich ihr Fahrrad unter den Arm und schleppt es die Treppe zur Wohnung ihrer Kusine hoch. Es wäre blanker Wahnsinn, es auf der Straße stehen zu lassen. Im Nu würde es gestohlen sein, und wie sollte sie dann zurück nach Braderup kommen? Manchmal wunderte sie sich selbst, dass sie all die Kilometer von Schleswig-Holstein nach Hohenpeißenberg zu ihrer entfernten Verwandten auf dem Fahrrad geschafft hat. Aber wie sonst sollte sie erfahren, was aus ihrer Familie geworden ist? Es gibt nur eine Möglichkeit: die Listen des Roten Kreuzes und der Sammelstellen überprüfen, die überall in Deutschland, in allen Besatzungszonen, ausliegen. Sie musste einfach wissen, was aus den Eltern geworden ist und aus Ulrich.

Inge van Scherpenberg kommt mit einer Tasse heißen Zichorienkaffees aus der Küche und drückt sie ihrer Kusine in die Hand.

»Ihr seid also nicht ausgebombt worden«, sagt die. »Gott, wie ich dich beneide ...«

Die andere Frau zuckt mit den Schultern. »Ja«, erwidert sie. »Und dass wir hier unter den Amis leben, ist auch ein Glück. Sag mal, bist du jetzt etwa in Berlin, beim Iwan? Und sind deine Eltern bei dir?«

Beate Uhse erstarrt. Also wieder nichts. Es ist zwar gegen alle Vernunft, aber irgendwie hat sie immer noch die Hoffnung, dass Vater und Mutter doch noch rechtzeitig das Gut verlassen und den Westen erreicht haben. Was hatte Otto Köstlin noch zu ihr gesagt, als sie im Januar die drei Blankotickets für die Eisenbahn besorgt hatte, um ihre Eltern aus Ostpreußen herauszuholen? »Wir sind alte Leute. Wenn wir wirklich mit dir kämen, wären wir nur eine Last. Wir werden hier auf die Russen warten ...«

»Ich habe sie vor neun Monaten zum letzten Mal gesehen«, antwortet sie schließlich. »Zusammen mit Klaus und seinem Kindermädchen, der Hanna, habe ich es im April noch nach Pommern geschafft, mit einem Flugzeug. Meine Staffel war schon längst weg. Aber dann haben wir die Jungs doch noch eingeholt, und schließlich sind wir alle zusammen im Norden gelandet, in Leck. Ja, und da waren wir erst mal sechs Wochen in Gefangenschaft. Jetzt wohnen wir drei in einem kleinen Dorf, in Braderup. Stell dir vor, in einer Schulbücherei ...«

Die lange Rede erschöpft sie. Die Kusine nimmt ihr vorsichtig die Tasse aus der Hand. »Morgen können wir immer noch reden«, sagt sie energisch. »Jetzt legst du dich erst mal hin. Du kannst gleich hier auf der Couch schlafen. Und ich mach dir noch schnell ein Butterbrot.«

»Das kann ich brauchen«, sagt Beate Uhse dankbar. Sie streckt sich aus und zieht die Wolldecke über sich, die auf der Armlehne liegt. Ein bisschen Wärme würde den Muskelkater lindern, den sie von der Fahrradfahrerei in den Knochen spürt. Obwohl, das war wirklich eine gute Idee von ihr gewesen: Sie würde überall in Deutschland herumfahren, hat sie den Jungs von der Staffel gesagt, die immer noch im Lecker Lager festsaßen, und Briefe an deren Verwandte ausliefern. Und sie selbst könnte dann in den Sammellisten nach ihren Eltern schauen. Unterkunft und Verpflegung würde sie bestimmt von den Angehörigen der Kameraden bekommen, schließlich galten die Lebensmittelmarken aus der britischen Zone nicht in den anderen Sektoren.

So war es dann ja auch gekommen. Und es gab auch überhaupt keine Probleme, als sie sich über die verbotenen Grenzen zwischen den Zonen schlich. Allerdings hat sie wohl unterschätzt, wie sehr ihr die Hüfte zu schaffen machen würde. Leicht aufstöhnend dreht sie sich ein bisschen nach links, um das Gelenk zu entlasten. Na ja, der Unfall war ja auch gerade mal fünf Monate her …

Erst ist sie natürlich froh gewesen, als der Oberfeldwebel vom Lager drei Tage nach ihrer Ankunft jemanden zum Dolmetschen gesucht hatte und die Wahl auf sie gefallen war. »Da kannst du mal sehen, Mama …«, würde sie jetzt zu Margarete Köstlin sagen, wenn die noch bei ihr wäre, »… dass ich Recht gehabt habe, als ich unbedingt nach England wollte …« Aber ihre Mutter war eben nicht hier, sondern wahrscheinlich tot.

Sie spürt, wie eine Träne ihre Wange hinunterläuft. Bloß nicht schlappmachen, denkt sie. Schließlich hat sie ja auch nach dem Unfall weitergemacht. Mit dem Feldwebel und dem Fahrer war sie in einem Lastwagen nach Flensburg gefahren, um Brot zu holen.

Und dann hat der Mann da tatsächlich aus purem Zufall seine Frau und seine Tochter wiedergefunden, die gerade mit einem Flüchtlingsschiff aus Pommern ankamen. Himmel, was war der Mann froh gewesen ...

Natürlich hatte sie selbst sich dann bei der Rückfahrt auf die Ladefläche des Lastwagens verzogen und den beiden ihren Platz im Führerhaus angeboten. Ja, und dann die Bremsung und der Knall. Sofort runter vom Wagen, war es ihr noch durch den Kopf geschossen, und da lag sie auch schon im Straßengraben. Aber die Hüfte, die war vorher noch auf den Asphalt geknallt. Mit unglaublich viel Glück, hat der Oberstabsarzt ihr nach der Untersuchung gesagt, als sie nach drei Stunden endlich aus dem Graben gefischt wurde, können Sie vielleicht irgendwann einmal an Krücken gehen. Der Motorradfahrer allerdings, mit dem der Lastwagen zusammengerasselt war, der war tot.

Sie lächelt ein wenig traurig. Sie hat sich so elend gefühlt damals. Das Kind, kein Geld, keine Zukunft – und dann auch noch die Verletzung. Aber sie hat es allen gezeigt. Erst hat sie das linke Bein vor lauter Schmerzen ja gar nicht benutzen können und musste in der Lagerbaracke herumliegen, dann hatten die Sanitäter sie immerhin ab und zu auf die Wiese getragen. Sechs Wochen lang, bis zu ihrer Entlassung, hat sie nicht einen Schritt getan. Ohne das Fahrrad wäre sie bestimmt verrückt geworden. Schließlich wurde sie mit allem fertig, nur nicht mit erzwungenem Nichtstun. Wie hatte ihre Mutter sie doch immer genannt? Wilde Hummel ... Als sie die ersten Tritte in die Pedale gemacht hatte, waren auch ihre Lebensfreude und ihre Energie zurückgekommen. Sie war nicht mehr auf andere angewiesen.

»Beate? Beate! Hier ist dein Brot. Und hör mal, ich hab ganz vergessen ...«

Aber Inge van Scherpenbergs Kusine hört schon nichts mehr. Sie schläft – so tief, wie man nur schlafen kann, wenn Tausende von

Kilometern Strampelei auf einem alten Fahrrad und auf kaputten Straßen hinter einem liegen.

Als sie am nächsten Morgen aufwacht, scheint die Sonne. Inge ist schon weg. Aber auf dem Tisch steht neben einer Kanne Kaffee ein Teller mit Broten. Und ein Zettel liegt da: »Konnte dir gestern gar nicht mehr sagen, dass Uli vor drei Monaten hier war. Er wollte ins Allgäu. Viel Glück, deine Inge.«

Beate Uhse hat ihren Bruder wiedergefunden, angestellt als Hausdiener im Hindelanger Hotel »Zur Post«. Den Vater und die Mutter sollte sie allerdings nie mehr sehen: Wie eine Melkerin des Gutes ihr Monate später erzählen würde, hatten russische Soldaten den alten Mann, der ihnen entgegenging, erschossen. Es dauerte dann auch nicht lange, bis ihre Mutter tot war, gestorben an Unterernährung, Schwäche und an gebrochenem Herzen.

Wohnen, Essen und die Suche nach den Angehörigen – das waren die drei existenziellen Sorgen, die die Deutschen in der unmittelbaren Nachkriegszeit bewegten. Besonders schlimm waren die ersten Monate, bis zum Eintreffen der amerikanischen CARE-Pakete und bis 1947 dann das Hilfsprogramm des US-Außenministers Marshall, bis dann die Währungsreform einsetzte.

Beate Uhse und ihr Kindermädchen Hanna machten das, was die meisten Flüchtlinge taten: Sie arbeiteten gegen Naturalien beim Bauern. Ihren Beruf konnte sie ja nicht mehr ausüben: Deutschen Piloten war das Fliegen noch untersagt. »Es war ein armseliges Leben«, berichtet sie. »Rüben hacken, Kartoffeln häufeln, Torf stapeln – so gingen die Tage dahin.«

Dennoch, sie war von Herzen dankbar für den Raum in der Schule, in dem ihre kleine Familie wohnen durfte, denn die Flächenbombardierungen hatten lediglich acht Millionen Wohnungen für 14 Millionen Haushalte übrig gelassen. Die weiten Felder des Ostens und ihr Getreide fehlten den hungernden Deutschen, genauso wie männliche Arbeitskräfte. Denn die ehemaligen Soldaten saßen entweder noch in Gefangenschaft oder waren verwundet und verkrüppelt.

Beate Uhse, die mit dem Fahrrad, vorbei an gesprengten Tunneln und Brücken, in ganz Deutschland unterwegs war, war sich durchaus bewusst, dass sie es in ihrem kleinen Dorf im Norden vergleichsweise gut getroffen hatte. Hungern jedenfalls musste sie nicht, wie die Menschen in den großen, erschreckend entvölkerten Städten – auch wenn sie massive Klassenunterschiede und etliche Speckseiten von den Bauern trennten. Sie war Zeuge der Hungerdemonstrationen und Streiks gewesen. Und zu oft waren die brechend vollen Hamsterzüge an ihr vorbeigerumpelt, in denen die Not leidenden Hamburger, Berliner und Kölner aufs Land fuhren, um Butter, Schinken und Kartoffeln zu erbetteln und zu tauschen. Die Lebensmittelzuteilung sah 1945 gerade mal 215 Gramm Brot, 107 Gramm Magermilch, viereinhalb Gramm Käse, achtzehn Gramm Zucker, achtzehn Gramm Fisch und sieben Gramm Fett am Tag vor. Selbst in der letzten Kampfphase hatten die Deutschen immerhin noch 1500 Kalorien gehabt – das Siebenfache der Mindestzuteilung des ersten Nachkriegsjahres.

In den Städten hatte Beate Uhse auch etliche der rund 60 000 Trümmerfrauen gesehen, die für die so bitter notwendigen Zusatzrationen Steine klopften, sie auf Wagen luden und dann alleine abtransportierten. Immerhin mussten über 400 Millionen Kubikmeter Schutt weggeräumt werden, bevor das Baugewerbe seinen Aufschwung nahm. Aber Not machte nun mal erfinderisch, wie ihre Mutter gesagt hatte. So nähte auch der Flüchtling Uhse dem Sohn Hemden aus Fallschirmseide, funktionierte Stahlhelme zu Schüsseln um, kochte Rübensirup, schlachtete schwarz und brannte heimlich Schnaps. Das beim Bauern erarbeitete Essen garte sie wie die anderen in alten Munitionskisten – der so genannten Kochkiste, die sie mit Heu und alten Zeitungen isoliert hatte.

Und wie alle anderen machte sie auch mit beim blühenden Schwarzmarkt. »Ich handle mit Holz, mit Brillanten und Speck«, sollte Erich Kästner später den Profiteuren in den Mund legen, »mit Häusern und Nägeln und Sprit. Ich handle, wenn's sein muss, mit Katzendreck und verkauf ihn als Fensterkitt.« Natürlich, auch die junge Frau hatte Angst, erwischt zu werden – moralische Bedenken allerdings plagten sie nicht. Schließlich war sie nie gläubig gewesen und musste keinem Gott Rechenschaft darüber ablegen, dass sie jede Gelegenheit wahrnahm, ihren kleinen Sohn und die junge Hanna durchzubringen. Dass Klaus mehr als ein Zehntel Liter Milch am Tag brauchte, war für sie Grund genug für illegale Tauschgeschäfte. Die Absolution, die der Kölner Kardinal Frings seinen hungernden katholischen Schäfchen erteilt hatte – nämlich dafür, sich Kohlköpfe oder Kohle auf andere Weise, durch »fringsen eben«, zu organisieren, wenn sie nicht durch Arbeit zu bekommen waren –, nahm sie eher amüsiert zur Kenntnis.

In den Jahren, als 90 Prozent der industriellen Produktion brachlagen, in denen es nichts zu kaufen gab und die Scheine der Reichsmark, gerade mal ein Hundertstel ihres Zahlenaufdrucks wert, bloß noch als Einwickelpapier taugten, hieß die neue Währung Lucky Strike oder Chesterfield. Wer verzweifelt oder skrupellos genug war und die darwinistischen Überlebensregeln beherrschte, konnte von der Untergrundwirtschaft prächtig profitieren.

»Wenn ein Ami mit meiner Schwester spielt«, hatte Beate Uhse die Braderuper Kinder auf dem Schulhof singen hören, »dann krieg ich eine Chesterfield.« Sie allerdings, der »kleine Schieber«, wie sie sich selbst spöttisch nannte, kassierte Enten und Butter gegen Kaffee – und verkaufte beides dann mit Gewinn weiter.

Manches Mal, wenn sie ihre Lampen aus Granathülsen bastelte, dachte sie dennoch mit Bitterkeit daran, wie viel wunderbar nützliche Dinge sie in Rangsdorf hatte zurücklassen müssen – besonders, wenn sie sich von dem einen oder anderen reichen Bauern ausgenutzt fühlte. Vielleicht, dachte sie dann grimmig, war doch etwas dran, dass manche durch den Tauschhandel mit den Städtern »Perserteppiche im Kuhstall« liegen hatten. Hatte sie doch selbst die Erfahrung machen müssen, dass eine Braderuper Landfrau ihr erst Milch für Klaus anbot und sich dafür später den Lohn fürs Rübenhacken sparte.

Sie überlegte, ob sie nicht doch noch irgendwie etwas von ihrem früheren Hausstand retten könnte, ein paar Kleidungsstücke, das eingemachte Obst und Gemüse, ein paar Teller oder Tassen. Dazu müsste sie sich allerdings in die sowjetische Zone schleichen. Das Herz schlug ihr zwar bis zum Halse bei diesem verbotenen Abenteuer, aber die Aussicht darauf, dass ihr spindeldürrer Klaus sich mal richtig satt essen würde, trieb sie an.

Sie schluckte ihre Angst hinunter und überquerte im Oktober 1945, nach einer tagelangen Fahrradfahrt nach Süddeutschland, zusammen mit acht anderen die Zonengrenze bei Hof. Als sie in Rangsdorf ankam, war ihre Enttäuschung grenzenlos: Natürlich hatte ihr Häuschen, in dem sie mit Hans-Jürgen für ein paar kostbare kurze Jahre so glücklich gewesen war, längst andere Bewohner. Und die dachten gar nicht daran, sich von ihren Schätzen zu trennen.

Beate Uhse machte sich zurück auf den Weg nach Braderup – und ahnte dabei nicht, dass die schlimmste Grenzerfahrung noch vor ihr lag.

»Mitkommen!«

Die junge Frau in der schmutzigen, geflickten Pilotenjacke fährt zusammen. Vor ihr stehen zwei sowjetische Soldaten und richten ihre Gewehre auf sie. Verdammt. Also ist sie doch erwischt worden, gerade, als sie schon beinahe über die Grenze war.

Sie lächelt die Russen an, obwohl sie zittert. Vielleicht, denkt sie, lassen sie mich ja gehen, wenn ich freundlich bin. Doch die Männer dirigieren sie wortlos in eine einsame Bauernhofruine.

»Keller«, schreit der eine und stößt ihr das Gewehr in den Rücken.

Beate Uhse stolpert die Treppe hinunter. Es ist dunkel und eiskalt, sie kann kaum etwas erkennen. Aber hört sie da nicht jemanden atmen?

»Willst du eine Kartoffel?«, hört sie plötzlich eine junge Stimme fragen. »Natürlich ungekocht. Aber was anderes gibt's hier nicht.«

Allmählich gewöhnen sich ihre Augen an die Finsternis. Schemenhaft erkennt sie die Umrisse von Menschen, vielleicht zehn oder zwölf. Neben ihr sitzt ein junges Mädchen auf dem blanken Steinboden.

»Wie lange seid ihr denn schon hier?«, fragt sie.

Das Mädchen zuckt mit den Schultern. »Ein paar Tage«, antwortet es. »Die lassen uns hier einfach verschimmeln. Haben sie dich auch geschnappt, als du über die Grenze bist?«

Sie nickt wortlos.

Das Mädchen lacht spöttisch auf. »Dann bist du also auch ein Spion«, sagt es, »so wie wir alle hier.«

»Bist du die einzige Frau?«, fragt sie.

Das Mädchen schüttelt den Kopf. »Nee«, sagt es leise, »hier sind noch zwei andere.« Und zögernd setzt es hinzu: »Dann wird es für eine alleine vielleicht nicht so schlimm.«

»Du meinst ...« Ihre Stimme verliert sich. »Ach so, ich verstehe. Haben die denn schon ...?«

Ein paar Sekunden lang schweigt das Mädchen. »Noch nicht«, sagt es dann. »Noch sind sie ja im Dienst. Aber warte mal bis zum Wochenende, bis die alle betrunken sind.«

»Wie viele sind es?«

»Keine Ahnung. Dreizehn. Zwanzig. Ist ja auch egal. Vielleicht lassen sie uns ja wenigstens am Leben.«

Bitte, wenigstens das, fleht Beate Uhse still, wenigstens das. In ihrem Kopf ziehen Bilder von Klaus vorbei, wie er ihr in seinen kurzen Hosen aus einem alten Wehrmachtsmantel auf dem Schulhof von Braderup entgegenläuft und sich in ihre ausgebreiteten Arme wirft. Für ihn, denkt sie, bloß für ihn.

Ihr stummes Bitten hat Erfolg. Ein paar Tage später wird sie sich über die grüne Grenze in die amerikanische Zone schleppen. Und sie wird nicht von zwanzig sowjetischen Soldaten vergewaltigt worden sein, sondern nur von einem einzigen. Weil ich, überlegt sie, als die Amerikaner sie in einem warmen Aufenthaltsraum mit heißem Kaffee versorgen, so schlau war, dem einen schöne Augen zu machen, so dass der mich ganz für sich alleine wollte.

Als sie sich an das Schreien und Wimmern erinnert, das aus dem Speiseraum gedrungen war, in das die weiblichen Gefangenen gebracht worden waren, wird ihr übel. Sogar noch im Zimmer des Soldaten hatte sie es hören können, und trotz des Kaffees und der Decken läuft ihr nun ein eisiger Schauer den Rücken entlang.

»Alles okay?«, fragt ein amerikanischer Militär. »More coffee?«

Sie sieht in ein schwarzes, besorgtes Jungensgesicht. »No, thank you«, sagt sie abwesend.

Manchmal ist sie sich selbst unheimlich. Wie hat sie nur in so einer Situation so schlau sein, so eiskalt kalkulieren können? Manchmal scheint ihr, als seien alle menschlichen Gefühle in ihr abgestorben. Dann nimmt sie sich zusammen. Unsinn, schimpft sie sich selbst aus. Sei nicht so verdammt sentimental, Beate. Du machst eben das Beste daraus. Schließlich hat dich keiner gefragt, ob du bei diesem verdammten Krieg mitmachen willst.

Sie steht auf und geht zu dem jungenhaften Soldaten hinüber und hält ihm ihren Becher hin.

»One more coffee, please«, sagt sie und lächelt ihn an. Der Mann lächelt zurück.

»You're a tough lady«, sagt er und greift zur Kanne.

»We have to be tough«, antwortet sie. »We are German.«

Am nächsten Tag radelt sie von Hof zurück nach Braderup. Und viele Jahrzehnte lang wird sie zu niemandem über dieses Erlebnis sprechen, nur sehr selten daran denken. Schließlich ist es vorbei und würde nur dem im Wege stehen, was vor ihr liegt. Als das Schulhaus vor ihr auftaucht, tritt sie kräftiger in die Pedale.

»Den Horror«, schreibt sie fünfzig Jahre später, »hatte ich da schon verkraftet.«

Wenn es jemanden gibt, der mit beiden Beiden fest auf der Erde steht, ist es die Pilotin Beate Uhse.

»Freie Bahn dem Tüchtigen und Unternehmenslustigen! Seit einiger Zeit besteht in der amerikanischen Zone Gewerbefreiheit. Kennkarte genügt, und Tausende von Unternehmenslustigen und Ideenreichen versuchen ihr Glück im neuen eigenen Betrieb« – so die *Wochenschau* im Februar 1949.

Viele hatten da das Glück schon am Schopf gepackt: die Versandhändler Josef Neckermann und Gustav Schickedanz mit »Quelle«, der »Leukoplastbomber«-König Carl Borgward, der Strumpffabrikant Hans Thierfelder und Willy Schlieker mit seinen Werften. Manche von ihnen waren neureich geworden, viele mit einer wirtschaftlichen Erfolgsgeschichte aus dem »Dritten Reich« hinter sich – und ausnahmslos Männer.

Die angebliche »Stunde null« in der Wirtschaftsgeschichte Deutschlands wird von Historikern heute ins Reich der Legende verwiesen. Nicht nur, dass nur wenige Wirtschaftsführer in Nürnberg verurteilt wurden und diese dann auch recht schnell wieder aus dem Gefängnis in ihre komfortablen Büros kamen. Überhaupt war die Industrie längst nicht so zerstört, wie es lange kolportiert wurde – ganz anders als die kaputtbombardierten Straßen und Schienen, die Bereiche des Transports und der Telekommunikation. Fast 80 Prozent der Fabriken und Maschinen arbeiteten noch und konnten problemlos, sobald die politischen Weichen gestellt waren, produzieren.

Noch allerdings fertigte die Industrie an Verbrauchsgütern wie Wohnbedarf und Textilien nur ein Viertel der Waren von 1938. Die Demontagen und Reparationsansprüche hielten das Land im ökonomischen Dämmerschlaf. Der Lebensstandard, so eine Schätzung des Deutschen Instituts für Wirtschaft, sei in der Nachkriegszeit auf 40 Prozent des Vorkriegsniveaus gesunken, wobei die »Rückkehr zur Primitivität« sich allerdings in keiner Statistik niedergeschlagen habe.

Bis zum Jahr 1948 ging es den Menschen in allen Zonen wirtschaftlich etwa gleich gut – oder besser gesagt, gleich schlecht. Dann ging das von den Sowjets besetzte Territorium eigene wirtschaftliche Wege. Zwar wurden die Bewohner nun schon halbwegs satt, doch die Zentralisierung der Wirtschaft nach Moskauer Vorbild führte den Osten geradewegs in eine schwere Krise, denn privatwirtschaftliche Impulse blieben so aus. Zudem setzten sie, anders als die nun vereinigten Westmächte, weiterhin auf die Demontage der deutschen Industrie, rissen Werften ab und beschlagnahmten Maschinen für die Automobilproduktion.

Im Westen dagegen, wo sich die Demontage eher auf Anlagen der Kriegsfertigung beschränkt hatte, wehte alsbald ein frischer Wind. Einen großen Anteil an dem beginnenden Aufschwung ab dem Sommer 1947 hatten die Flüchtlinge, die zwar ihren ganzen Besitz verloren hatten, aber deswegen gezwungen waren, zu arbeiten, auch für eine jämmerliche Entlohnung in Reichsmark. Zudem konnten die hoch qualifizierten Ingenieure, Techniker und Wissenschaftler sich jetzt zivilen Zwecken zuwenden und mussten sich nicht immer neue Vernichtungswaffen einfallen lassen.

1948 schon produzierten die Nachbarländer der Deutschen auf Vorkriegsniveau. Die wiederum erhielten zu dieser Zeit bereits 1500 Kalorien, organisierten sich in der Regel noch etliche mehr dazu und hatten aus ihren zerbombten Städten die meisten Trümmer weggeräumt. Die geförderte Kohle, bereits zwei Drittel der Menge von 1936, sorgte für Wärme und gute Stimmung, und auch das Baugewerbe hatte schon wieder halb so viel zu tun wie vor dem Krieg. Natürlich weckten auch die gewaltigen Geldmengen, die durch den Marshall-Plan ins Land fließen sollten, Hoffnung und Tatkraft. Zudem trug das Verbot der Alliierten für die Rüstungsproduktion dazu bei, dass die Industrie sich auf die Herstellung von Konsumgütern konzentrieren konnte.

Noch allerdings kamen die vielen Waren nicht in die Geschäfte: Weil der damalige Zweizonen-Wirtschaftsdirektor Ludwig Erhard Andeutungen über eine sich anbahnende Währungsreform hatte fallen lassen, blieben Schuhe, Möbel und Hausrat in den Lagern – um später für das neue Geld über den Ladentisch zu gehen. Wer die Taschen noch voller Reichsmark hatte, haute sie auf den Kopf: beim Friseur, in Bars oder für überflüssige Masseneinkäufe von den wenigen Waren, die es gab, mal Rattengift, mal Badesalz.

Am 20. Juni 1948 dann war es endlich so weit: Reichsmark und Zigarettenwährung waren von Stund an null und nichtig. Wie von Zauberhand füllten sich mit den von der Industrie gehorteten Kochtöpfen, Stoffballen und Stühlen Läden und Schaufenster, vor denen sich die Kaufwilligen in langen Schlangen drängelten – mit ihren 40 Deutschen Mark in der Tasche und halbwegs gesättigt von mittlerweile 2000 Kalorien. Außerdem waren die Demontagen gestoppt. Und die nun ausgezahlten Marshall-Plan-Kredite als Unterstützung des europäischen Wiederaufbaus, für Deutschland immerhin 14 Milliarden Mark, machten Modernisierungen in allen Bereichen der Westzone möglich, während im Osten Stalin heftig an seinen Blockadeplänen für Berlin feilte.

Natürlich waren auch in jenen Jahren manche gleicher als andere, besonders Unternehmer und Schuldner. Firmen konnten pro Arbeitnehmer immerhin 60 statt 40 Mark kassieren. Kleine Sparer dagegen, viele von ihnen bereits 1923 von der Inflation quasi enteignet, bekamen für hundert Reichsmark nur 6,50 Mark. Wer aber

Aktien besaß, Häuser oder Fabriken, musste keine Einbußen hinnehmen und wurde bald darauf auch noch von den neuen Steuergesetzen begünstigt.

Um ein sattes Zehntel pro Jahr steigerte sich, nachdem 1950 die Lebensmittelkarten und die vom Staat festgesetzten Preise für Waren abgeschafft worden waren, in den nächsten fünf Jahren der Wohlstand – ein Verdienst vor allem des Zigarre rauchenden Wirtschaftsministers Ludwig Erhard. Der Star des Aufschwungs beförderte noch vor der Gründung der Bundesrepublik mit seinen Ideen von der sozialen Marktwirtschaft die Planwirtschaft ins Abseits. Noch nie zuvor auf der Welt, und auch nicht danach, hat sich eine ökonomische Situation so rasant gebessert wie die deutsche in dem Vierteljahrhundert nach dem Zweiten Weltkrieg. Auch garantierte der blühende Arbeitsmarkt ab 1955 die Vollbeschäftigung – und alle hatten schließlich Lust auf den vom Wirtschaftsminister versprochenen »Wohlstand für alle«. Bereits ein Jahr später reisten die ersten Gastarbeiter ein.

Nachdem die Verlierer des Krieges endlich satt waren, machten sie sich daran, ihre Konsumwünsche zu erfüllen. Hatten sie sich zuvor für das Lebensnotwendige ins Zeug legen müssen, schufteten sie nun glücklich für den kleinen Luxus, für mehr Mobilität und gutes Aussehen, für Constructa-Waschmaschinen, Opal-3-D-Strümpfe oder den kleinen Volkswagen für 5300 Mark. Noch allerdings bewunderten sie die neuen Möbel in den über zwei Millionen simplen Sozialwohnungen, die bis 1960 hochgezogen wurden. Immerhin: Der durchschnittliche Arbeiter hatte sein Einkommen in den ersten zehn Jahren Wirtschaftswunder verdoppelt, der durchschnittliche deutsche Unternehmer sogar verdreifacht.

Die Besiegten waren nun wieder wer – und in gleichem Maße wie der Wohlstand stieg das Bedürfnis, die quälende Rolle als schwarzes Schaf abzuschütteln. Ging man bis 1950 noch in die Kinos, um sich Trümmerfilme wie Wolfgang Staudtes *Die Mörder sind unter uns*

(1946) oder die Zeitsatire *Berliner Ballade* (1948) anzuschauen, lockten nun bonbonsüße Heimatfilme und eskapistische Produktionen des Auslands wie *Heiratet Marjorie?* mit Doris Day oder *A star is born* mit Judy Garland.

Die Auseinandersetzung mit der jüngsten deutschen Geschichte und den Problemen des Alltags blieb dem Theater und vor allem dem Kabarett vorbehalten, das in der Nachkriegszeit ungemein beliebt wurde – etwa der Berliner »Ulenspiegel«, die Münchner »Schaubude«, Werner Fincks Stuttgarter »Mausefalle« und vor allem Kai und Lore Lorentz' Düsseldorfer »Kommödchen« mit ihrem Anspruch, die Demokratie »nicht zu verplempern«.

Doch auch, wenn das deutsche Wunder in die so verspottete wie verklärte biedere Idylle der Fünfziger mit Nierentisch und Borgward, mit Verdrängung und Trauerverweigerung münden sollte – die Willensstärke und die Tatkraft, mit denen sich das besiegte Volk aus dem Nichts emporgearbeitet hatte, waren enorm. Die zweiten Gründerjahre boten allen Tüchtigen eine Chance – wenn auch Großunternehmen, die ihre durch den Krieg kurz unterbrochene Karriere in der Bundesrepublik fröhlich fortsetzen konnten, eine deutlich größere hatten als jene Ich-AGs, die sich mit Phantasie und Improvisationstalent eine neue Existenz schufen. Dennoch: Wer in jenen Jahren über Mut zum Risiko, Einfallsreichtum und Geschäftssinn verfügte, machte fast mit Sicherheit seinen finanziellen Stich, der nicht selten in florierende Unternehmen mündete – oder eben in jenen legendären Erotikkonzern der vertriebenen ostpreußischen Pilotin.

»Aber besonders bemerkenswert am deutschen Wirtschaftswunder«, schrieb ein amerikanischer Soldat, in den Dreißigern aus Deutschland geflüchtet, über seine Rückkehr in die besiegte alte Heimat, »waren der Mut und die Kraft der Deutschen selbst, die nach der Katastrophe nicht resigniert, sondern wieder von vorne angefangen haben.« So etwa wie das wiederentdeckte Mannequin

Gerti Schacht, die sich bei der ersten Modenschau nach dem Krieg in Berlin auf Trümmern in Szene setzte und die heute als Seniorenmodel arbeitet. In einem Interview zu ihrer neuen Karriere sagte die 82-Jährige: »Ich habe in der Nachkriegszeit gelernt, dass man nicht passiv dasitzen darf und auf die Glückssträhne warten. Es gibt kein Glück. Also Augen auf, Ohren auf und das Leben angepackt.«

Beate Uhse sah das ähnlich. Wenn es für sie so etwas wie Glück gab, dann gehörte es zweifelsfrei den Tüchtigen.

»Na, Frau Uhse? So viele Briefe wieder. Sie haben hoffentlich eine große Tasche dabei ...«

Beate Uhse lacht und faltet den Jutesack auseinander, damit die Frau, die auf einmal hinter ihr am Schließfach 185 im Flensburger Postamt steht, seine Größe sehen kann.

»Reicht der?«, fragt sie freundlich. Sie kennt die Frau vom Guten-Tag-Sagen, wenn sie bei ihr am Schalter Briefmarken kauft. Und die wiederum scheint ja sogar ihren Namen zu kennen.

Die Postfrau, die die sportliche Blondine beinahe täglich dabei beobachtet, wie sie dicke Briefbündel aus dem Schließfach holt, nickt. »Entschuldigen Sie, wenn ich störe«, sagt sie in verschwörerischem Ton und schaut schnell nach links und rechts, um zu sehen, ob auch keiner der Kollegen die Unterhaltung mit der Kundin belauscht. »Meine Freundin, die Renate, hat gesagt, dass Sie solche Heftchen verschicken. Über ... na, Sie wissen schon. Wenn man keine Kinder mehr will.«

»Richtig, eine Broschüre mit Tipps zur Verhütung«, sagt Beate Uhse. »Das tue ich. Und die Briefe hier sind von Leuten, die meine *Schrift X* bestellen möchten.«

»Und funktioniert das auch? Wissen Sie«, unterbricht sie sich selbst, »mein Alfred, der ist nämlich gerade aus dem Osten zurückgekommen. Na ja, Sie können sich ja denken, wie das ist, wenn man sich so lange nicht gesehen hat ... Und wenn ich mir vorstelle, dass ich dann außer den beiden Großen vielleicht bald auch noch so einen Lütten durchbringen muss ... Ich meine, wie soll das denn gehen in der kleinen Wohnung. Und Alfred, der findet bestimmt so schnell keine Arbeit, mit seinem kaputten Bein.«

Beate Uhse, die inzwischen alle Briefe in ihrem Jutesack verstaut hat, nickt. »Für viele wäre ein Kind im Moment eine Katastrophe«, sagt sie. »Deshalb ist es auch gut, dass es eine ganz einfache Möglichkeit gibt, eine Schwangerschaft zu verhindern.«

»Ja, und wie macht man das? Kondome sind doch überhaupt nicht zu kriegen heutzutage.«

»Haben Sie schon mal was von der Knaus-Ogino-Methode gehört?«

»Knaus was?«

»Knaus-Ogino. Funktioniert ganz einfach.« Beate Uhse merkt, dass der Mann, der sich neben ihr am Schließfach zu schaffen macht, die Aktion über die Maßen hinauszögert. »Schreiben Sie mir doch schnell mal Ihre Adresse auf«, sagt sie rasch. »Ich schicke Ihnen dann ein Heftchen zu.«

Die Postfrau kritzelt rasch ihre Anschrift auf einen Zettel und schiebt ihn der Kundin zu. »Und was kostet das?«, fragt sie dann. »Viel Geld haben wir nämlich wirklich nicht.«

»Eine Mark«, antwortet Beate Uhse. »Viel billiger als ein Baby.«

Sie schleppt den schweren Sack nach draußen und befestigt ihn auf ihrem Fahrrad. Es ist kalt an diesem Spätsommertag im Jahr 1948, der nahe Herbst kündigt sich bereits mit kräftigen Böen an. »Schon wieder eine neue Kundin«, denkt sie zufrieden, als sie nach Hause radelt. 32000 Frauen hatten im letzten Jahr die zusammengehefteten vier Seiten angefordert, auf denen sie kurz und bündig erklärt, wie man die fruchtbaren und unfruchtbaren Tage berechnen kann – das machte satte 64000 Reichsmark.

Nicht, dass man sich damals, noch vor der Währungsreform, viel dafür hätte kaufen können, die Läden waren ja leer gewesen wie die

Wüste Gobi. Der gesamte Umsatz war gerade mal 100 Paar Schuhe auf dem Schwarzmarkt wert. Aber die 50 Mark Gebühren für die ersten 10 000 Postwurfsendungen, verteilt in Heide, Husum und Hamburg, hatten sich trotzdem bezahlt gemacht, weil sie nun sicher war, dass sie ihre kleine Geschäftsidee ausbauen würde. Als alle auf einmal von einer Währungsreform flüsterten, wollten die Leute ja noch das ganze schlechte Geld loswerden. Und die Marken für die paar Pfund Butter, die die Druckerei verlangt hat, konnte sie auch verschmerzen, musste Klaus halt sein Brot mal nur mit Rübensirup essen. Jetzt kassierte sie immerhin eine harte Deutsche Mark pro Heft. Das Zimmer im Pastorat St. Marien in Flensburg, wohin sie umgezogen war, konnte sie allemal davon bezahlen.

Sie ertappt sich selbst dabei, wie sie auf dem Heimweg fröhlich vor sich hin pfeift. Warum auch nicht, sagt sie sich dann, sie hat wirklich allen Grund, stolz auf ihre Idee zu sein. Beim Schlangestehen fangen Frauen ja an, miteinander zu reden, und immer wieder hat sie mitgehört, wie viele in diesen Zeiten Angst vor einer neuen Schwangerschaft hatten, so wie eben gerade die Frau auf dem Postamt. Im Nachhinein war sie ihrer Mutter überaus dankbar für die gründliche Aufklärung über die biologischen Prozesse im Körper einer Frau – auch wenn sie sich damals bei den detaillierten medizinischen Erklärungen ziemlich gelangweilt hat. Aber immerhin hat sie sich noch an Margarete Köstlins Ausführungen über die Knaus-Ogino-Methode erinnern können. Und das, was ihrem Gedächtnis entwischt war, hatte sie in diesem Buch von Dr. Gerster aus der Bücherei nachlesen können: *Die natürliche Geburtenregelung nach Knaus.*

»Und dabei«, denkt Beate Uhse vergnügt, »bin ich ja sogar im Einklang mit der katholischen Kirche. Obwohl mein Plädoyer für die Geburtenkontrolle den keuschen Priestern bestimmt nicht gefallen würde, wenn sie das Heft mal zwischen die Finger bekämen.«

»Würden wir triebmäßig zeugen«, rezitiert sie in Gedanken ihr kleines Werk, »wäre es heute keinem Ehepaar möglich, seinen Kindern ein anständiges, menschenwürdiges Leben und eine entsprechende Erziehung zukommen zu lassen. Es entsteht daher für uns die soziale Pflicht, die Befriedigung des Sexualtriebs von der Zeugung scharf zu trennen.« Dann hatte sie noch kurz erklärt, welche Prozesse im Körper einer Frau vorgehen, wie sich das Ei einnistet und dass es unbefruchtet durch die Regelblutung wieder ausgestoßen wird und vor allem, welche Tage gefährlich sind und welche nicht – und fertig war die *Schrift X.*

Sie tritt kräftiger in die Pedale. Bevor es richtig dunkel wird, will sie noch etliche neue Hefte falten und eintüten. Aber irgendwas hat diese Postfrau gesagt, was ihr nicht aus dem Kopf geht. Was war das noch gleich? Nein, es hat keinen Zweck, sie kommt nicht drauf.

Vor dem Pastorat steigt sie vom Fahrrad und zerrt den Postsack in die kleine Wohnung. Es ist still. Klaus scheint mit Hanna spazieren gegangen zu sein. Prima, dann kann sie gut noch etwas arbeiten. Sie setzt sich an die Wickelkommode, arrangiert den Stoß Heftchen und einen Stapel mit Umschlägen und fängt mit der Eintüterei an. Betu-Vertrieb hat sie ihr Ein-Frau-Unternehmen genannt, nach ihren Initialen.

»Mama«, hört sie nach einer Weile ihren Sohn rufen, der mit Hanna zur Tür hereingekommen ist. Sie dreht sich um und will schon die Arme ausbreiten, damit der Vierjährige sich hineinwerfen kann. Doch da steht Klaus auf seinen dünnen Beinchen und grinst übers ganze Gesicht. »Guck, Mama, ich hab was!«, ruft er.

»Schön, Schätzchen«, sagt Beate Uhse und betrachtet etwas abwesend den roten Luftballon in seiner Hand. Sogar Luftballons gibt es wieder, staunt sie, das geht ja wirklich mit einem Affenzahn voran mit der deutschen Wirtschaft. Sie will schon wieder an die Arbeit gehen, da fällt es ihr wieder ein. Natürlich, Kondome! Die Postfrau hat gesagt, dass man heute ja überhaupt keine Kondome mehr bekommt. Sie wird ganz aufgeregt. Es lohnt sich bestimmt, überlegt sie, dem mal nachzugehen. Vielleicht hat ja doch der eine oder andere Fabrikant die Produktion wieder aufgenommen.

Kondome. Wenn man an Kondome kommen würde, könnte sie ja vielleicht so eine Art Katalog machen, mit dem Angebot für die *Schrift X* und die Präservative. Wenn alle schon so wild auf ihre Knaus-Ogino-Hefte waren, dann müssten Kondome doch ein echter Renner sein. Vor allen Dingen, weil die dann doch eine Ecke zuverlässiger sind als die ganze Rechnerei. Wenn man nun mal richtig Lust aufeinander hat, dann vergisst man die nämlich sowieso schon das eine oder andere Mal, und schwupps ist es zu spät.

Sie streicht sich über den Bauch, der schon deutlich runder geworden ist. Und wer, fragt sie sich spöttisch, sollte das schon besser wissen als sie selbst? Aber was soll's. Dann sind sie eben zu sechst. Allerdings hofft sie sehr, dass Ernst-Walter Rotermund, ihr neuer Liebhaber, das genauso gelassen sieht.

Im Sommer 1947 hat Beate Uhse ihren zweiten Mann kennen gelernt. Sie war mit Klaus auf die Nordseeinsel Sylt gefahren, um die dortigen Rettungsschwimmer mit Butter zu versorgen – und natürlich im Gegenzug an andere Kostbarkeiten zu kommen.

Lange war sie nicht mehr am Meer gewesen. Sie baute ihrem Sohn eine Sandburg. Und während der Kleine selbstvergessen spielte, genoss sie die Sonnenstrahlen. Fast wie damals auf Juist. Nur dass es in ihrer Schulzeit keinen abgetrennten FKK-Bereich am Strand gegeben hatte; die Kinder von der Inselschule hatten einfach so nackt gebadet, ohne sich groß etwas dabei zu denken – und ohne sich darum zu kümmern, ob die anderen Badegäste sich vielleicht gestört fühlten. Sie betrachtete ihre schlanken Beine und den straffen Bauch. Ein bisschen arg blass, aber immer noch schön muskulös, stellte sie befriedigt fest, trotz ihrer mittlerweile 28 Jahre. Manchmal, so wie jetzt, sehnte sie sich doch schon sehr nach sanften Berührungen, nach den Händen eines Mannes, die ihre Haut streichelten.

»Das muss die Sonne machen«, dachte sie und rekelte sich träge, wie ein Katze, auf dem Vorkriegshandtuch aus gutem Leinen, das sie gegen die Butter eingetauscht hatte, »die weckt mich auf.« Dabei hatte sie bestimmt noch mehr Zärtlichkeit abbekommen als so manche andere Kriegswitwe. Da war Hans Bosch gewesen, der Flieger, der sie nach dem Verlust von Hans-Jürgen getröstet hatte und der auch nicht mehr lebend zurückgekommen war. Und dann die kurze Affäre mit dem Fernfahrer, als sie mit dem Rad Deutschland rauf und runter gefahren war, um etwas über den Verbleib ihrer Eltern zu erfahren.

Sie seufzte leise auf. Nun, jetzt wusste sie ja, was mit Otto und Margarete Köstlin passiert war. Sie blickte zu ihrem Sohn hinüber, dessen Haut schon einen ganz leichten goldenen Schimmer angenommen hatte. Gut, dass sie den Kleinen hatte. Und wie sehr sie es genoss, wenn sie sich spät am Abend zu der kleinen Gestalt ins Bett kuschelte und seinen warmen Atem in ihrem Gesicht spürte.

Ob er sich noch an Hans-Jürgen erinnerte? Bestimmt nicht, dachte sie, er war ja gerade mal ein Jahr alt, als sein Papa umgekommen war, zu klein, um ihn zu vermissen. So viele Kinder wuchsen ja heutzutage ohne Vater auf. Die meisten von ihnen wussten gar nicht, dass eine Familie nicht nur aus Müttern, Tanten und Omas bestehen konnte, sondern auch aus Vätern, Onkeln und Großvätern.

Ein Schatten fiel über sie. Sie fröstelte und schlug die Augen auf. Vor ihr stand ein kräftiger, gut gebauter Mann und spielte Sonnenschirm. Richtig, mit dem hatte sie sich ja vorhin beim Strandsport Bälle zugeworfen, und er war noch flinker im Fangen gewesen als sie selbst.

Unaufgefordert setzte er sich zu ihr aufs Badetuch und fing an zu erzählen. Was das nur ist, dachte Beate Uhse irritiert, dass wildfremde Menschen mir immer ihr Herz ausschütten müssen? Sie selbst hatte alles immer für sich behalten. Aber andererseits fand sie ja auch immer ziemlich interessant, was so alles aus den Leuten hervorbrach, wenn sie endlich jemanden zum Zuhören gefunden hatten.

Was dieser Ernst-Walter Rotermund zu berichten hatte, hatte sie allerdings schon oft gehört, in immer neuen Variationen. Der Mann an der Front in Russland, die Frau einsam zu Hause. Dann, nach endlosen Fußmärschen im Herbst 1945, die Rückkehr aus der Gefangenschaft, in diesem Fall nach Flensburg, total entkräftet. Und es stellte sich heraus, dass die Frau einen anderen kennen gelernt und überhaupt keine Lust darauf hatte, das 37-Kilo-Gespenst zu pflegen, das da auf einmal vor ihr stand. Das hatte die Familie dann übernommen, Flensburger Spediteure. Die Frau hatte inzwischen die Scheidung eingereicht.

Gerade heute Morgen hätte der Termin vor Gericht stattgefunden, erzählte er. Er habe daraufhin erst mal für zwei Wochen verschwinden wollen, Urlaub machen, Abstand gewinnen. Und überlegen, was mit den beiden Kindern passieren sollte, zehn und vier Jahre alt. Er habe nämlich Zweifel, ob seine Frau und ihr neuer Mann nicht überfordert mit der Erziehung waren. Am liebsten, sagte er, würde er Bärbel und Dirk zu sich nehmen, aber immerhin arbeite er ja den ganzen Tag.

Versandhandel nannte er, was er machte. Diesen Ausdruck hatte Beate Uhse noch nie gehört. Aber als Ewe – »nenn mich einfach Ewe«, hatte er sie fröhlich aufgefordert, »das klingt nicht so furchtbar streng wie Ernst-Walter« – ihr erklärte, dass er seinen Kunden die Flaschen mit dem Haarwasser einfach zuschicken würde, anstatt sie in einem Laden zu verkaufen, stellte sie amüsiert fest, dass sie mit ihrer *Schrift X* wohl auch einen Versandhandel betrieb.

Wo sie denn überhaupt herkomme, hatte er sie am Schluss seines Monologs gefragt, als sei ihm plötzlich eingefallen, dass er von der Frau, die da nackt neben ihm auf dem Laken saß, rein gar nichts wusste. Ach, von ganz weit her aus dem Osten, hatte sie geantwortet und zufrieden registriert, dass bei dieser Auskunft ein Schatten über sein Gesicht fiel. Jetzt wohne ich aber in Braderup, in Schleswig-Holstein, hatte sie dann schnell hinzugefügt, und Ewe hatte gelacht.

Na prima, hatte er vergnügt gerufen, dann pack schon mal deine Sachen, du Landei, wird Zeit, dass du mal in eine richtige Stadt umziehst. Denn schon in der ersten Sekunde hätte er gewusst, setzte er hinzu, dass sie die richtige Frau für ihn war. Schließlich habe er noch nie zuvor ein Mädchen kennen gelernt, das ein besserer Werfer sei als er. Er selbst, hatte er noch gesagt, und das hatte richtig ernst geklungen, sei nämlich durchaus Spitzenklasse.

Und noch etwas hatte der ausgebildete Kaufmann Ewe gesagt, das ihr Herz ein bisschen aufgeregter klopfen ließ. Dass er die Idee mit der *Schrift X* brillant fand und dass man doch mal gemeinsam schauen könnte, ob sich der kleine Vertrieb nicht ausbauen ließe.

Kurz darauf lebte Beate Uhse, mittlerweile heftig verliebt, in einer Großfamilie. Zusammen mit Ewe, den drei Kindern, der Katze Deborah und der Tante ihres Liebhabers. Deren Mann, Pastor der Gemeinde St. Marien, hatte sie nämlich als Witwe zurückgelassen, und Elfriede Rotermund fühlte sich ein wenig einsam.

Der Patchwork-Clan richtete sich in eineinhalb Zimmern des Pfarrgebäudes häuslich ein – und passte im Übrigen höllisch auf, dem neuen Pastor nicht auf die Nerven zu gehen. Die Geschäftspost ließ sich Beate Uhse allerdings nicht an die neue Adresse liefern. Nicht so sehr der empfindlichen Moral des Pfarrers wegen, sondern weil es die Kunden irritiert hätte, Aufklärungsbroschüren ausgerechnet bei einem Pastorat zu bestellen.

In den Wochen nach dem Gespräch mit der Postfrau sah sich die Kleinunternehmerin in ihren Expansionsplänen bestätigt. Immer mehr Kunden, denen die *Schrift X* offenbar gefallen hatte, erkundigten sich, ob sie nicht wüsste, wie man an Kondome kommen könnte. Oder an Bücher, in denen noch ein bisschen mehr darüber stand, was Mann und Frau in der Nacht so machen könnten ...

Sex kostet eben nichts, und Kohle spart man auch noch dabei, dachte Beate Uhse amüsiert, als sie den dritten Brief des gleichen Inhalts an einem Abend öffnete. Sie schloss die Augen, und die Bilder von der vergangenen Nacht tauchten in ihrem Kopf auf. Sie war immer noch ganz entzückt, wie viel Spaß Ewe und sie im Bett hatten. Ihr Liebhaber hatte genauso wenig Hemmungen wie sie selbst, war phantasievoll und einfühlsam. Nur dass sie immer so leise sein mussten, damit die Kinder nichts mitbekamen, störte sie. Aber wer weiß. Vielleicht konnten sie ja irgendwann aus dem Pastorat ausziehen, in eine richtige Wohnung. Wenn sich das Geschäft so entwickelte, wie es den Anschein hatte ... Sie weckte sich selbst aus ihrer Tagträumerei. Geschäfte, sagte sie streng zu sich selbst, florieren nur, wenn man am Ball bleibt.

In den nächsten Tagen machte sie sich daran, die Adressen von Firmen herauszufinden, die ihr eventuell Kondome liefern könnten. Bald hatte sie ihr Angebot erweitert: Neben der *Schrift X* und Präservativen von Blausiegel, Fromms, Ritex und Hanseatische Gummiwarenfabrik konnte sie ihrem Kundenkreis auch noch den Bestseller aus den zwanziger Jahren *Die vollkommene Ehe. Eine Studie über ihre Physiologie und Technik* des holländischen Gynäkologen Hendrik van de Velde offerieren, *Unter vier Augen* des Arztes Rinard, einen Eheberater und ein Mittel, das eingeschlafene Lustgefühle wieder wecken sollte.

Nicht, dass sie die Schriften selbst allzu prickelnd fand. Im Wesentlichen beschrieben die Autoren, Experten in anatomischen Vorgängen und nicht so sehr Fachmänner der Liebe, die Funktion der Sexualorgane, würzten die Biologie-Exkurse mit einer Aufzählung möglicher Stellungen beim Geschlechtsverkehr und kleinen gezeichneten Bildchen, in denen die erogenen Zonen der Frau markiert waren.

Immer wieder erstaunte es sie, wie wenig die Menschen anscheinend über so eine natürliche Sache wie die Sexualität wussten. Erst allmählich war ihr aufgegangen, dass ihre eigene Aufklärung durch die Eltern die ganz große Ausnahme war. Viele der Frauen, die sich an sie wandten, wollten nur wissen, wie sie ihrem Mann Freude bereiten konnten – dass die Schöpfung auch für sie einen Orgasmus bereithalten könnte, war ihnen gar nicht bekannt.

Sie hingegen freute sich jetzt schon auf die wunderbaren Gefühle, die die Liebe zu Ewe ihr so sicher bescherten. In der nächsten und in jeder neuen Nacht ihres Lebens – so dachte sie jedenfalls.

»Horst? Hast du mal ein paar Minuten?«

Horst Rotermund nickt, als er das vertraute Quietschen des alten Fahrrads hört, mit dem Beate immer noch unermüdlich durch die Stadt kurvt. Er legt den Pinsel zur Seite, mit dem er eben noch den Zaun verschönert hat, und umarmt die junge Frau. »Für dich doch immer, Beatchen«, sagte er.

Er muss sich jedes Mal ein wenig zusammennehmen, um sie den Zorn auf seinen Stiefbruder nicht merken zu lassen, der sie so schmählich im Stich gelassen hat. Wenn sie ihm auch nur ein bisschen entgegenkäme, würde er sie sofort heiraten. Dass ihr Kind von Ernst-Walter ist, ist ihm dabei völlig egal. Hätte er doch dableiben sollen, denkt er unwillig. Argentinien, so eine Schnapsidee. Hat er doch sofort gesagt. In seinen letzten Briefen hat Ewe auch nur rumgejammert. Erst hat er ewig lang nichts von sich hören lassen, denkt er, selbst als wir ihm gesagt haben, dass Mama Krebs hat, und jetzt will er auch noch Mitleid dafür, dass er als Diener bei einer reichen alten Argentinierin putzen muss, um über die Runden zu kommen.

Beate Uhse holt Klaus vom Gepäckträger ihres Rades herunter. Der kleine Junge läuft sofort in den Garten. Ulrich hat sie in ein Tuch gewickelt und trägt ihn wie ein kleines Känguru auf der Brust.

Horst Rotermund nimmt ihr das Baby ab und führt sie ins Wohnzimmer. »Na«, fragt er, »Neuigkeiten von dem Taugenichts?«

»Du sollst ihn doch nicht so nennen«, antwortet Beate Uhse mit
sanftem Tadel und lässt sich aufatmend in den weichen Sessel fallen.
»Er hat das doch alles nur für uns getan.« Das zumindest versucht sie
sich schon ein Jahr lang einzureden, seitdem Ewe sich im September
1948 aufgemacht hat, um mit zehn Kumpels aus Flensburg nach
Argentinien zu segeln. »Wenn ich erst mal ein Geschäft aufgebaut
habe, kommst du mit dem Kind einfach nach«, hatte er verkündet.

Irgendwie hatte sie ihn sogar verstehen können. Wer so lange in
Gefangenschaft gesessen hat, der muss auch mal seine Flügel ausprobieren. Dass er den Briten, Amerikanern und Franzosen, die ja
immer noch das Land regierten, nicht recht über den Weg traute,
fand sie damals auch einleuchtend. Wer hatte schon ahnen können,
dass nur ein Jahr später die Bunderepublik gegründet werden würde,
ein souveränes, unabhängiges Deutschland? Und von dem Kind
hatte er ja zu diesem Zeitpunkt noch nichts gewusst. Sie hatte ihre
Schwangerschaft schließlich selbst erst nach seiner Abreise festgestellt.

Horst Rotermund lässt nur ein kurzes, ungläubiges Brummen
hören. Beate Uhse lächelt. Sie weiß ganz genau, dass Horst sich
Sorgen um sie macht, und es gefällt ihr. So lange hat sich keiner
mehr um sie gekümmert. Dass Ewes Familie sie herzlich aufgenommen hat, empfindet sie, die nur noch ihren Bruder Ulrich hat, als
ganz großes Glück.

»Es gibt wirklich Neuigkeiten«, sagt Beate Uhse leise. »Aber
andere, als ihr denkt.«

»Sag mal, hast du ihm mittlerweile endlich von dem Baby
geschrieben?«, unterbricht er sie. »Und dass das Jugendamt dir
Dirk und Bärbel weggenommen hat?«

»Nein«, antwortet sie. »Aber bald wird er Ulrich sowieso sehen.
Und die beiden Großen können vielleicht auch zurück.« Sie zieht

einen zerknitterten Brief aus der Tasche und reicht ihn hinüber. »Von einem Anwalt aus Lörrach«, sagt sie. »Ewe sitzt da im Gefängnis. Er hat's mit einem italienischen Frachter nach Europa geschafft und ist an der Schweizer Grenze geschnappt worden.«

»Typisch Ewe«, antwortet Horst Rotermund, »bringt einfach nichts richtig zu Ende.« Sorgfältig liest er das Schriftstück. »Und?«, sagt er dann. »Willst du runterfahren, ihn rausholen?«

»Na klar«, sagt Beate Uhse. »Sobald ich das Geld für den Zug auftreiben kann.«

»Das lass mal unsere Sorge sein. Die Rotermunds können immer noch ein paar Mark lockermachen. Hauptsache, er sieht Mama noch einmal. Und heiratet endlich«, setzt er noch hinzu. »Mein Neffe braucht einen Papa.«

Die junge Frau springt auf und umarmt den Mann stürmisch. »Ihr Rotermunds seid einfach Spitzenklasse«, flüstert sie ihm ins Ohr, »einer wie der andere.«

Bevor ihr zukünftiger Schwager noch antworten kann, ist sie schon wieder unterwegs auf ihrem Fahrrad nach Hause. Schließlich ist unheimlich viel Arbeit liegen geblieben in den letzten Monaten, und die Anfragen hatten heftig zugenommen. Wenn Ewe wieder da ist, verspricht sie sich selbst, soll er eine echte Perspektive vorfinden. Sie hatte schon wieder eine Idee, wie sie den Kunden dieses neue »Sanursex« in ihrem Werbeprospekt beschreiben wollte: »Ein Hormonpräparat, das dem Körper Spannkraft und Frische zurückgibt. Denn oft schlagen das Herz eines Mannes und das einer Frau nicht im selben Rhythmus, mögen sie auch noch so sehr von Liebe erfüllt sein. Sie lieben sich, aber nicht zur selben Zeit.«

Im Herbst 1949 wurde aus Beate Uhse Beate Rotermund. Ihr Herz und das von Ewe pulsierten wieder im Gleichklang – zumindest für einige Zeit.

Fünftes Kapitel

Wirtschaftswunder
Begehren und Bescheidenheit

»Ach, die fünfziger Jahre! Das waren bestimmt die schönsten und lustigsten Zeiten überhaupt. Ja, dass man jetzt endlich wieder leben konnte, ohne Krieg, das war wie eine Neugeburt.« In Arne Andersens *Der Traum vom guten Leben* beschreibt eine 60-Jährige so die Stimmung im Wirtschaftswunderland.

Als die Bundesrepublik in die Pubertät kam, hatte die Generation Beate Rotermunds, die damaligen Thirty-Somethings, ihre Jugend bereits verloren, ohne sie eigentlich je ausgekostet zu haben. Denn ihre biologischen Backfischjahre waren von der eisernen Hand des BDM und der Hitlerjugend regiert worden, die Zwanziger hatten sie an der Front verschleudert, in Munitionsfabriken oder in Luftschutzbunkern. Typisch für diesen Verlust ist Beate Rotermunds nahtloser Übergang von der beschützten Kinderwelt ins Erwachsenenmilieu: Mit 19 war sie professionelle Pilotin, mit 24 Witwe und Mutter, mit 27 Unternehmerin.

Unbeschwertheit und Sorglosigkeit, Raum für Idealismus, zum Träumen und Weltverbessern, zum unschuldigen Ausprobieren und Verwerfen von verrückten Ideen und Phantastereien – all das war dieser Generation nicht vergönnt, der allzu früh ein intellektuelles und ideologisches Korsett verpasst worden war. In ihrer Kindheit hat Beate Rotermund gelernt, wie sich Freiheit anfühlt – doch ausleben durfte sie sie später nicht. Immer gab es ein höheres Ziel, das geistiges Umherschwirren verhinderte. Und auch die fünf kurzen Nachkriegsjahre waren viel zu sehr vom Überlebenskampf geprägt, als dass sie die Möglichkeit geboten hätten, sich mit Scham, Schuld und Trauer auseinander zu setzen sowie mit sich selbst.

Die Fünfziger machten zwar scheinbar wieder alles möglich, doch nur auf der materiellen Ebene. Erst einmal wollte der Bauch gefüllt sein – mit Köstlichkeiten wie Wiener Schnitzel, Salzstangen, Erdnüssen, mit guter Butter und Kartoffelbergen, die in fetten Soßen schwammen. Heruntergespült wurden die Kalorienbomben dann mit echtem Kaffee, Doornkaat und Underberg. Kaum war einer der anfangs spärlichen und schlecht bezahlten, später so überreichlich vorhandenen Arbeitsplätze gefunden, sollten vor bunt gemusterten Tapeten Nierentisch und Tütenlampe in den niedrigen, engen Sozialwohnungen stehen – und natürlich der große Traum, ein Goggomobil vor der Haustür, den neuen Borgward Hansa 1500 oder gar ein VW-Käfer mit 105 Kilometer Spitze.

Als das Lastenausgleichsgesetz von 1952 die Verluste der Flüchtlinge mit 104 Milliarden Mark milderte und den Arbeitnehmern die Errungenschaften der sozialen Marktwirtschaft beschert wurden – ein paar von den Gewerkschaften erkämpfte Prozente mehr Gehalt, nur noch 46,2 Stunden Wochenarbeitszeit, 15 Tage bezahlter Urlaub, freier Samstag, an dem »mein Vati mir gehört«, Lohnfortzahlung im Krankheitsfall –, wollten die Avon-Beraterin in die Küche mit ihren pflegeleichten Kunststoffböden hineingelassen, die italienische Riviera bereist und Tischfeuerzeug, Brauns Schneewittchensarg und Kühlschränke angeschafft werden, in denen Dickmann's Negerküsse so schön lange haltbar blieben. Im Kino lockten Sonja Ziemann und die heile Welt mit *Grün ist die Heide*, in den brandneuen Milchbars gesunde Mixturen und auf den Straßen Werbeplakate für Vivil-Pfefferminz, das frischen Atem machte.

Einerseits bescherte der Aufschwung den Deutschen Fülle, andererseits ließ er die Fünfziger merkwürdig glatt, steril und leer wirken. Im gleichen Maße, wie Achselhöhlen desodoriert wurden, das Haar im Fassonschnitt gebändigt, das Kinn glatt rasiert und die Nase mit praktischen Einweg-Tempotüchern geschneuzt wurde, begrüßte die Rotermund-Generation freudig die Etikette einer neuen keimfreien Moral.

Unbequeme Ansichten, Kritik und Konfrontation – all das blieb dem Kabarett überlassen, da gestattete man sich, Provokationen zu beklatschen. Im Alltag dagegen regierten nun der Anstand und das Credo der Kleinfamilie. Der aus dem Osten heimgekehrte Vater hatte in der Familie wieder das Sagen, nachdem die Frauen ihre im Krieg gewonnene Unabhängigkeit und Stärke bereitwillig eingetauscht hatten gegen die traditionelle Rolle der Hausfrau und Kindergärtnerin. Mit mütterlicher Nachsicht gegenüber ihren Männern, deren Selbstwertgefühl es wieder aufzurichten galt, bewunderten sie die gescheiterten Kämpfer dabei, wie sie Sicherungen einschraubten – die sie im Bombenhagel selbst geflickt hatten – und beim Sonntagsausflug ins Grüne Kapitän auf verstopften Landstraßen spielten.

Vielleicht hätten die Deutschen sich durch die Schichten der Scham arbeiten können, wenn der Kalte Krieg und der in Korea ihnen nicht so schnell das befriedigende Gefühl gegeben hätte, von der Welt wieder gebraucht zu werden. So aber wurde die Chance zur kollektiven Verdrängung ergriffen. Es zählten Sauberkeit und Konsum. Wichtig war, wie man sich benahm, was man anzog und was man besaß. Perlonstrümpfe, enge Kostümchen und der Polyesteranzug waren die Uniform der Wirtschaftswunderjahre.

Die verlorene Unschuld wurde gesucht in blitzblank gewichsten Resopalflächen; die befleckte Vergangenheit ließ sich zusammen mit den Nyltest-Hemden im Waschbecken reinigen: bequem, blütenweiß und knitterfrei. Praktisch, sauber und anständig bis zur Schmerzgrenze wollte man sein, sich an einem gesellschaftlichen Regelwerk orientieren können, um die moralische Verwirrung zu neutralisieren, auch wenn es mit seiner Biederkeit die eigenen Sehnsüchte unterdrückte – und bloß nicht aus der Rolle fallen.

Obwohl sie erst dreißig Jahre zählte, war Beate Rotermund bereits zu alt, um sich für James Dean und Jeans zu begeistern, für die kritische Literatur der Gruppe 47, neue Theaterstücke, Elvis-Songs oder die anderen Blüten einer potenziell möglichen Erkundungsfahrt in kulturelles Neuland. In ihrer Autobiografie berichtet sie über die Maßen detailliert über sämtliche geschäftlichen Finessen der Anfangsjahre ihres Unternehmens – mit keinem Wort erwähnt sie einen eventuellen Lustgewinn durch Kino, Bücher, Mode oder Musik.

Als Kind hatte sie viel gelesen, sich von Kapitän Nemo und Lederstrumpf bezaubern lassen. Im »Dritten Reich« muss sie den Zugang zu Büchern verloren und ihn nach der kulturellen Durststrecke der Nazizeit auch nicht wiedergewonnen haben. Sie machte sich 1950 auch nicht »ein paar schöne Stunden« und ging ins Kino, wie der Werbeslogan lautete, um sich von Rudolf Prack im *Schwarzwaldmädel* einlullen zu lassen oder sich acht Jahre später mit Nadja Tiller im *Mädchen Rosemarie* über liebessüchtige Wirtschaftswunderkapitäne zu amüsieren. Sie erforscht Bilanzen und nicht Buchstaben und Bilder – Fakten und nicht die Phantasie.

Beate Rotermunds unternehmerischer Elan war typisch für die Jugend der Republik. Durch und durch Geschäftsfrau, wollte sie mitmischen beim Wirtschaftswunder, »niemals mehr arm« sein. Ihre Tatkraft, ihr preußisches Arbeitsethos, ihr politisches Desinteresse und der ihr eigene Pragmatismus machten sie zum perfekten Protagonisten der Aufbaumentalität der Fünfziger. Sie war eben ein

Kind ihrer Zeit – und wurde gleichzeitig, nur scheinbar paradox, zur Außenseiterin einer Gesellschaft, deren Geist sie so perfekt widerspiegelte.

Denn das erotische Sujet, mit dem sie Karriere machte, war der repressiven Sexualmoral jener Jahre suspekt. Doch da Repression und Verdrängung unweigerlich von Doppelmoral und Heuchelei begleitet werden, reüssierte sie so wunderbar mit ihrem anonym abzuwickelnden Versandhandel: In der Öffentlichkeit konnte die Fassade des Anstands aufrechterhalten bleiben, doch im Schutz der eigenen vier Wände wickelten die Bundesbürger aufgeregt diskret verpackte Dessous und Potenztropfen aus. Noch prägten die Lehren der katholischen Moraltheologie das gesellschaftliche Bewusstsein, die den Körper in »ehrbare« und »unehrbare« Zonen aufgeteilt hatte – und in dicken Wälzern genauestens regelte, wann welche Zone wie berührt werden durfte, vor allen Dingen aber, wann nicht.

Bis der kalifornische Chemiker Carl Djerassi das Sexualleben, besonders das der Frauen, durch die Pille revolutionieren sollte, dauerte es nach der Rückkehr von Ewe Rotermund aus Argentinien noch zehn lange Jahre – in denen Beate Rotermund vom Gründungsfieber dieser Goldgräberzeit ebenso profitierte wie von den zwar heimlichen, aber heftigen erotischen Träumen der Deutschen. Die nächsten vierzig Jahre dann ließ deren nur allmähliche Enttabuisierung die Kassen klingeln.

Wenn die Händlerin jener Träume auf der Wickelkommode im Pastorat ihre Lieferungen zusammenstellte, war sie durchaus überrascht von der biologischen Unbedarftheit ihrer Kunden. »Aus den meisten Briefen«, so erinnert sie sich, »gingen verblüffende und verheerende Unkenntnis und Ahnungslosigkeit hervor. Kriegt man vom Küssen Kinder? Kommen die Kinder aus dem Bauchnabel? Warum wollen Männer nur das eine?«

116

Sicherlich machte sie ihr Geschäft mit der Unaufgeklärtheit, die sie aufgrund ihrer eigenen Erziehung kaum fassen konnte – so wie die rund vierzig anderen Firmen auch, die auf dieses ökonomische Eldorado gestoßen waren. Andererseits wollte sie mit ihren Produkten durchaus im Einzelfall helfen, ohne sich einer gesellschaftlichen Mission zu verschreiben. Sie selbst war die gläubigste Leserin ihrer eigenen Werbetexte, die sich bemühten, den Kunden »ein gutes Gewissen« beim Kauf zu machen. »Es gibt kaum ein bedeutungsvolleres Problem für die Menschen unserer Tage«, dichtete sie etwa, »als das der sexuellen Anpassung im Eheleben.«

Nicht im Mindesten war sie daran interessiert, die allgemeine Sexualmoral in Frage zu stellen. In den Fünfzigern durfte Sex ausschließlich von über 21-Jährigen in der Ehe stattfinden. Demnach waren Paare, die sich, ordentlich verheiratet, im heimischen Schlafzimmer liebten, auch ihre Zielgruppe. Selbst wenn Beate Rotermund vorehelicher Geschlechtsverkehr und Nacktheit eine Selbstverständlichkeit waren, respektierte die Geschäftsfrau in ihr das fundamentalistische Regelwerk der Gesellschaft.

Natürlich fand auch böser Sex in den Fünfzigern statt – doch über den wurde nicht gesprochen. Böser Sex fand zwischen Teenagern statt, mit sich selbst, zwischen Frauen oder zwischen Männern, vor und neben der Ehe. Böser Sex war laut, so dass die Nachbarn von unten oder von oben mit dem Besenstiel an die dünne Decke oder auf den Boden klopften. Böser Sex stand, zumindest in den Augen der Kirche, im Dienst des reinen Vergnügens anstatt in dem des Nachwuchses. Böser Sex war schmutzig, gierig, hemmungslos, leidenschaftlich, animalisch, unkontrollierbar. Guten Sex hatten, kurz und schmerzlos, nur Ehepaare.

Schwanger zu werden, ohne verheiratet zu sein: das war das Trauma der Frauen der restaurativen Fünfziger. Bestraft wurde das Vergehen mit Schulverweis oder Hinauswurf aus dem Elternhaus, mit drohender Verarmung und dem Verlust von Perspektiven, mit Ausgrenzung und Schande. Eine Umfrage von 1966 unter Studentinnen ergab, dass zwei Drittel noch Jungfrauen waren – und damit heiratstauglich. Abtreibungen, streng geahndet, fanden nur in den Hinterzimmern stricknadelbewaffneter Engelmacherinnen statt. Dennoch gab es sie: Bei einer Million illegaler Abbrüche pro Jahr starben geschätzte 15 000 Frauen. Noch bis in die Sechziger hinein galt die »Himmler'sche Polizeiverordnung«, die die Werbung für Verhütungsmittel verbot.

Junge Männer und Mädchen – »halbstark« aus der Sicht der nun wieder auf Autorität pochenden Erwachsenen – heirateten zwangsläufig, um Sex zu haben. In den engen elterlichen Wohnungen gab es dazu weder Raum noch Ruhe. Zudem galt immer noch der Kuppeleiparagraph, und der sah eine Gefängnisstrafe für Vermieter, Hoteliers oder auch Eltern vor, die einem unverheirateten Paar ein Zimmer zur Verfügung stellten. Die Frühehe boomte – wobei ein Drittel der Bräute am Hochzeitstag schwanger war. Selbst die Ehe änderte nichts am Zustand dramatischer Unaufgeklärtheit. Erst in den Sechzigern wurde dieser Mangel an Wissen als Manko begriffen, und die Zahl der Eheberatungsstellen steigerte sich von 17 im Jahre 1958 auf 125 in den nächsten sieben Jahren.

Allerdings schuf sich die Doppelmoral auch ihre Nischen: Die Onkel-Ehe wurde allgemein toleriert, bei der eine Kriegerwitwe, um ihre Rente nicht zu verlieren, mit ihrem neuen Liebhaber in wilder Ehe zusammenlebte. Und Paare, die es noch rechtzeitig vor dem Kreißsaal zum Traualtar schafften, waren ebenfalls aus dem Schneider – Hauptsache, die Fassade blieb unversehrt.

Ebenso, wie es erstaunt, wie leicht sich die Frauen nach der Heimkehr ihrer Soldatenmänner wieder das Heft aus der Hand haben nehmen lassen, überrascht die schnelle Preisgabe ihrer sexuellen Freiräume, die sie während des Krieges besessen hatten – den mutterschaftsbesessenen Nazis zum Trotz. Denn Kriegsjahre sind zwangsläufig auch Hoch-Zeiten der alltäglichen Anarchie: Frauen, die Kohle klauen, Trümmer klopfen, Busse fahren, arbeiten gehen und jeden Tag mit Phantasie und Bärenkräften das Überleben sichern müssen, scheren sich weniger um Moral als um Kalorien.

Während der Mann an der Front war, taten sie sich in Zweckgemeinschaften mit einem anderen zusammen oder sogar um der Liebe willen. Wenn die ganze Welt verrückt spielt, sind die eigenen Sünden stets lässlich – selbst als die Nazis Verhütungsmittel 1941 verboten hatten. Zudem hatten die Frauen beim BDM durchaus an weiblichem (Gruppen-)Selbstbewusstsein gewonnen und geschlechtsübergreifende Freiräume für sich entdeckt, die nichts mit Mutterschaft und Ehepflichten zu tun hatten.

Nun aber hatten die Desperados auf einmal eine Zukunft, Konventionen wieder Konjunktur, und die Anarchie der unmittelbaren Nachkriegszeit ein Ende. Ludwig Erhard – »mit mir ist das sittliche Recht und die Vernunft« –, der rheinisch-katholische Kanzler Konrad Adenauer und Familienminister Wuermeling beschworen voller Pathos die Kleinfamilie mit der beschürzten Mutti als kuschelige Keimzelle des Staates, als soziale Wächterin der neuen Ordnung gegen die unkontrollierbare Leidenschaft der Vierziger. Die etablierten Autoritätsverhältnisse waren wiederhergestellt: Männer dominierten ihre Frauen, Erwachsene die Jugendlichen und natürlich die Kinder.

Mädchen und Jungen wurden in Schule und Freizeit sorgfältig voneinander getrennt – und viel Zeit für »dumme Gedanken«, ein gängiges Synonym der Fünfziger für Sex, hatten junge Frauen ohnehin nicht. Sie mussten ja zu Hause mithelfen und schnell Geld aus ihrer ungelernten Berufstätigkeit heimbringen – und das war, verdient in so genannten Leichtlohngruppen, um rund 40 Prozent geringer als das der Kollegen. Die Gymnasien und Universitäten blieben vorwiegend Reviere des männlichen Geschlechts. Ausgerüstet mit damals prima verkäuflichen Anstandsbüchern und den passenden Accessoires fürs enge Kleid, fanden sich die einstigen Kämpferinnen des Kriegsalltags in der etablierten Geschlechterrolle wieder.

Erst ab 1957 konnten Ehefrauen dank des Gleichberechtigungsgesetzes mitbestimmen, wenn es um die Entscheidung für einen Wohnort der Familie ging. Arbeiten durften sie allerdings immer noch nur dann, wenn »dies mit ihren Pflichten in Ehe und Familie vereinbar« war. Es sollte noch weitere 20 Jahre dauern, bis der Gesetzgeber ihnen das Recht auf Berufstätigkeit, unabhängig von den Wünschen des Ehemannes, zugestand und die Sorge für die häusliche Arbeit gesplittet wurde. Bis dahin war die geschlechtsspezifische Arbeitsteilung juristisch festgeschrieben.

Nur vor diesem Hintergrund mit seinem Feindbild der unabhängigen, sexuell selbstbewussten Frau lässt sich verstehen, dass ein harmloser Film wie *Die Sünderin* von 1961 eine Nation in puritanische Raserei versetzte – einer der wenigen Filme, für die die Rotermunds ins Kino gingen. Darin rekelt sich ein Malermodell ohne Kleider auf einer Liege, während ihre Stimme im Off von »Tagen, gefüllt mit Glück«, schwärmt. Hildegard Knef selbst allerdings standen Tage des Zorns bevor: Ihre kurze Nacktszene und das Ausbleiben eines Happy Ends ließ protestierende Priester vor den Kinos Wache schieben – und machte aus dem Trümmermädchen einen Star. Danach blühten, dank der »freiwilligen Selbstkontrolle« FSK, nur noch die Heide und weißer Flieder, tanzte die Conny mit dem Peter. Nicht zu eng, versteht sich. Und das Becken schwang dabei nur ein bisschen.

Der wirtschaftliche Aufschwung war eine gesellschaftliche Rolle rückwärts. Denn bereits gegen Ende der Weimarer Republik hatten die deutschen Frauen sexuell aktiv sein dürfen: Als van der Veldes Aufklärungsbuch – 20 Jahre später Beate Rotermunds erster Bestseller – kurz vor der Machtergreifung in die 43. Auflage ging, hatten in Großstädten reihenweise Familien- und Sexualberatungsstellen

120

eröffnet, waren Verhütung und Abtreibung öffentliches Gesprächsthema, genauso wie die »spezielle sexuelle Ansprechbarkeit der Frau«.

Jetzt aber machte unter anderem die 1953 gegründete Bundesprüfstelle für jugendgefährdende Schriften mal wieder Schluss mit lustig: Statt um Begierde ging's ums Bruttosozialprodukt, das 1955 in nur sieben Jahren um 101 Milliarden Mark auf 180 Milliarden gestiegen war. Nicht die Körper machten Lust, sondern die Konjunktur. Und den Besiegten ging es auf einmal besser als den verblüfften benachbarten Siegern.

Heute ist es kaum zu glauben, dass sich der Wirtschaftswunder-Weihnachtsmann Ludwig Erhard bei seiner Erfindung der sozialen Marktwirtschaft mit ihrer freien Preisbildung vom liberalen Sozialismus seines Doktorvaters, dem Frankfurter Nationalökonomen Franz Oppenheimer, inspirieren ließ. Und geradezu ironisch wirkt es, dass die CDU 1946 in ihrem Ahlener Programm verkündet hatte, dass »dem Sozialismus die Zukunft gehört«. Auch die Besatzungsmächte waren nicht frei von sozialistischem Gedankengut gewesen und hatten durchaus über eine zentrale staatliche Lenkung der wirtschaftlichen Kräfte für die Westzone nachgedacht.

Doch alles kam anders. Ganz schnell hatten in der Bundesrepublik die Großunternehmer, aus denen bald Konzernbosse wurden, wieder die politische Macht inne. Sie konnten den schwächeren Teilnehmern des nur scheinbar freien Wettbewerbs ihre Bedingungen diktieren und entzogen ihnen damit die Substanz.

So wurde zum Beispiel das Kartellgesetz von 1950 nur stark entschärft verabschiedet, und der Bundesverband der Industrie – auf den Kanzler Adenauer gegen Ende der Fünfziger mehr hörte als auf seinen Wirtschaftsminister, dem die marktbeherrschende Rolle von Kartellen durchaus zuwider war – konnte etliche Getreue in die CDU/CSU und damit in den Bundestag einschleusen.

Überhaupt sah die Marktwirtschaft für Unternehmer kaum Beschränkungen vor, sie konnten sich in einem nahezu gesetzesfreien Raum tummeln, von niedrigen Steuern und allerlei Investitions-anreizen profitieren. Dank Konsumrausch, Korea-Krieg und dem alliierten Verbot für die Rüstungsproduktion, dank der vielen quali-fizierten und billigen Arbeitskräfte aus dem Osten schienen dem Wachstum keine Grenzen gesetzt – und schon gar nicht dem der Unternehmergewinne, die schneller und heftiger stiegen als die Löhne der Arbeitnehmer. Der Boom erfasste alle Branchen: ob Autoindustrie, Versandhandel oder Baugewerbe. Als Motor der Volkswirtschaft trieb die Kauflust natürlich auch das Geschäft von Beate Rotermund an, die nur zögernd ihren neuen Status als Klein-unternehmerin begriff.

In ihrer zupackenden, unsentimentalen Tatkraft durchaus eher männlich strukturiert, war sie in manchen Bereichen bestürzend weiblich: darin etwa, ihre Lust am Erfolg und am Geldmachen umzudeuten – stets ummantelte sie ihr Expansionsstreben mit dem Motiv, nie mehr arm sein zu wollen, auch noch, als von dieser Möglichkeit längst nicht mehr die Rede sein konnte. Und auch wenn es ihr nie in den Sinn gekommen wäre, die hilflose Fünfziger-Jahre-Mami zu spielen, ihren Ewe zum Teufel zu schicken, der sie schon vier Jahre nach der Hochzeit betrog und den sie bald finanziell versorgen sollte – das wollte sie auf gar keinen Fall. Die Familie »musste zusammengehalten« werden.

»Ewe? Du bist doch da drin, oder?« Leise klopft Beate Rotermund an die Tür des Mansardenkämmerchens im Pastorat, in dem sich ihr Mann zu verschanzen pflegt, weitab von den Kindern und natürlich ihr selbst.

Stille. Die Frau klopft heftiger. »Ewe? Sag doch was. Das Mittag-essen ist fertig, und die Kinder sitzen schon am Tisch.«

Unvermittelt wird die Tür aufgerissen. »Hier kann man wohl nie seine Ruhe haben, oder?«, fragt der Mann, das Gesicht leicht gerötet.

122

Die Frau mustert die hoch gewachsene, schlanke Gestalt mit dem wirren hellen Haar ganz distanziert, als hätte sie ihn noch nie zuvor gesehen. Er sieht immer noch verdammt gut aus, findet sie. Sie ist verwirrt. Wie kann man gleichzeitig wütend auf jemanden sein und ihn doch so begehren? Die Antwort, denkt sie, steht in keinem ihrer Aufklärungsbücher. »Du hast den ganzen Tag deine Ruhe«, sagt sie schließlich und bemüht sich, die aufsteigende Gereiztheit aus ihrer Stimme zu verbannen. »Jetzt komm essen.«

Der Mann zuckt gleichgültig mit den Schultern. »Von mir aus«, antwortet er. »Was gibt's denn?«

»Kartoffeln und Gemüse«, sagt sie. »Ein ganz kleines bisschen angedünstet. Und Sojaschnitten, ausnahmsweise.«

»Ausnahmsweise«, brummt der Mann und poltert vor ihr die Treppe hinunter. »Das will ich mal hoffen. Du weißt doch, dass zu viel Protein gefährlich ist. Und wie oft soll ich dir eigentlich noch sagen, dass man Gemüse am besten ganz roh isst, weil sonst die ganzen Vitamine zerkocht werden?«

»Ich weiß ja.« Die Frau schluckt ihren Ärger herunter. »Die Kinder brauchen aber ab und zu mal Eiweiß, wenn sie schon kein Fleisch kriegen. Mensch, Ewe, die wachsen doch noch.«

Der Mann öffnet die Tür zum Wohnzimmer, das immer noch gleichzeitig Esszimmer und Schlafraum ist. »Na, ihr Mäuse«, sagt er etwas fröhlicher. »Könnt ihr eurer Mutter mal sagen, dass nur Tiere Fleisch fressen?«

Klaus, mit vollen Backen kauend, nickt.

Seine Mutter sieht ihn scharf an. Der Kleine wird doch nicht so dämlich sein und sich ausgerechnet jetzt über das Würstchen hermachen, das sie ihm heute Vormittag zugesteckt hat?

Schließlich schluckt er herunter. »Tag, Papa«, sagt er. »Das stimmt aber gar nicht. Beim Johannes gibt es jeden Tag Fleisch, nur am Freitag nicht. Weil er doch katholisch ist.«

Der Mann nickt bedächtig. »Nun«, sagt er, »der Johannes ist

dafür nicht halb so gut im Sport wie du. – Und du, Ulli?«, wendet er sich dem kleineren Jungen zu. »Bist du ein Mensch oder ein Tiger?«

»Ein Tiger, ein Tiger«, brüllt der Junge und spreizt die kleinen Hände zu Raubtierpranken. »Uaaahhhhhhhhhh!«

Der Mann und die Frau sehen sich an und lächeln. Schnell wendet die Frau den Blick ab. »Ihr seid doch schon fertig mit dem Essen«, sagt sie. »Geht mal nach draußen spielen.«

Die Jungen nicken und ziehen ab.

»Ewe«, sagt sie, als die Tür ins Schloss fällt. »Soll das denn immer so weitergehen?«

»Wie meinst du das?«, fragt er, hellhörig geworden. »Mit uns – oder mit Helga?«

»Ich dachte, das mit Helga ist vorbei«, sagt sie. Sie steht auf und räumt die beiden unberührten Teller ab. »Schau mal, ich habe die Scheidung wieder zurückgezogen. Aber du musst auch ein bisschen auf uns zukommen, du darfst dich nicht so absondern. Das halte ich nicht aus. Ich hab sowieso schon so viel um die Ohren. Und das Geschäft …«

»Probleme?«

»Nein, nicht wirklich. Das wird nur alles so viel, ohne deine Hilfe. Gestern habe ich die Bilanz gemacht für die Steuer. Weißt du eigentlich, dass wir fast bei einer Million Umsatz sind?«

Der Mann pfeift durch die Zähne. »So viel?«, fragt er. »Letztes Jahr hatten wir doch nur eine halbe, oder? Mensch, da könnten wir doch eigentlich mal etwas kürzer treten.« Er steht auf und setzt sich neben seine Frau. »Hör mal, Beatchen, was hältst du davon, wenn wir mit den Kleinen mal eine richtig weite Reise machen, in den Süden? Italien zum Beispiel. Wir nehmen uns ein Zelt mit, dann wird das nicht so teuer …«

Erwartungsvoll schaut er ihr in die Augen, und sie erkennt das Leuchten darin wieder, das sie so lange nicht gesehen hat. Das

Leuchten, das einst ihr gegolten hat und in den letzten Monaten nur Helga, dem Hausmädchen.

»Ewe«, sagt sie leise, und es tut ihr Leid, dass das Licht in seinen Augen gleich wieder ausgehen wird. »Ewe, sei doch vernünftig.«

Der Mann, der gerade seinen Arm um sie legen will, hält mitten in der Bewegung inne. Dann lässt er ihn auf die Tischplatte sinken. »Das bist du doch schon, mein Schatz«, entgegnet er. »Das heißt also, wir können nicht weg?«

»Natürlich nicht«, erklärt sie geduldig. »Sicher, wir machen einen guten Umsatz. Aber wir müssen unbedingt mehr Kunden kriegen, sonst rechnet sich doch alles nicht. Zwei Kataloge pro Jahr, die Investition in die Waren, die neuen Artikel ... Und was machen wir, wenn die Leute eines Tages aufgeklärt genug sind? Dann können wir meine Heftchen verbrennen. Nein, wir müssen die Gunst der Stunde nutzen und jetzt so richtig Gas geben. Außerdem glaube ich, dass bald eine neue Hausdurchsuchung ansteht. Wenn die Staatsanwaltschaft Wind von den Aktfotos kriegt, ist doch bestimmt wieder die Hölle los.«

Er grinst. »Mal wieder Beihilfe zur Unzucht?« Jetzt legt er doch den Arm um sie. »Wir beide waren allerdings lange nicht mehr unzüchtig, was? Zu lange vielleicht ...«

Sie muss wider Willen lachen. Zu tief sitzt die Verletzung. Was er nur an dieser Helga findet? Gut, sie ist fünfzehn Jahre jünger als sie selbst, gerade mal 21. Aber so zurückgenommen, so – langweilig. Nichts von ihrer eigenen Quirligkeit hat sie, das muss einen Mann von Ewes Format doch zu Tode langweilen. Na ja, anscheinend dann doch nicht, wenn sie ehrlich war, schließlich hatte er sie monatelang mit ihr betrogen, so lange, bis sie die Scheidung eingereicht hat. Wie hat er nur von ihr verlangen können, dass sie eine Ehe zu dritt führen? Als ob sie einfach zusehen könnte, wenn er es mit dem jungen Ding macht ...

Sie spürt, wie der Zorn und die Verzweiflung zurückkehren, die sie gefühlt hat, als sie von dem Verhältnis erfuhr. Immer hat sie gedacht, Ewe und ich, wir halten zusammen gegen den Rest der Welt. Wir sind Liebhaber, Eltern und Partner. Und kaum war sie mal eine Zeit lang weg, da verrät er sie.

Sie entwindet sich dem Arm ihres Mannes und setzt den Wasserkessel auf. Ewe blättert in dem neuen Katalog, den sie diesmal ganz ohne seine Hilfe getextet hat. Sie sieht ihm gespannt dabei zu. 32 Seiten, denkt sie, ganz schön üppig. Ihr Warenangebot kann sich inzwischen sehen lassen: jede Menge neuer Bücher. Die neuen, verrückten Spezialkondome mit komischen Zacken, Salben und Tropfen und sogar ein sündiges Wäscheteil aus dem tollen neuen Perlon, das sich so leicht waschen lässt. »Unwiderstehlich liebenswert« sollte es die Frauen machen, so hatte sie es jedenfalls angepriesen.

Vielleicht hätte sie selbst mal das Modell »Annette« anziehen sollen, als sie nach einem Jahr Abwesenheit aus dem Kurheim zurückgekehrt ist. Sie fühlt eine leichte Bitterkeit in sich, die nun jeden Tag ein wenig mehr zu ihrem Leben zu gehören scheint. Die sich in den Alltag eingenistet hat und die Freude annagt und den Schwung, den sie in den ersten Jahren verspürt hat.

Wie glücklich war sie gewesen, als ihr »Versandhaus Beate Uhse« im Februar 1951 eine richtige eingetragene Firma wurde. Und Ewe, der war so stolz auf sie gewesen … In dieser Nacht hatten sie die Kinder zu Hanna gebracht, damit sie mal nicht aufpassen mussten, wenn's im Schlafzimmer zu laut wurde.

Wann hat er sie eigentlich zum letzten Mal angefasst? Das muss kurz vor der Abreise an den Starnberger See gewesen sein. Ein Fehler, gesteht sie sich nüchtern ein. Sie hätte nicht fahren sollen. Aber sie hatte nun mal diese ewige Angst, dass mit dem Versandhandel von heute auf morgen Schluss sein könnte, dass die Leute ihre Bücher und Kondome satt hatten. Deshalb hatte sie sich nach einem weiteren Geschäft umgeschaut. Und weil Ewe ja ohnehin diese Gesundheitsmacke hatte, seitdem er nicht mehr rauchte, waren sie halt beide auf die Idee mit der Beteiligung am Kurheim in Ambach gekommen, wo ein gewisser Dr. Wiedemann mit Frischzellen herumhantierte. Fast ein Jahr lang hat sie den Betrieb organisiert, während Ewe sich um den Versandhandel gekümmert hat – und natürlich um Helga.

Sie schenkte Ewe eine Tasse Kaffee ein, echten Bohnenkaffee. Wie selbstverständlich heute so was wieder ist, denkt sie flüchtig. Vor sieben, acht Jahren noch hätte man damit auf dem Schwarzmarkt ein Vermögen machen können. Vielleicht sollte sie wirklich etwas gelassener werden. Einfach darauf vertrauen, dass alles gut wird und die Dinge schon von selbst in die richtige Richtung laufen. Wie ihr Geschäft eben. Das läuft und läuft wie ein VW-Käfer, und sie hat ständig die Pleite vor Augen. Stürzt sich in neue Unternehmungen, aus denen dann doch nichts wird, anstatt sich mit dem zufrieden zu geben, was sie hat.

Ewe kichert. Anscheinend hat er die Seite mit den Spezialkondomen entdeckt. Manchmal beneidet sie ihn um seine Sorglosigkeit. Die Selbstverständlichkeit, mit der er durchs Leben spaziert, immer gewiss, dass ihm jemand die Sorgen abnimmt. Nimmt, was ihm gefällt. Und sie selbst ist so ganz anders gestrickt. Will immer machen und tun, alles planen, alles kontrollieren. Typisch Flüchtling eben. Wer einmal alles verloren hat, der sorgt schon von ganz alleine dafür, dass ihm so etwas nicht noch mal passiert. Nur Gefühle, die lassen sich eben nicht kontrollieren.

Ob Ewe immer noch was mit der Helga hat? Sie sieht ihn scharf an, so intensiv, dass er ihren Blick bemerkt und aufsieht.

»Na, mein Schatz«, sagt er. »Guckst du, ob ich dir immer noch gefalle?«

Natürlich gefällst du mir, möchte sie ihn anschreien. Mehr als ich will. So sehr, dass ich dir sogar diese dumme Pute verzeihe. Und selbst wenn du es immer noch mit ihr treibst, will ich das gar nicht wissen. Hauptsache, du bleibst bei mir, und bei den Kindern.

»Doch, schon«, antwortet sie leichthin. »Hast dich ja ganz gut gehalten für dein Alter.«

Der Mann lacht. »Komm, Beate«, sagt er. »Wir gehen mal zusammen in die Mansarde. Und wenn wir wieder runterkommen, dann nehmen wir mein Bettzeug von oben mit und bringen es wieder in unser Schlafzimmer. Und ich arbeite dann auch im Geschäft mit, so wie früher. Wir fangen einfach ganz von vorne an, ja?«

Sie nickt. Und weiß doch schon, dass es eine Lüge ist.

In den ersten Jahren des Versandhandels waren die Rotermunds ein eingespieltes Team. Er kümmerte sich um die Werbung, feilte mit an den blumigen Texten der viermal pro Jahr erscheinenden, auf vier Seiten angewachsenen bunten Heftchen und betreute die beiden Jungen. Beate Rotermund akquirierte Kunden, erweiterte ständig das Angebot, stellte Mitarbeiter ein und kümmerte sich um Geschäftsführung und Vertrieb. Gemeinsam mit zwei Hilfskräften schrieb das Paar Adressen, beantwortete Briefe und verpackte die Ware – alles immer noch von der Versandzentrale im Pastorat und seit 1950 von einem zusätzlich angemieteten Kellerraum aus.

Das Sortiment war gewaltig gewachsen. Natürlich versorgte es die Deutschen nach wie vor mit Aufklärungsbüchern wie *Liebe ohne Furcht* und *Unser Geschlechtsleben* und Verhütungs- wie Dämpfungsmitteln. Andererseits waren nun auch, anders als noch in den Vierzigern, zunehmend erotische Produkte gefragt, bei denen der Spaß am Sex im Vordergrund stand – Romane wie *Liebe, Terra Incognita*, vor allem aber auch die Libido anregende Präparate und Kondome, die über die Spermienabwehr hinaus auch noch über Finessen verfügten wie die Klitoris reizende Noppen, Zacken und Kämme. Schließlich konnten sich immer mehr Paare eigene kleine Wohnungen mit separaten Kinderzimmern leisten. Und auch, wenn sie hellhörig waren und die Wände dünn – zumindest war nun mehr möglich als der hastig vollzogene Akt unter dem Daunenoberbett.

Wenn die Grundzüge der sozialen Marktwirtschaft auch blitzschnell gelernt wurden, blieben die Bundesbürger im Klima allgemeiner sexueller Repression in körperlicher Hinsicht dramatisch unaufgeklärt. Jeder dritte Kunde versah seine Bestellung mit einem Brief, in dem er um Hilfe bei sexuellen Problemen bat – ein Indikator für die konservative, lustfeindliche Haltung der Götter im weißen Kittel, denen man sich lieber nicht anvertraute. 1951 bezahlte Beate Rotermund ihren ersten Angestellten. Unter dem Pseudonym Dr. Rath beantwortete der junge Mediziner die Zuschriften, forschte nach neuen Potenzmitteln, testete sie und fand die bestmögliche Dosierung heraus. Um ihr Angebot zu erweitern, sah sich Beate Rotermund ständig nach neuen Produkten um. Dass viele Hersteller geeigneter Waren ihr alsbald Werbematerial mit erotischen Offerten zusandten, bedeutete für sie eine große Arbeitsersparnis.

1951 konnte sie die schöne neue Warenwelt bereits auf sechzehn Seiten anpreisen und in der Nikolaistraße 10 einen großen Büroraum mieten. Nur ein Jahr später expandierte das Geschäft wiederum: Nun zu sechst, zogen die Rotermunds mit mittlerweile vier Mitarbeitern in die Wilhelmstraße 1a, eine alte Eisengießerei – mit einem eigenen Raum für Dr. Rath, der auf Wunsch Beate Rotermunds die Kunden auch persönlich beriet. 1953 arbeiteten bereits 14 Leute für den Versandhandel.

»Der Schwung der frühen Jahre! In dieser Zeit wurde ich von einer starken Aufbruchstimmung beflügelt«, schwärmt die Unternehmerin im Alter von ihrem Wirtschaftsdebüt. Es scheint, als hätte sie viele richtige Entscheidungen rein intuitiv getroffen. Dass sie mit ihrem Namen und ihrem Gesicht in den Katalogen erschien, nahm ihnen das Schmuddelige, Heimliche – dass sie stets betonte, »eine glückliche Ehefrau und Mutter von vier Kindern« zu sein, nahm der Lüsternheit das Animalische, das heimlich begehrt wurde und öffentlich geleugnet.

Beate Rotermunds heute naiv und unbeholfen klingenden Elaborate und Produktbeschreibungen waren damals durchaus wirkungsvoll: Sie erfüllten das Bedürfnis ihrer Kunden, von Schuldgefühlen freigesprochen zu werden. Indem Beate Rotermund in den Werbetexten stets psychologische und medizinische Studien zitierte, die Sex als gesundheitsfördernd bezeichneten, machte sie sich den einzigen Bundesgenossen zu Eigen, der der freudlosen Doktrin der Kirche widersprechen durfte: die Wissenschaft.

»Die eheliche Vereinigung«, dichtete sie etwa, »ist ein Vorgang, der die Partner in eine ungeheure Spannung bringt. Die Natur will, dass diese Spannung gelöst wird. Die viel geübte Unterbrechung ist nicht nur eine psychische Belastung, sondern auch noch eine solche des Nervensystems. Die so genannten Sexualneurastheniker stellen eine der Hauptgruppen unter den Patienten der Fachärzte und den Klienten der Scheidungsanwälte.« So erteilte sie als geschäftstüchtige Hohepriesterin des Eros besonders den furchtsamen katholischen Kondombenutzern die Absolution für ihre unerlaubten Phantasien. Denn das Ziel befriedigender Bettgeschichten, konnten sich alle Beteiligten einreden, lag ja schließlich in der Intaktheit der Ehe – und entsprang damit keineswegs frivoler und verdammenswerter Vergnügungssucht. Beate Rotermund, tugendhafte Pfadfinderin im erotischen Wunderland, hatte eben die Gabe, selbst die Sünde steril erscheinen zu lassen.

Genauso wie die Käufer legte sie selbst Wert auf die Klassenunterschiede zwischen bösem und sauberem, gutem Sex. Alles andere hätte in den Fünfzigern auch das Aus für ihre gewagte Profession bedeuten können: Im selben Jahr, als sie ihre Firma ins Handelsregister eintragen ließ, sollte sie bereits die Bekanntschaft von Polizei und Staatsanwaltschaft machen. Eine unselige Liaison, die erst in den siebziger Jahren enden sollte, als der Ausdruck Unzucht durch den der – leidlich exakter definierten – Pornographie ersetzt wurde. In allen Fällen allerdings ging die Unternehmerin als Siegerin hervor.

Sicher, sie fand die »selbst ernannten Sittenwächter der Nation« extrem lästig. Mit der Bundesprüfstelle für jugendgefährdende Schriften lieferte sie sich ein Dauerduell, genauso wie mit dem Bonner Staatsanwalt Schilling, der dem Volkswartbund nahe stand, einer »bischöflichen Arbeitsstelle für Fragen der Volkssittlichkeit«. Dennoch scheint ihr Ärger über die »akademischen Tugendtheoretiker« hauptsächlich darin begründet zu liegen, dass Prozesse und Strafanzeigen sie von der Arbeit abhielten.

Nachdem sie ihre erste Überraschung über die staatsanwaltschaftliche Verfolgung bewältigt hatte, die sie zu Anfang »als Qual« empfand, und die juristischen Spielregeln begriff, ging sie die Scharmützel mit sportlichem Ehrgeiz an. Seitenlang zitiert sie, um die Absurdität der Attacken aufzuzeigen, in ihrer Autobiografie die Polemiken gegen erotische Zeitschriften, nackte Körper und das »schleichende Gift« der »hygienischen Artikel«, das sie und andere Versandfirmen von Eotika angeblich verströmten.

Sie verspürte auch durchaus echtes Mitgefühl für Frauen, die Angst hatten, durch Petting schwanger zu werden, und Männer, die zu früh kamen. Die Aufklärung tatsächlicher wie potenzieller Kunden war ihr viel Zeit und Mühe wert. Doch im Grunde wollte sie nur den legalen Rahmen, in dem sie ihre Produkte vertrieb, voll ausschöpfen. Ihn zum allgemeinen Wohl zu sprengen, hatte sie nicht im Sinn, genauso wenig wie einen gesamtgesellschaftlichen Befreiungsakt: Nie ist sie, selbst als sie schon eine öffentliche Person war, für allgemeine Gesetzesänderungen auf die Barrikaden gegangen. Ihr lag daran, sich im Einzelfall zu verteidigen, damit ihr Geschäft keinen Schaden nahm.

»Mutig und mit Phantasie kämpfte sie gegen den sexuellen Notstand und für die Freiheit der Liebe«, sollte es viele Jahre später in einer Laudatio über sie heißen, der sie »mit Stolz« zuhörte. Im Alter lobte sie sich selbst, dass das Ziel ihrer Arbeit gewesen sei, »eine liberalere Gesellschaft zu ermöglichen«. Doch Zweifel sind angebracht: In fast allen Interviews hat Beate Rotermund stets betont, dass sie Kauffrau sei und keine Missionarin. Auch in ihrer Autobiografie ist von kämpferischen Ambitionen nie die Rede. Die Hingabe ans Geschäft dagegen, die Leidenschaft, mit der sie ihren Betrieb führte, ist in jeder Zeile zu fassen. Ein soziales Sendungsbewusstsein aber oder wenigstens den Wunsch, Tabus zu brechen, hat sie nicht einmal formuliert.

Nicht umsonst griff sie im Marketing die heuchlerische Etikettierung erotischer Ware als »Hygiene-Artikel« auf, die die Verklemmtheit und Prüderie der sterilen Fünfziger so wunderbar widerspiegelt. Und mit großem Vergnügen an ihrer eigenen Findigkeit schildert sie ihre Tricks, mit denen sie ihren Feinden im Talar Schnippchen schlug: die Versiegelung und doppelte Verpackung ihrer Werbebriefe etwa – damit sich niemand beschweren konnte, zur Lektüre des »Schweinkrams« genötigt worden zu sein. Im Kampf für ihre ökonomische Freiheit zeigte Beate Rotermund den gewohnten sportlichen Ehrgeiz und die Freude des Igels, der beim Wettlauf dem Hasen ein triumphierendes »Ick bün all dor!« zuruft.

So verteidigte Beate Rotermund 1951, bei ihrer ersten Anklage durch die Flensburger Staatsanwaltschaft, auch keineswegs das Recht eines jeden Erwachsenen auf seine sexuelle Freiheit. Die ihr zur Last gelegte »Beihilfe zur Unzucht« durch die Versendung von Kondomen galt noch bis in die Siebziger hinein als Straftatbestand, wobei Unzucht im Grunde definiert wurde als außerehelicher Geschlechtsverkehr: alles, was »objektiv das normale sexuelle Schamgefühl verletzt und subjektiv der Reizung oder Befriedigung des Geschlechtstriebs dienen soll«. Weil sie beweisen konnte, dass sie ihre Ware an verheiratete Paare gesandt hatte – wobei ihr der glückliche Zufall zu Hilfe gekommen war –, musste das Verfahren gegen sie eingestellt werden.

1953 übernahm der Beate-Uhse-Versand ein pharmakologisches Labor, um Potenz-, Dämpfungs- und Anregungsmittel selbst entwickeln zu können. Der Optimismus und die Wissenschaftsgläubigkeit der Fünfziger und die grundsätzlich positive Grundhaltung von Beate Rotermund führten dazu, dass sie die Wirksamkeit und den Nutzen ihrer Produkte niemals anzweifelte. Bei Kondomen und Aufklärungsschriften eher selbstverständlich, ist der blinde Glaube an Potenztropfen und »Hona-6-Bonbons zur Überwindung zeitweiligen Desinteresses« allerdings weniger nachvollziehbar.

Auch wenn es nahe liegt, ihr im Rückblick zu unterstellen, mit wertlosen Präparaten Kasse gemacht zu haben, täte man ihr damit Unrecht. Von ihrer ganzen Persönlichkeitsstruktur her war sie nämlich nie in der Lage, in Widersprüchen zu denken und zu handeln. So, wie sie sich fälschlich einredete, dass ihr Mann ihr nach der Hausmädchen-Affäre treu war, um ihre Ehe weiterführen zu können, erstickte sie aufkommendes Misstrauen gegenüber den Wässerchen im Keim, um sie mit Gewinn unters Volk zu bringen. In der Abspaltung ungeliebter Gefühle und der Verdrängung lästiger Fakten war sie ein echtes Ass.

Der gleiche Tunnelblick, der sie als BDM-Mädel vor der nationalsozialistischen Ideologie geschützt und ihr später eine Karriere als Pilotin ermöglicht hatte, führte sie in ihrem Geschäft von Erfolg zu Erfolg. Mit jedem Jahr fiel der Umsatz höher aus: 1955 stieg er auf 822 000 Mark, 1956 dann auf 1 326 000 Mark, 1957 auf über zwei Millionen, 1958 auf über drei. Beate Uhse konnte 600 000 Kunden zählen und 59 Mitarbeiter. Zu ihrem Motto »Du schaffst es auch alleine« gesellte sich ein neues: »Eine Firma ist unglaublich dankbar. Sie enttäuscht dich nie. Was du hineinfütterst – deine Arbeit, deine Liebe zum Detail, deine Sorgfalt, deinen Spaß und deine Lust –, schlägt sich irgendwann nieder, zahlt sich aus. Du hast es selbst in der Hand. Das ist bei menschlichen Kontakten problematischer.«

In mancher Hinsicht könnte Beate Rotermund als Symbolfigur für die Karrieren der Gründerjahre herhalten – mit ihrem hemdsärmeligen Optimismus, ihrer Wachstumsbesessenheit und ihrer fortschrittsgläubigen Gewissheit, dass es eigentlich nur bergauf gehen konnte. Wie viele andere hatte sie erkannt, dass die andere Seite des totalen Verlusts, war er erst einmal überstanden und bewältigt, in totaler gestalterischer Freiheit lag. Sie war der klassische Flüchtling, der nicht zurückblickt, der die Moderne umarmt und auf die eigene Kraft vertraut. Wer keine Heimat mehr hat und keine Bindungen, wer nicht mehr den Konventionen und Regeln einer Klasse verpflichtet ist, die aufgehört hat zu existieren, wer das Außeralltägliche zum Alltag hat und wessen Pläne für die Zukunft kaum durch politische und soziale Vorgaben begrenzt sind, dem erscheint die junge Bundesrepublik als große Spielwiese, als ökonomisches Eldorado, als Raum voller Verheißungen und Möglichkeiten an Wachstum. Vor allem, wenn – mit den Worten des Publizisten Hellmuth Karasek – »das Jahr '45 als Zusammenbruch erlebt wird und keineswegs das Jahr '33«.

In anderer Hinsicht ist die Laufbahn Beate Rotermunds beispiellos. Sie war fähig, ein Unternehmen, aus dem Nichts gegründet, zum immer noch florierenden Konzern auszubauen. Sie war die einzige Frau unter den Gründerfiguren der Fünfziger, aber weder Erbin noch Kriegsgewinnlerin. Sie gehörte nicht in die Reihe jener, die, wie der IG-Farben-Manager Hans-Günther Sohl oder Wilhelm Zangen bei Mannesmann, die kurzen Internierungen oder Entnazifizierungs-Intermezzi abschüttelten und bald wieder an den Vorstandstischen Platz nahmen. Sie überstand die erste schwache Rezession der Sechziger, die den Kanzler Erhard die Karriere kostete. Und die Beate-Uhse-Aktien blieben auch nach dem Börsengang in den Neunzigern noch hoch oben, als die lautstarken Stars der New Economy sich schon längst wieder nach Jobs als Pizzabäcker und Kurierfahrer umsahen.

Über all die Stolpersteine, die anderen Pionieren des Aufschwungs das Genick gebrochen hatten, tanzte Beate Rotermund, der ewige weiße Rabe, elegant hinweg. Mochten der Stahlgigant Willy Korf aus Baden-Baden, der Werftenunternehmer Willy Schlieker oder schließlich, Letzter der großen Gründerväter, der Medienzar Leo Kirch an zu gewagten Expansionsgelüsten und abenteuerlichen Investitionen, an ihren Allmachtsphantasien oder im Alter an der Wahl des geeigneten Nachfolgers auch scheitern; mochte deren pragmatisches Bewusstsein für unternehmerische Risiken auch einem verhängnisvollen Irrglauben an die eigene Unverletzlichkeit gewichen sein – Beate Rotermund, Weltmeisterin im Maßhalten, machte mal wieder mit ihrem gesunden Menschenverstand alles richtig.

Andere Giganten wie die Kaufhaus- und Versandhauskönige Neckermann und Schickedanz hatten ohnehin eine ganz andere Biografie: Ihrem Vermögen lagen entweder Karrieren vor der Stunde null zugrunde, oder sie profitierten von der nationalsozialistischen Politik.

Rudolph Karstadt etwa hatte schon 1881 in Wismar sein erstes »Tuch-, Manufactur- und Confectionsgeschäft« gegründet. Oscar Tietz etablierte ein Jahr später in Gera das »Garn-, Knopf-, Posamentier-, Weiss- und Wollwarengeschäft Hermann Tietz«, den Grundstein für die Kaufhauskette »Hertie«. Die Basis für den »Quelle«-Versand schließlich schuf 1923 Gustav Schickedanz in Fürth mit seiner »Gustav Schickedanz, Kurzwaren en gros«.

1948 gründete Josef Neckermann als ehemaliger Nutznießer der Nürnberger Rassengesetze seinen Textilgroßhandel Neckermann KG: Sein Imperium basierte auf der Übernahme von zwei jüdischen Kaufhäusern und einem Wäscheversand im »Dritten Reich«. Der Dressurreiter hatte eben die Gabe, den Geist der Zeit blitzschnell zu erfassen: Mit seiner erschwinglichen Massenware konnten die Deutschen ihre ganze Wohnung mit nur einer Bestellung ausstaffieren, komplett mit Schrankwand und Sitzgarnitur – alles »passend« zu haben war ein bewundertes Statussymbol der Fünfziger, ob in der Kleidung oder bei Möbeln.

Im Alter allerdings ließ sein Gespür für Konsumsehnsüchte den einstigen stellvertretenden NS-Reichsbeauftragten für Kleidung, der später auch noch Reisen, Versicherungen und Fertighäuser offerierte, im Stich: Er verpasste den Zeitpunkt, als der Geschmack sich individualisierte, und machte Bankrott. Auch der »Wienerwald«-König Friedrich Jahn, dem 1955 sein goldene Eier legendes Grillhendl eingefallen war, erlebte nach einem spektakulären Siegeszug einen ebenso Aufsehen erregenden Zusammenbruch in den Achtzigern.

Als Pionier in der Riege der Pleitiers aus den Wirtschaftswunderjahren gilt allerdings der einstige Bremer Schlosser Carl F. W. Borgward, der schon in den Sechzigern Konkurs anmeldete: Als Glückskind der Gründerjahre hatte er das deutsche Wir-sind-wieder-wer-Selbstbewusstsein mit seinem legendären Kultauto Isabella so wunderbar bestätigt, scheiterte dann jedoch an seinen ökonomischen Omnipotenzbedürfnissen. Ein Schicksal, das auch den Radiohersteller Max Grundig, den Rheinländer Hosenkönig Alfons Müller-Wipperfürth und den Paderborner Computer-King Heinz Nixdorf ereilte.

Die schillerndste Gestalt der Gründerväter mag wohl Hannsheinz Porst sein, der heute auf einem Bauernhof Rinder züchtet: Einst Herr über ein Heer von Fotogeschäften, Labors und Druckereien, hatte er das »größte Fotohaus der Welt«, den Grundstock für sein 1948 entstandenes Imperium, geerbt. Nachdem der selbst ernannte »Millionär und Marxist«, der wegen Spionage für die DDR im Gefängnis gesessen hatte, in seinen Betrieben die »totale Mitbestimmung« eingeführt hatte, scheiterte auch er – unter anderem an seinen gierigen, zu Kapitalisten mutierten ehemaligen leitenden Angestellten.

Kaum ein Nazi-Industrieller hatte im Nachkriegsdeutschland aus politischen Gründen seinen Schreibtisch räumen müssen, höchstens, weil er zu alt geworden war. Das unternehmerische Milieu, das bereits im »Dritten Reich« seine Gewinn bringende Anpassungsfähigkeit ans Terrorregime unter Beweis gestellt hatte, schien selbst nach der Befreiung immun gegen alliierte Sanktionen gewesen zu sein, und die altgedienten ökonomischen Führungskräfte nahmen alsbald wieder Schlüsselpositionen ein. Und die tollen Bilanzen, der schnelle Erfolg im Wirtschaftswunder, der sich für die unheilbar mächtigen Konzerne quasi wie von selbst einstellte, verhinderte auch bei ihnen einen Umdenkungsprozess – darin war die industrielle Elite nicht anders als der so genannte kleine Mann, der sich über seinen Kühlschrank und die Isabella freute.

In gewisser Weise allerdings begann bei Unternehmern und Wirtschaftsführern durchaus eine Suche nach Neuorientierung, nämlich nach einer Definition ihrer Rolle und ihres Status. Einerseits konnten etablierte Bosse und ökonomische Novizen wie Beate Rotermund die immensen Gestaltungsspielräume nutzen, die die Stunde null ihnen gewährte. Andererseits spielten sich die Erfolgsgeschichten in einem Machtvakuum ab: Die herkömmliche Klassengesellschaft war tot, die alten sozialen und politischen Führer waren verschwunden, die Debütanten auf dem öffentlichen Parkett mussten ihr Territorium erst finden und absichern.

Dies führte dazu, dass sich die Unternehmer zusehends mit dem neuen Begriff der Elite etikettierten, deren Rolle über die der Wirtschaft weit hinausging. Die eigenen Aufbauleistungen hatten sie mit neuem Selbstbewusstsein erfüllt: Ihnen stand, so fanden sie, auch ein gesellschaftlicher Führungsanspruch zu – wobei sie nicht unbedingt Macht ausüben, sondern durch Übernahme von Verantwortung eher prägend wirken wollten.

Die meisten Unternehmer orientierten sich an konservativ-christlichen Werten, wenn sie die Fragen über ihre eigene soziale

Positionierung und die Ordnungsvorstellungen in der neuen Gesellschaft geklärt wissen wollten. Zuhauf pilgerten sie zu den zahlreichen Diskussionsforen in den Akademien ihrer jeweiligen Landeskirche, ob Bad Boll oder Loccum. Denn nur die Kirchen schienen die Umbrüche des Jahrhunderts schadlos und glaubwürdig überstanden zu haben und wollten nun den »Gegensatz zwischen Kirche und Welt überwinden«, den sie als ihr Manko ansahen. Natürlich lag ihnen auch daran, sich eigene geistig-moralische Führungspfründe in der neuen Gesellschaft zu sichern, wenn sie an den Akademien, angeblich neutralen Orten, die Begegnungen von Entscheidungsträgern ausrichteten.

»Es fehlt auf allen Etagen der Gesellschaft an Menschen mit ethischem Urteil«, so befand 1951 etwa der Essener Unternehmer Karlgustav Hartung über die soziale Rolle der wirtschaftlichen Elite. »Führende Persönlichkeiten müssen religiöse und geistige Substanz haben. Auch hier liegt eine der wesentlichen Aufgaben der Akademien ... das Ergebnis ihrer Arbeit sollte sein ... Kreise zu bilden, die eines eigenen Urteils fähig sind. Es müsste so aus all diesen Kreisen eine Bruderschaft christlich Verantwortlicher gebildet werden.«

Allein die Evangelische Akademie führte gegen Ende der Fünfziger rund 1000 solcher so genannten Orientierungs-Tagungen durch, in denen Elitebildung eines der großen Themen war. Mit dabei waren meist Gewerkschaftsführer, hohe Beamte und Publizisten – nur die misstrauisch beäugten, respektlosen Intellektuellen und Künstler fehlten. Erst in den Sechzigern, als Kirche und Unternehmer ihren Status bestätigt sahen, schien das Bedürfnis nach Besonderheit gestillt worden zu sein.

Der autoritäre Herrschaftstypus hatte im Bewusstsein der neuen Elite ausgedient, der moderne Unternehmer beschrieb sich selbst wesentlich phantasievoller. Auf einer Tagung 1953 in Loccum definierte ihn Otto A. Friedrich als Menschen, »dessen Leidenschaft es ist, selbständig zu wirtschaften. Leidenschaft ist dabei im Sinn des griechischen Eros gedacht: das, was seine Seele erfüllt. Das Auffinden von Möglichkeiten, die ein Markt bietet ... sind nur Teilleistungen eines Unternehmers ... Ebenso sind Kühnheit und Vorsicht, Egoismus und Verantwortungsgefühl, Phantasie und Nüchternheit nur Teileigenschaften des Unternehmers. Erst die alles beherrschende Leidenschaft, im wirtschaftlichen Existenzkampf zuerst und immer sich selbst zu erhalten, macht den Mann zum Unternehmer.«

Mit diesen Worten charakterisierte Friedrich im Grunde Beate Rotermund, allerdings ohne sie zu kennen. Nur eben, dass sie kein Mann war und an keiner der Kirchen-Tagungen teilnahm. Denn obwohl sie eine lupenreine Fünfziger-Jahre-Entrepreneurin war, hätte sie von vornherein nie eine Chance auf gesellschaftliche Anerkennung durch Hartungs christlich-verantwortliche Bruderschaften gehabt, geschweige denn auf eine – nie beabsichtigte – ethische Einflussnahme. Hätte Beate Rotermund die Befindlichkeit der Republik am Herzen gelegen und hätte sie ihre Stimme in der Öffentlichkeit erhoben, ihr wäre wohl nur eine Rolle im moralischen Abseits zugewiesen worden – obwohl sie, finanziell gesehen, laufend Tore schoss. Sowohl ihr Geschlecht wie auch ihre Ware waren den Kirchen, den ökonomischen und den juristischen Würdenträgern suspekt.

Doch zur Ausgrenzung kam es in diesen Jahren noch nicht. Beate Rotermund, die sich ihrer Millionenumsätze zum Trotz auch gegen Ende der klassischen Wirtschaftswunderjahre immer noch nicht recht als Unternehmerin definierte, sondern mehr als berufstätige Mutter, wollte lediglich auf ihre Familie Einfluss nehmen. Sicher, ihre Intuition mochte ihr geraten haben, sich mit ihrem scheinbar unmoralischen Gewerbe schön bedeckt zu halten. Doch wahrscheinlicher ist, dass das öffentliche Leben sie über ihren unmittelbaren Geschäftsbereich hinaus gar nicht interessierte. Die neue

Republik schien ja erfreulich stabil zu sein, das reichte ihr. Und solange sie ihr Privatleben gestalten konnte, wie sie wollte, solange der Umsatz stimmte, arrangierte sie sich mit der lustfeindlichen Biederkeit.

Sie klärte ihre Kinder frühzeitig und detailliert auf, genauso wie Margarete Köstlin sie aufgeklärt hatte – aber sie schärfte ihnen auch ein, den Freunden, die noch an den Klapperstorch glaubten, nichts von ihren biologischen Kenntnissen zu verraten und schon gar keine erotischen Devotionalien in den Ranzen zu stecken: »Wehe, ein Wort, wehe, ein Bild von uns in der Schule – dann knallt's.« Gleichzeitig versuchte sie den Söhnen »zu erklären, warum unsere Gesellschaft so schizophren ist. Einerseits wollen viele Menschen sexuelle Artikel benutzen, aber andererseits mögen sie das nicht zugeben.«

Die Rotermunds jedenfalls spürten genügend Nischen auf, um ihren eigenen Stil zu leben. Als Anhänger der Freikörperkultur badete die Familie an FKK-Stränden auf Sylt und der dänischen Insel Rømø, später im geliebten Montalivet, dem riesigen Nudisten-Paradies an der französischen Côte d'Argent. Und den ganzen Sommer über lebten die vegetarischen Naturfreunde draußen. Die Rotermunds verließen das Pastorat, schlugen Zelte in Glücksburg am Meer auf und spielten Robinson.

»Da bist du ja wieder.«

Ernst-Walter Rotermund, nur mit einer Badehose bekleidet, nimmt seine Frau in die Arme, die ihm in ihrem zerknitterten Reisekostüm entgegenkommt. Müde sieht sie aus, aber glücklich.

»Ich brauche wohl nicht zu fragen, ob es geklappt hat …«

Beate Rotermund schüttelt den Kopf. »Freispruch«, sagt sie. »In allen 82 Verfahren.« Sie setzt sich auf einen Campingstuhl. »Geht's den Kindern gut?«

Er nickt. »Sie sind alle mit den Jollen draußen auf der Förde. Bärbel auch, sie ist vor drei Wochen aus Frankfurt gekommen. Sie ist ein bisschen traurig, dass du nicht da warst. Ich glaube, sie will jetzt auch bei uns leben, genau wie Dirk ...«

»Ach, Ewe, das kann ich so gut verstehen. Ich habe deine Kinder auch gerne um mich. Aber jetzt ...«

»Nein«, sagt er. »Nichts aber jetzt. Übermorgen sind die Sommerferien vorbei, dann fährt Bärbel zurück zu ihrer Mutter. Sag mal, war das denn wirklich nötig, dass du zwei Monate weg warst? Musstest du wirklich bei jeder Verhandlung dabei sein?«

»Ewe«, sagt sie. »Sei vernünftig. Das Ganze war eine katholische Kampagne. Die haben vor den Kirchen Formulare für eine Strafanzeige ausliegen gehabt. Und in den Predigten haben sie die Leute aufgefordert, mich anzuzeigen, wenn sie einen Katalog von uns im Postkasten hatten. Was sollte ich denn tun? Wenn nur ein Einziger von den 82 mit der Anzeige durchgekommen wäre, wäre ich jetzt vorbestraft. Fändest du das besser?«

Er schüttelt den Kopf.

Plötzlich fängt sie an zu kichern. »Stell dir mal vor, ein Drittel von denen hat übrigens bei uns schon was bestellt, kannst du das glauben? Und die anderen haben zugegeben, dass sie sich den Katalog haben schicken lassen. Und das letzte Drittel hat sich Dr. Strohm bei den Verhandlungen so richtig vorgenommen. ›Wenn Sie die Broschüre gar nicht durchgeblättert haben, wie Sie behaupten‹«, imitiert sie mit verstellter dröhnender Stimme ihren Anwalt, der ihr auf der Deutschland-Tournee von Gericht zu Gericht zur Seite gestanden hat, »»wie um alles in der Welt hat sie dann Ihr sittliches Empfinden verletzt?‹«

Der Mann lacht. »Wahrscheinlich haben sie das Böse mal wieder gefühlt, als sie den Umschlag berührt haben, richtig?«

»Richtig.« Sie nimmt die Schüssel mit Bohnen vom Tisch und fängt an, sie zu putzen. In diesem Moment fühlt sie wieder die Komplizenschaft mit Ewe. »Weißt du noch«, sagt sie, um die Stimmung festzuhalten, »diese Aktion in der Lagerhalle? Als diese Idioten von der Staatsanwaltschaft uns 300 000 frankierte Sendungen beschlagnahmt haben und mit diesem Haufen von Polizisten angerückt sind?«

»Na klar. Die ganze Halle haben sie versiegelt. Und dann hat der Amtsrichter die Beschlagnahmung wieder aufgehoben, und der Typ hat das vor uns verheimlicht ...«

»... aber wir haben trotzdem Wind davon gekriegt und das ganze Zeug in der Nacht aus der Halle geholt und zur Post gebracht, zusammen mit den Kindern.«

»Aber dann haben sie dich verhaftet.«

»Und ich wurde freigesprochen!« Erfüllt von dem vergangenen Triumph, sieht sie ihren Mann an.

Doch der schaut zur Seite. »Beate«, beginnt er, »ich glaube, ich muss dir was sagen.«

Sie steht auf. »Ich geh mal Wasser holen für die Bohnen«, sagt sie. »Dann kann ich gleich mal die Kinder rufen.«

»Bleib sitzen«, sagt er. Er geht zu ihrem Stuhl, fasst sie an den Händen und schaut ihr in die Augen. »Ich steige aus, Beate. Ich will nicht mehr arbeiten. Ich hasse diese ständigen Durchsuchungen. Für mich ist Schluss.«

Sie sieht ihn nur an. Er hat es schon so oft gesagt. Aber diesmal spürt sie, dass etwas anders ist als sonst. Diesmal meint er es ernst. »Ich nehme an, es hat keinen Zweck, dir noch mal die Teilhaberschaft anzubieten?«, fragt sie schließlich.

»Du verstehst auch gar nichts.« Der Mann steht auf und nimmt den Topf. »Ich gehe jetzt selbst Wasser holen.« Er fügt, über die Schulter gewandt, hinzu: »Weißt du, Beate, wenn du das ernst meinen würdest, dass du reisen willst, Tennis spielen und Zeit mit mir verbringen, dann würdest du es einfach tun.«

Sie springt auf. »Und wie soll das gehen?«, schreit sie ihn an. »Ohne Geld? Wovon wollen wir leben?«

»Wir haben doch längst genug«, sagt er müde und geht weg.

»Du willst bloß keine Verantwortung übernehmen!«, ruft sie ihm hinterher und weiß genau, dass ihn jedes weitere Wort schneller wegrennen lässt. »Du willst ja nur spielen, nicht arbeiten!«

Sie verstummt, denn sie sieht ihn zurückkommen.

Er hält ihr den Topf mit den Bohnen hin. »So war das doch immer bei uns, nicht wahr? Du arbeitest. Ich spiele. Und solange das so weitergehen kann, ist alles in Ordnung.«

Sie holt tief Luft. »Du meinst, dass wir zusammenbleiben?«, fragt sie zögernd.

Er nickt. »Wenn du das möchtest, ja. Aber du musst mich loslassen, ich will nämlich wirklich reisen, und schon bald. Glaubst du, das du das schaffst mit dem Geschäft und den Jungs?«

»Glaubst du es denn?«

Er grinst sie an. »Nicht nur das«, antwortet er. »Du wirst sogar sehen, dass du besser ohne mich klarkommst.«

»Ich liebe dich«, sagt sie. Dann nimmt sie den Topf aus seinen Händen und geht Wasser holen.

Ernst-Walter Rotermund sollte Recht behalten. Das Unternehmen seiner Frau expandierte nach seinem teilweisen Ausstieg umso kräftiger. Beate Rotermund stellte überdies fest, dass sich das Betriebsklima erheblich verbesserte, seitdem sie selbst die Personalführung in die Hand nahm. Dadurch, dass sie und ihr Mann das Unternehmen schon in den Fünfzigern nach dem »Harzburger Modell« organisiert hatten, das auf die Delegation von mit Kontrolle verbundener Verantwortung setzte, arbeiteten viele Mitarbeiter ohnehin sehr eigenständig.

1956 gab sie ihre bisherigen Geschäftsräume auf, kaufte ein 7000 Quadratmeter großes Grundstück im südlichen Flensburger Industriegebiet und ließ an der Boschstraße Lagergebäude für ihre Firma errichten. Und weil ihr der Name der Straße nicht gefiel, überzeugte sie die Stadtverwaltung davon, sie umzubenennen.

Das Versandhaus Beate Uhse hatte nun seine erste wirkliche Heimat: die Gutenbergstraße 12. Von hier aus sollte Beate Rotermund in den freizügigen Sechzigern ihr Geschäft zum Imperium ausbauen.

Sechstes Kapitel

Sexy Sixties
Trümmerlandschaft aus Tabus

»Seit gestern ist ihr Name im Gespräch«, textete die Boulevard-
zeitung *Hamburger Morgenpost* am 20. Februar 1969. »Vorher tu-
schelte man nur von ihr.« Unter der Überschrift »Die Beate-Uhse-
Story« reportierte die erste Folge der Serie genüsslich, dass
»Bundesdeutschlands Tante Sex zu 6000 Mark Strafe verdonnert«
worden war – der Auftakt der seitdem ungebrochenen Medienprä-
senz von Beate Rotermund, die in der Öffentlichkeit ausschließlich
Uhse heißen sollte.

»Sex ist heute kein Geheimnis mehr«, teilte das Blatt seinen
Lesern mit. »Und die Frau, die daraus das ganz große Geschäft
machte – sie interessiert doch sicher auch Sie.« In beiden Prognosen
hatte die Postille Recht. Denn die sexuelle Revolution war über
Deutschland und den Rest der westlichen Welt hinweggestürmt,
hatte den Muff aus Talaren wie aus Unterwäsche gefegt, Tabus
gebrochen, Reformen eingeleitet, Frauen befreit und Beate Uhse,
die Nutznießerin der gesamtgesellschaftlichen Enthemmung, zur
Kaiserin eines Imperiums der Sinne gekrönt.

Doch bis die neue Liberalität zu Gesetzesänderungen im Sexualstrafrecht führen sollte, dauerte es noch einige Jahre. Bis dahin

blieben Beate Rotermund und ihre Anwälte Dauergäste in Deutschlands Gerichtssälen – schließlich, so die *Morgenpost*, seien »unsere Gesetze altmodischer als unsere Moral«. Im erwähnten Fall wurde die Besitzerin von Europas mittlerweile einzigem Versandhaus für »intime Volksbelustigungsmittel« verurteilt, weil ihre Produkte »der unnatürlichen, gegen Zucht und Sitte verstoßenden Aufpeitschung und Befriedigung geschlechtlicher Reize« dienten. Dabei ließen die Richter den Einwand des Uhse-Anwalts, dass doch keiner etwas gegen Senkfuß-Einlagen oder künstliche Zähne habe, nicht gelten. »Für anomal Veranlagte«, kommentierten sie ihre Abneigung gegen Spezialpräservative, »ist die Sache sicher gut. Aber bei normalen Frauen geht die Reizsteigerung über das normale Maß hinaus. Dann wird die Sache unzüchtig.«

Doch Beihilfen zur Unzucht waren offenbar heiß begehrt: 1969 regierte die Sex-Großhändlerin sieben Unterfirmen, setzte 30 Millionen Mark um und führte 225 Mitarbeiter. Ihr Werbespruch: »Alle sechs Sekunden wendet sich jemand an Beate Uhse.« Eine Erklärung für das ungehemmte Wachstum hatte sie mittlerweile auch gefunden und predigte sie den Medien unverdrossen wie ein Mantra: »Ich bin absolut normal. Das ist auch der Grund meines Erfolges. Was mir Spaß macht, gefällt auch anderen. Danach habe ich meine Firma aufgezogen.«

Beate Rotermund war keine Strategin. So zufällig, wie sie ihre erotische Nische gefunden hatte, entwickelte sich ihr Geschäft auch weiter – ohne langfristige konkrete Zielvorgaben inhaltlicher oder quantitativer Natur. »Am Anfang«, gab sie selbst zu, »habe ich nie eine Marktlücke bewusst erkannt und geschäftlich genutzt. Ich war auch keine Missionarin. Wenn mich ein Instinkt leitete, dann vielleicht der weibliche.«

Sicher, der Wille nach Expansion war stets da; unermüdlich versuchte sie neue Kunden zu gewinnen – und stetiges Wachstum allein taugte in den Jahren, als alle alles haben wollten, durchaus schon als Erfolgsformel; ausgefuchste Strategien waren noch nicht erforderlich. Erst mit den Jahren, als sie bereits Umsatzmillionärin war, ging ihr auf, dass ihrem Unternehmen keinerlei ökonomische Grenzen gesetzt waren, dass sich das Sortiment beliebig erweitern lassen und, wie die Wünsche ihrer Klienten auch, immer facettenreicher werden würde – und, im besten Sinne, schamloser.

Mitte der Sechziger traute sie sich erstmals, in ihren Publikationen sexuelle Hilfestellung in Wort und Bild zu geben. Anhand von abfotografierten Holzpuppen konnte der japanische Arzt Sha Kokken seine *Sexuelle Technik in Wort und Bild* präsentieren, und in *Helga & Bernd zeigen 100 Liebespositionen* waren die Hauptdarsteller, so der Werbetext, »gemeinsam fotografiert, wie in der Wirklichkeit eines Liebesspiels, scharfe, realistische Aufnahmen« – wenn auch noch in fleischfarbenen Trikots. Hatte Beate Rotermund in der Nachkriegszeit geglaubt, dass der Verhütungs- und Aufklärungsmarkt eines Tages gesättigt sein würde, fand sie sich nun als Alice im Wirtschaftswunderland der raffinierten Erotik wieder und erforschte es mit staunenden Augen. Das wiederum wurde von den Herstellern mit den Jahren immer besser bestückt – mit Dildos und Vibratoren, Liebeskugeln und Penisringen. Und ihr Spielzeugladen der Sexualität hatte als Versandhandel rund um die Uhr geöffnet.

Erst in den achtziger, neunziger Jahren machte die Unternehmerin ihre Intuition fürs Business, ihr Bauchgefühl, von dem sie sich unbeirrt hatte leiten lassen, zum Konzept: In Büchern wie *Sex sells* und später in *Lustvoll in den Markt* versuchte sie, ihren Lesern – und wohl auch sich selbst – das muntere Wachstum zu erklären. Doch der Versuch, es im Nachhinein auf objektivierbare Regeln zurückzuführen, ist zum Scheitern verurteilt: Die bunten Aneinanderreihungen von Marketing- und Erfolgsstrategien illustrieren die wundersame Entwicklung vom Hinterzimmergewerbe zum Konzern mehr, als dass sie als wirtschaftlicher Leitfaden taugen.

So sind die Bücher wohl auch eher aus dem Wunsch heraus entstanden, als Unternehmerin ernst genommen zu werden – was die Konzernherrin Beate Rotermund, streng ökonomisch gesehen, eigentlich gar nicht mehr nötig hatte. Doch der Tabu-Charakter ihres Gewerbes, die Schlachten mit ungezählten erregten Staatsanwälten und die durch ihre Intuition und die zeitgeschichtlichen Bedingungen geprägte Erfolgsgeschichte der Firma mündeten nun einmal in eine lange ungestillte Sehnsucht nach seriöser Anerkennung. »Bloß hatte ich nicht mit der Vehemenz gerechnet«, berichtet sie über ihre Anfänge, »mit der mir gesellschaftlicher Widerstand und offene Feindschaft entgegenschlugen, weil ich eine offene und natürliche Einstellung zur Sexualität und Erotik hatte und Bedürfnisse auf diesem Gebiet weder für peinlich noch für verwerflich hielt.«

Scheinbar unbeirrt von den gerümpften Nasen der sauberen Mitbürger und juristischen Querelen, hatte sie den Beate-Uhse-Versand in einer Art unternehmerischen Subkultur zum Blühen gebracht und es dennoch anders als die hemdsärmeligen Grundigs und Nixdorfs dieser Welt nie in den Wirtschaftsteil von *FAZ* und *Handelsblatt* geschafft, sondern nur die Boulevardpresse bereichert. Tief im Inneren aber schmorte stets das Verlangen nach Normalität – eigentlich hat Beate Rotermund nie so recht verstanden, warum ausgerechnet sie, die grundsolide Mutter, Geschäfts- und Ehefrau, im Rotlichtmilieu angesiedelt wurde. Warum die Wirtschaftselite sie ignorierte, die Frauenbewegung sie verurteilte, die progressive Linke sie als kapitalistische Absahnerin der sexuellen Revolution verachtete – und das Flensburger Bürgertum ihr die Aufnahme in den Tennisklub verweigerte.

Über die Fähigkeit hinaus jedoch, ihrem Instinkt bei wirtschaftlichen Entscheidungen die Führung zu überlassen, konnte sie um der guten Bilanzen willen alle persönlichen Gefühle und Kränkungen ausblenden. Gleichzeitig war sie sich des Vorsprungs bewusst, den sie, in all ihrer Normalität und Naivität, besaß – und diese Chance hatte sie durchaus entschlossen ergriffen. »Wer«, fragte sie damals schlau, »will einer verheirateten Mutter mit Kindern schon unsittliches Verhalten vorwerfen?« Und gegen Ende ihres Lebens sollte sie trocken feststellen: »Hieße ich Heinz Uhse, hätte ich keine Chance gehabt. Dann hätte man doch nur gesagt, dass der Kerl Schweinkram verkauft.«

Sicher, sie will »den Markt neu definieren«, ihn »vom Verbotenen wegführen« und eine »Einkaufsquelle für Herrn und Frau Jedermann, für Menschen wie du und ich« aufbauen – einen »ordentlichen, achtbaren Laden, auf den man stolz sein konnte«. Den gewaltigen Widerspruch allerdings, der in diesem Denken liegt, machte sie sich niemals klar: Schließlich profitierte sie in den Jahren vor der Studentenrevolte gerade von der Tabuisierung und Heimlichkeit der Erotik, die nach der Anonymität eines Versandhandels verlangten und nach dem Alibi-Etikett mütterlicher Unschuld, das Beate Rotermund durch die starke Personalisierung ihrer Broschüren so zuverlässig lieferte, mit Fotos von sich selbst und ihren Kindern. Ihre Kunden allerdings, und das weigerte sie sich einzugestehen, waren identisch mit jenen, die sie öffentlich schmähten.

Sie dachte nun einmal nicht in Widersprüchen, sondern richtete sich darin ein profitables Heim ein. Sie beherrschte den Drahtseilakt zwischen Biederkeit und Aufklärung, weil sie selbst bieder und aufgeklärt war, die kleinbürgerlichen Sehnsüchte nach gemäßigt-extravaganter Sündhaftigkeit vorausahnte und instinktiv die passenden blumigen Worte fand, um sie anzupreisen. »Ich glaube, ich weiß, was Leute mögen, was ankommt, was in ist«, schätzt sie sich selbst ein. »Meine alte Wirtschafterin Frau Gieske sagte immer: ›Wenn was in der Zeitung angeboten wird, dann haben wir das längst.‹«

Als sie gegen Ende der Fünfziger ihr eigenes Modewäscheatelier einrichtete, um Lieferengpässen zu entgehen, stimulierte sie potenzielle Käufer der Kollektion »Paris ... Dessous d'amour« geradezu genial mit dem Versprechen auf kosmopolitisches Flair und gleichzeitig mit dem nach Diskretion vor den Augen der neugierigen Nachbarn: »Paris! Ein Wort, nein, ein Begriff, prickelnd wie Sekt für viele, geheimer Wunschtraum erfüllter Liebe, Tänzerinnen im rasenden Wirbel des Cancan, vollendete Frauenbeine, umspielt von duftigen, zarten Dessous. Ausgelassene Lebensfreude, atemberaubende Revuen, knisternde Erotik. Denn, meine Herrn, geben Sie es ruhig zu: Wessen Mannes Herz schlüge nicht schneller, wenn ein indiskreter Windstoß über einen Nylonstrumpf einen zarten Streifen des Oberschenkels und hauchdünne Spitzen enthüllt? Allerdings, fast allen Männern ist es unangenehm und peinlich, sich in einem Laden intime Damenwäsche vorlegen zu lassen. Meine Kunden haben es leichter ... Ihr Päckchen im hübschen Geschenkkarton wird Ihnen den ›Hauch von Paris‹ ins Haus bringen.«

Neben der ungebremsten Ausdehnung ihres Sortiments mag es wohl Beate Rotermunds größte Stärke gewesen sein, juristische Schlupflöcher zu finden, um ihren Kundenstamm trotz der gesetzlichen Definition von Unzucht stetig erweitern zu können. Trickreich fand sie immer wieder Möglichkeiten, den Paragraphen Paroli zu bieten. Als ihr 1959 durch eine gerichtliche Entscheidung untersagt wurde, »eingehende Ausführungen über Sexualität« an ihr nicht bekannte Adressaten zu verschicken, und ihr Umsatzzuwachs recht mager ausfiel, kam sie auf die überaus erfolgreiche Idee der so genannten Gutscheinbriefe. Als Köder dienten kleine Traktate über Liebe und Ehe, denen sie einen Anforderungscoupon für den 128-seitigen Katalog beifügte.

Bereits ein Jahr später war der Umsatz auf 5,45 Millionen Mark gestiegen – und sie verleibte ihrem Reich neben dem Dessous-Handel sogleich auch noch den Wiener Carl Stephenson Verlag ein, für den sie in der Gutenbergstraße eine Druckereihalle errichtete und über den sie nun ihre Erotik- und Aufklärungsliteratur vertrieb. Ein

Beate–Uhse–Prospekt aus dem Jahr 1951

Das Firmengebäude in Flensburg

*Sieg vor Gericht –
die Freigabe der
Pornographie 1976*

Zwei Generationen Rotermund-Uhse

Beate und Ewe Rotermund in ihrem Haus am Rüder See,
Ende der sechziger Jahre

*Beate Uhse mit John
Holland in ihrem zweiten
Zuhause in Florida,
Anfang der Siebziger*

*Mit Enkelsohn
Philipp Rotermund*

Beim Windsurfen

*Bei einer Ladeneröffnung
in den Achtzigern*

Im Flugzeug

Der Börsengang, Frankfurt 1999

*Beate Uhse mit dem Preis »Hot d'Or« für die Liberalisierung der Erotik,
verliehen im Jahr 2000 in Cannes*

sattes Plus von 1,5 Millionen Mark machte sie 1961 zur größten Steuerzahlerin in Flensburg.

Der geniale Einfall schlechthin allerdings kam ihr kurz darauf: Zurück von einer Marketing-Reise durch die USA, überzeugte die betriebswirtschaftliche Autodidaktin, die mit Leidenschaft Literatur über Unternehmensführung las, ihre Mitarbeiter davon, den Versand mit einem Laden zu kombinieren – denn in Amerika, so hatte sie erfahren, betrieben alle großen Versender auch eigene Geschäfte. 1962 eröffnete sie in der Angelburger Straße in Flensburg den ersten Sex-Shop der Welt, betont solide und modern eingerichtet, mit als Hygiene-Artikeln titulierten Waren wie Kondomen und Sex-Spielzeug, einer Abteilung für Bücher und einem Beratungsraum für persönliche Kundengespräche.

Im Jahr darauf schon gab es den zweiten und dritten Laden in Hamburg und Frankfurt und 1966 dann den ersten Selbstbedienungsladen in Berlin, dem in den nächsten fünf Jahren 21 weitere folgen sollten. Die Vision der Firmengründerin war in Erfüllung gegangen: Fast in jeder deutschen Stadt mit mehr als 250 000 Einwohnern stand nun ein »Fachgeschäft für Ehehygiene«, eben ein Beate-Uhse-Laden.

»In einem Geschäft«, so hatten die leitenden Angestellten, den Skandal um die *Sünderin* und die Kleinkriege mit Staatsanwaltschaft und Kirche noch in frischer Erinnerung, befürchtet, »werden uns die Leute empört die Schaufenster einschmeißen.« Beate Rotermund allerdings war so geschickt, den 23. Dezember für die Eröffnung auszuwählen – einen Tag, »an dem die Leute einkaufen gehen und keine Fenster einwerfen«.

Zudem hat sie mit ihrem seismographischen Gespür für atmosphärische Veränderungen erkannt, dass die Zeit allmählich reif war für einen offensiveren Umgang mit der Sexualität – obwohl die ersten der sechziger Jahre das kaum ahnen ließen.

Heute gelten die revolutionären Sechziger als Wendezeit in der Nachkriegsgeschichte. Zwischen Mauerbau und Ostverträgen hatte die junge Republik, kaum der Pubertät entwachsen, nachhaltig ihr Gesicht verändert. Nun souverän, fest verankert im westlichen Bündnis und im Inneren ökonomisch gesichert durch einen wundersamen Wiederaufbau, entwickelten sich langsam Diskussionen über demokratische und ethische Werte.

Spätestens nach 1968, dem Höhepunkt der studentischen Protestbewegung, war Deutschland nicht mehr dasselbe wie zuvor. Das magische Jahr steht nicht für ein einziges präzises Ereignis, sondern gilt heute als Metapher für eine Vielzahl von aufrüttelnden Veränderungen. 68 ist zur Chiffre geworden – für den Aufbruch schlechthin, für eine Bewegung von unten nach oben, die in Bundeskanzler Willy Brandts Versprechen mündete, mehr Demokratie zu wagen. 1969 stellte er in seiner Regierungserklärung fest: »Wir stehen nicht am Ende unserer Demokratie, wir fangen erst richtig an.«

Politische Erneuerungen und eine Revolution des Lebensstils, die nach den Studenten bald alle Schichten erfasste, gingen dabei Hand in Hand. Die neue Freiheit fiel keineswegs vom Himmel, beides muss vor der Folie der verklemmten Fünfziger gesehen werden. Im Grunde nämlich waren die Deutschen damals emotional zutiefst verunsichert. Die Ungebrochenheit der scheinbar so selbstbewussten »Wir-sind-wieder-wer«-Haltung hatte die Vermeidung von gesellschaftspolitischen Diskussionen als Nährboden, die Ausblendung des nationalsozialistischen Traumas und die aus der Hilflosigkeit geborene Orientierung an dem starren Moralkodex der Wirtschaftswunderjahre.

In den beginnenden Sechzigern dann war die Zeit allmählich reif, um zu erkennen, dass die Sehnsucht nach der heilen Welt keineswegs Vollkommenheit zur Folge hatte, dass heimattümelnde Filme und Anstandsbücher weder Traumata verschwinden ließen noch wirkliches Selbstbewusstsein schufen. Es zeigten sich erste Anzeichen dafür, dass die Ära Adenauer zu Ende ging und die Deutschen zaghaft den Widerspruch übten – etwa mit den von den Gewerkschaften organisierten Ostermärschen gegen die Nachrüstung der Bundeswehr mit taktischen Atomwaffen, die die Achtundsechziger später aufgriffen.

Auch die Empörung über die so genannte *Spiegel*-Affäre belegte, dass die Öffentlichkeit nicht mehr so ohne weiteres bereit war, dem Staat undemokratische Eskapaden zu verzeihen: Der »Abgrund an Landesverrat«, den Bundeskanzler Adenauer 1962 in der Veröffentlichung der Schwachpunkte des westdeutschen Verteidigungsapparats durch den *Spiegel* gewittert hatte, entpuppte sich als Windei – und dass der Verleger Rudolf Augstein für die angebliche Straftat ins Gefängnis wanderte, leitete das Ende von Adenauers eigener Regierungszeit ein.

Vor allem die Auschwitz-Prozesse brachten die Nation zumindest in Teilen dazu, sich mit der jüngsten Vergangenheit auseinander zu setzen. 22 Angehörige der Waffen-SS, die alle zum Aufsichtspersonal des Konzentrationslagers gehörten, saßen ab dem 20. Dezember 1963 auf der Anklagebank des Frankfurter Schwurgerichts. Detailliert sezierten die Zeugenaussagen das Grauen – und viele Bürger stellten sich erstmals der Wahrheit über die nationalsozialistischen Verbrechen. Die »Banalität des Bösen«, die die Schriftstellerin Hannah Arendt 1961 beim Eichmann-Prozess in Jerusalem wahrgenommen hatte, wurde nun auch in Deutschland plastisch offenbar.

Mitte der Sechziger erlebte Deutschland seine erste Rezession. Das Wirtschaftswunder verlor an Magie, und ungehemmtes Wachstum entlarvte sich als frommer Wunsch. Hatten die Jugendlichen der Fünfziger noch recht konzeptionslos und sporadisch, mit halbstarken Versuchen und eher vergeblich nach Autonomie und Emanzipation gesucht, analysierten die Studenten der Sechziger präzise den Abgrund zwischen den demokratischen Idealen der Kriegsgeneration und einer desillusionierenden Realität. Seit 1965 profilierte sich, von den Berliner Universitäten ausgehend, eine Protestbewegung, die zunächst eine Reform der Hochschulen zum Ziel hatte, die dann aber schnell zur Revolte der Jugend gegen die etablierte Wertewelt anwuchs.

Als 1966 die Bildung der Großen Koalition von CDU und SPD die Prinzipien des westlichen Demokratieverständnisses in Frage stellte, bildeten linke Studenten wie Intellektuelle eine Außerparlamentarische Opposition (APO). Die geplanten Notstandsgesetze und die wachsende weltweite Empörung über den Kriegseintritt und die massiven Bombardements der Amerikaner in Vietnam heizten den Protest an. Im ganzen Westen gingen die Jugendlichen auf die Straße – eine weltweite Bewegung gegen die Sünden des Kapitalismus und die moralischen Maximen der Eltern. Ob mit Demonstrationen, Go-ins und Sit-ins, ob mit Streiks, Besetzungen von Hörsälen oder mit dem Werfen von Eiern gegen das Haus des Springer-Verlags, der die Demonstranten publizistisch aufs Korn genommen hatte: Die APO hatte sich von der Hochschule aus aufgemacht, die Republik auf den Kopf zu stellen.

Gelungen allerdings war ihr das nur zum Teil. Viele konkrete Ziele der Demonstranten wurden nicht erreicht: Die Notstandsgesetze passierten den Bundestag, Axel Springers Verlag wurde mächtiger und mächtiger, die Kultfigur Rudi Dutschke bei einem Attentat schwer verletzt. Noch in den Siebzigern kämpften die Amerikaner in Vietnam, der Kapitalismus und die parlamentarische Staatsordnung schienen unverwundbar zu sein.

Langsam löste sich die Protestbewegung auf. Ein Teil sah seine Ziele nach dem Wahlsieg der Sozialdemokraten 1969, deren Ostverträgen und den innenpolitischen Versuchen, »mehr Demokratie zu wagen«, befriedigt und setzte nun auf weitere Veränderungen innerhalb der Institutionen. Andere wandten sich resigniert von der Politik ab, während die radikalsten Protagonisten um Ulrike Meinhof und Andreas Baader von zivilen Provokationen des Staates zu gewalttätigen übergingen.

Doch auch wenn die politische Revolte gescheitert war: Die aufgeregten Jahre hatten für einen kulturellen Umbruch gesorgt. Galten Untertanengeist und so genannte Sekundärtugenden wie Pünktlichkeit, Ordnungsliebe, Gründlichkeit, Fleiß und Gehorsam über Jahrzehnte als typisch deutsche Eigenschaften, stellte der Schriftsteller Sten Nadolny am Ende der rebellischen Dekade fest, dass die Nation nun nicht mehr »so ohne weiteres nach irgendjemands Befehl« marschiere.

Gerade weil der Protest auch durch die Vision eines ganz neuen Lebensentwurfs gespeist war und nicht nur durch rein politische Ideen, waren keineswegs alle Träume ausgeträumt. Schließlich war die Protestbewegung auch in ihrer Blütezeit zwischen 1967 und 1969 ein Schmelztiegel – Vietnamkrieg, Rockmusik, Springer-Kampagne und freie Liebe waren thematisch gleichberechtigt und verschmolzen in der Lust auf einen anderen, freieren Alltag.

Die politische Revolution wurde allmählich zu Schnee von gestern. Dafür diskutierten die Deutschen, nicht nur in studentischen Kreisen, ob man unbedingt in der Kleinfamilie wohnen muss oder nicht doch besser in Wohngemeinschaften. Wie autoritär oder liberal man Kinder erzieht. Ob der Mann den Abwasch macht oder die Frau das Geld verdient – und wie beide im Bett miteinander umgehen. Nun war da, was der Politologe Arnulf Baring »Bewusstseinsrevolution« titulierte: ein neuer Lebensstil, der alle gesellschaftlichen Bereiche umfasste – vor allem auch den der Erotik.

Die aus heutiger Sicht unspektakulären Sex-Szenen, die der Schwede Ingmar Bergman 1963 in der düsteren Alptraumwelt seines Films *Das Schweigen* gezeigt hatte, waren noch ein ausgewachsener Skandal – wenn auch, gerade wegen des erotischen Thrills, ein gewaltiger kommerzieller Erfolg mit über zehn Millionen Zuschauern. Noch konnten sich die Bundesbürger, das starre Frauenbild der Nachkriegszeit und deren repressives Regelwerk über sexuelle Beziehungen im Kopf, über Kunstwerke empören, die mit Tabus brachen – so wie Jahre zuvor schon bei der *Sünderin* –, und sie insgeheim genießen.

Doch anders als in den Fünfzigern war das Meisterwerk Bergmans, wohl auch aufgrund seiner theologischen Deutungsmöglichkeiten, für die Zensur unangreifbar. Lange Jahre hatten Richter entscheiden können, wann Kunst obszön war, und nicht die Kunstsachverständigen. Das sollte sich allmählich ändern. Den Durchbruch in der Rechtsprechung – von dem auch Beate Rotermund, die zahlreiche erotische Romane verlegte, bald profitieren sollte – schaffte 1962 das Hamburger Oberlandesgericht. Im bedeutendsten Literaturprozess der Nachkriegszeit verkündete es, dass die Übersetzung von Jean Genets autobiografischem Roman *Notre-Dame-du-Fleurs* von 1943 weiterhin verkauft werden dürfe – ein Buch, das wegen seiner angeblich obszönen, detaillierten Schilderungen homosexueller Praktiken verboten werden sollte. Die Richter befanden, dass es vor allem wegen seiner »poetischen Substanz« gelesen würde und deshalb niemand an der Schilderung der homosexuellen Praktiken Anstoß nähme.

So machten die Kunstwerke von Bergman und Genet den Weg frei für eine gewaltige triviale Sex-Welle, die drei Jahre später die meisten Moralvorstellungen ertränkte. Ganz selbstverständlich saßen Mitte der Sechziger nackte Models in der TV-Werbung im mit »Fenjala« angereicherten Wannenbad, während noch ein paar Jahre zuvor das Wort Tampon im Fernsehen nicht erwähnt werden durfte. Die Interessenten besuchten massenweise die erste »Intimberatungsstelle für Studenten« an der FU Berlin, und in jeder Schülerzeitung wurde Sex zum Top-Thema. Überall gab es Diskussionen, Vorträge und Artikel über Verhütung und Sex-Praktiken, über erotische Erwartungen, Ansprüche und Phantasien.

Sittliche Normen verloren allmählich an Allgemeingültigkeit, und vor allem das Frauenbild wurde von den Feministinnen gründlich restauriert. Für die einen, wie etwa den ehemaligen Bundespräsidenten Karl Carstens, war das ein Verlust von Orientierung und Tugenden, die »als Wertvorstellungen anerkannt waren«. Die anderen aber badeten im lang ersehnten Klima von Toleranz, Offenheit, Gleichberechtigung und Mitbestimmung. Wer wie und wie oft mit wem schlief, war nun reine Privatsache – und die ließ sich nicht mehr ausbremsen von den Reglementierungen durch Pastor, Eltern und Nachbarn. Zumal zwei entscheidende Errungenschaften der Lust auf die Sprünge halfen: der Wegfall einschlägiger Paragraphen – und der Verkauf der Antibabypille auf Rezept, die nun Sex ohne Angst ermöglichte. Ein Jahr nach der Einführung in Amerika brachte in Deutschland der Pharmakonzern Schering 27,8 Millionen Monatspackungen »Anovlar« unters Volk – und prompt rauschte in den nächsten Jahren, während des so genannten Pillenknicks, die Geburtenrate in den Keller.

Es war, als hätte Deutschland einfach zu lange den Atem angehalten: Wie aus einem prall gefüllten Ballon, der zufällig von einer Zigarette berührt wurde, entwichen nun die so lange unterdrückte Lust, aber auch alle Ängste, Hoffnungen und Wünsche, mit denen die menschliche Erotik ein emotionales Team bildet. Auf einmal wurde den Menschen bewusst, dass sie einen Körper hatten: Auf den Straßen zeigten Mädchen ihre Miniröcke – die nicht nur klasse aussahen, sondern auch ein Symbol der sexuellen Befreiung waren – oder modellierten ihre Beine mit engen Jeans.

Ob Hot Pants, Haschisch oder Rolling-Stones-Songs: alles, was anders war, galt nun als irgendwie revolutionär und modern. Waren die politischen Ziele der studentischen Rebellen auch in Vergessenheit geraten, wurden die äußeren Zeichen der Revolution begeistert angenommen – und schließlich kommerzialisiert. In den Freibädern selbst deutscher Dörfer sonnten sich die Frauen oben ohne, die

Jungs trugen zwecks Gammler-Image das Haar lang, und zwischen Toast Hawaii und *Forellenhof* freuten sich die Fernsehzuschauer über barbusige Werbe-Mädels unter der Brause. Und als die Beatles 1966 auf Deutschland-Tournee gingen, fühlten sich die weiblichen Fans nicht nur durch die neue, ungezogene Musik elektrisiert, sondern durch die sinnliche Konzertatmosphäre der pilzköpfigen Helden, zogen sich die T-Shirts aus und fielen in erotische Ohnmachten – was sie vorher bei Peter Alexander und Freddy Quinn nie getan hatten.

Moral war nun ein fragwürdiger Wert. Die linken Studenten hatten sie ohnehin als Herrschaftsinstrument verdammt. Der freien Liebe gestanden sie einen hohen emanzipatorischen Stellenwert zu. Ein mündiger Bürger könne nur sein, verkündeten sie, wer auch seine Sexualität auslebe. »Meine Orgasmusschwierigkeiten«, hatte so auch der Kommunarde Dieter Kunzelmann erklärt, »sind mir wichtiger als Vietnam.« Zusammen mit Fritz Teufel, Rainer Langhans und dessen späterer Freundin, dem Model Uschi Obermaier, hatte er 1967 in Berlin die legendäre Kommune 1 gegründet, die Urzelle der Wohngemeinschaft. Dort wurde – frei nach dem studentischen Mantra: »Wer zweimal mit derselben pennt, gehört schon zum Establishment« – ebenso begeistert koitiert wie diskutiert. Alle durften »auf einer Matratze schlafen, die Spießer ärgern, Weltrevolution machen, Spaß haben, ein neuer, besserer Mensch werden und niemals im Leben mit Stolz eine Krawatte tragen«.

So wie dem Kommunarden Kunzelmann ging es vielen: Die Reize der APO bestanden nicht nur in der Aussicht auf die Weltrevolution, sondern auch auf freie Liebe und Orgasmen. Natürlich erkannten die lustbetonten Rebellen auch das hohe provokative Potenzial, das in Nacktheit lag: Das berühmte Foto, auf dem die Berliner Kommunarden – angeblich bei einer Hausdurchsuchung von der Polizei nackt an die Wand gestellt – der bürgerlichen

Gesellschaft den nackten Hintern zeigen, ging um die Welt. Erotik und Politik galten als siamesische Zwillinge: Linke Blätter wie *Konkret* füllten ihre Seiten ebenso mit bloßen Busen wie mit Nachrichten.

Mit der Zeit entdeckte nicht nur die politisierte Jugend ihre Lust auf tabulosen Sex. Nun delektierten sich auch neugierige Kleinbürger an den ebenso viel gelesenen wie trivialen Serien Oswalt Kolles in den Magazinen *Quick* und *Neue Revue* und an dessen Filmen, die so viel versprechende Titel trugen wie *Dein Mann, das unbekannte Wesen* (1969) und *Das Wunder der Liebe* (1967). Im Nu brachten die Publikationen dem unermüdlichen Libido-Aktivisten, der für sich in Anspruch nahm, die sexuelle Revolution ausgelöst zu haben, den Titel des »Fernaufklärers der Nation« ein.

Und den hatte Kolle sich redlich verdient: Auch wenn die hölzernen Dialoge seiner Filme, die unverdrossen Sexualpädagogik transportieren, die verschämte Darstellung und der krampfhafte Wissenschaftsbezug heutzutage einfach nur noch lustig wirken, hatten sie eine enorme Breitenwirkung. Auch seine Artikel etwa in der *Neuen Revue* wurden wöchentlich von sieben Millionen Menschen verschlungen – und belegen damit nur den verheerenden Grad sexueller Ahnungslosigkeit in der jüngsten Vergangenheit.

Heute übrigens kann der Filmemacher, der die Bettgeschichten gerne mit betont emotionsloser Roboterstimme aus dem Off kommentierte, selbst herzlich über die »teilweise komischen Szenen« lachen. Damals wurden sie bitterernst genommen – genauso wie die Expertenrunden, die der Journalist oft seinen Filmen voranstellte, um den Wissenschaftscharakter zu betonen: lauter ältere Männer in grauen Anzügen, die aufgeregt rauchten und ihre Statements mit aufgesetzter Ernsthaftigkeit vom Blatt ablasen.

»Sie hat mehr für den Orgasmus der Frauen getan als ich«, stellte Kolle nach der Jahrtausendwende selbstkritisch fest, und ihre größte Leistung sieht er darin, »dass sie den Zugang zu Vibratoren für

Frauen leichter gemacht hat: In der Sexualwissenschaft ist es kein Geheimnis, dass Vibratoren auch für Frauen mit Orgasmusschwierigkeiten oft das einzige Mittel der Wahl sind, um sexuelle Befriedigung zu finden.«

Auch Beate Rotermund schätzte Kolle sehr, brachte er doch »das publikumswirksam an die Öffentlichkeit, wofür auch ich jahrelang gearbeitet hatte. Er holte das sexuelle Leben aus der verschämten Dunkelheit der Schlafzimmer. Er brachte Bewegung, Phantasie und Offenheit in die sexuellen Beziehungen«, setzte sich für eine Freigabe der Pornographie nach dänischem Vorbild ein und kämpfte insbesondere gegen den Kuppeleiparagraphen. In ihrer Autobiografie schwärmt die Unternehmerin geradezu von ihrem Mitstreiter, nennt ihn einen »klugen, intelligenten, fachlich absolut versierten Mann«.

Doch auch wenn die beiden oft als Erotik-Duo zu Vorträgen und Talkshows geladen waren – es gab einen großen Unterschied. Beate Rotermund war letztlich eher Nutznießerin der neuen sexuellen Freiheit, als dass sie, wie ihr Gesinnungsgenosse, dafür gekämpft hätte. Sicherlich, auch der Publizist hat gut verdient in seiner Mediennische. Doch die Unternehmerin stand ihre Gerangel mit den Rechtsvertretern nur durch, während Kolle gezielt für die Streichung der Unzuchtparagraphen Überzeugungsarbeit leistete. Später sagte er: »Wir kämpften auf getrennten Schlachtfeldern: Sie war als Geschäftsfrau eigentlich ganz glücklich mit dem Tabu Sexualität, weil es ihr eine Marktnische eröffnete als ›Beate Schweinskram‹, sie lieferte diskret an all die Millionen, die ihre Sexualität am liebsten geheim hielten – ich wollte das Tabu Sexualität endgültig zerbrechen, mit offenem Visier antreten.«

Mit Grausen erinnert sich Oswalt Kolle an die Monate, bevor die Antibabypille die Eiszeit der Erotik beendete: Damals »forderten Kirche und Ärzteschaft in der berühmt-berüchtigten Ulmer Denkschrift an die Adresse der Bundesregierung, die Pille zu verbieten, weil durch dieses Teufelszeug alle deutschen Frauen Huren würden«.

Sein ostdeutscher Gesinnungsgenosse hatte übrigens weniger Probleme damit, die chemische Geburtenregelung gesellschaftsfähig zu machen: Der Psychologe und Autor Siegfried Schnabl, der im Westen »DDR-Kolle« genannt wurde und der sich ebenfalls für die Pille stark machte, stieß dabei auf keinerlei Widerstand. Im Gegenteil, dort wurde schon 1965 die erste Ost-Pille allgemein als gesellschaftliche Errungenschaft bejubelt. Was allerdings die Details sexueller Techniken betrifft, zeigten sich auch die Ost-Bonzen recht schamhaft: Schnabls späterer Bestseller *Mann und Frau intim* konnte in der DDR erst 1970 und auch nur leicht zensiert auf den Markt kommen.

Im Westen jedenfalls brodelte es weiter unter der Bettdecke. Auf dem Kirchentag 1968 in Essen riefen ungehorsame Schäfchen den klerikalen Rednern entgegen: »Wir reden nicht über die Pille, wir nehmen sie.« Was den Papst Paul VI., Pillenpaule genannt, im selben Jahr allerdings keineswegs daran hinderte, mit seiner Enzyklika *Humanae Vitae* die Geburtenregelung zu verbieten – weil sie »den ehelichen Akt willentlich unfruchtbar macht und deshalb vom Wesen her unerlaubt ist«.

Sogar die Bundeszentrale für gesundheitliche Aufklärung reagierte lustvoll auf den Sex-Trend und brachte 1968 den Aufklärungs-Hit *Helga* in die Kinos, begeistert von fünf Millionen Bundesbürgern konsumiert, und beglückte ein Jahr später neugierige Schüler mit der Filmserie *Betrifft: Sexualität* und, zum Entsetzen der katholischen Kirche, mit dem von der Gesundheitsministerin Käte Strobel vorgelegten *Sexualkundeatlas* (ein Dutzend Jahre später allerdings bat die Regierung Kohl die Schulen wieder um Rückgabe der Aufklärungsfilme).

Vorarbeit hatte bereits der Rowohlt Taschenbuch Verlag geleistet, der seit 1968 mit der neuen Reihe »rororo Sexologie« etwa Empfängnisverhütung, voreheliche Sexualität und speziell die der Frau thematisierte – mit der Absicht, »eine Lücke zu schließen, die durch systematischen Informationsentzug entstanden ist ... Die Reihe soll durch eine weite Streuung von Wissen zu einer sachgerechten Diskussion sexueller Probleme in unserer Gesellschaft beitragen.«

In den folgenden Jahren allerdings nahm der emanzipatorische und wissenschaftliche Charakter der sexuellen Revolution rapide ab: Sex galt zusehends als normaler und weniger skandalträchtig – und zuweilen sogar als saukomisch. In einem gewaltigen Boom an billigen »Lederhosen«-Streifen, wie in der *Wirtin*-Serie von Alois Brummer und des einstigen Heimatfilm-Regisseurs Franz Antel, wurde ab 1967 ebenso hemmungslos gevögelt wie gekalauert – Spuren der Wandlung von einer neuen Freizügigkeit zur Anzüglichkeit: Sex war endgültig zur Ware geworden.

Der gesellschaftliche Gesinnungswandel schlug sich auch in der Gesetzgebung nieder. Immer mehr Frauen forderten nicht nur einen Orgasmus, sondern klagten auch ihre Rechte ein. Sie verlangten nach Reformen im Ehe-, Familien- und Sexualstrafrecht und vor allem eine Aufhebung des 100 Jahre alten Abtreibungsparagraphen 218.

Als Vorhut der anwachsenden Emanzipationsbewegung profilierten sich die Frauen des sozialistischen deutschen Studentenbundes (SDS). 1968 hatten sie sich auf einer Delegiertenkonferenz in Frankfurt massiv beschwert, dass sie von den angeblich so progressiven Studentenführern, die lautstark die gesamtgesellschaftliche Befreiung proklamierten, massiv unterdrückt wurden: Entschlossen forderten sie die »Hälfte des Himmels« – und bewarfen die erstaunten Machos mit Tomaten. Die Neue Frauenbewegung war geboren und setzte sich von nun an massiv gegen die alltägliche Diskriminierung von Frauen in Beruf und Gesellschaft zur Wehr.

Schnell breiteten sich in ganz Deutschland Frauengruppen aus. Themen wie sexuelle Entfaltung, Abtreibung und das Scheidungsrecht wanderten aus feministischen Zirkeln auf die Titelblätter von Illustrierten – Bereiche, die auch die ganz normale Hausfrau interessierten, die nun dank Wegwerfwindeln, Tiefkühlkost und einer Batterie von elektrischen Haushaltshelfern mehr Zeit fand, sich ihre eigenen Gedanken zu machen. Zugrunde lag dem Kampf gegen den Paragraphen 218 nun – im Unterschied zum Ruf nach legalen Möglichkeiten zur Abtreibung in der Weimarer Republik – nicht mehr die Angst vor der Verarmung, sondern die Forderung nach Selbstverantwortung und Eigenständigkeit.

So war die »Ich-habe-abgetrieben«-Aktion der Illustrierten *Stern* von 1971, in der 376 Frauen sich zu einer Abtreibung bekannten, von einer ungeheuren Breitenwirkung. Nicht zuletzt der Resonanz auf diese Geständnisse hin ist es zu verdanken, dass vier Jahre später zumindest ein Schwangerschaftsabbruch mit entsprechender Indikation legal wurde – nachdem die Verfassungsrichter die zuerst angestrebte Fristenlösung als unrechtmäßig erklärt hatten.

Die Deutschen waren anders geworden: Selbst manche von Adenauers ehemals kleinbürgerlichen Schrebergärtnern fuhren nun die Krallen gegen den Obrigkeitsstaat aus. Als »Sprengstoff, der heute noch wirksam ist«, bezeichnete der Philosoph Herbert Marcuse diese »praktische Verbindung von politischen und individuellen Emanzipationszielen«, sprach von einer »Neuen Sensibilität« und hielt sie für einen historischen Solitär: »Wer nur Sexualität und Geschlechterverhältnisse anders haben will, fällt ebenso in den Puritanismus der gegebenen Gesellschaft zurück wie der, dem es ausschließlich um ökonomische Umwälzungen geht. Dass das eine nicht ohne das andere geht, war die gefährliche Botschaft der Protestbewegung.«

Der ewige Untertan hatte die Unterhose ausgezogen, fand nun seinen Lustgewinn nicht mehr in der Pflichterfüllung, sondern in der Auflehnung gegen »die da oben« und auf libidinösen Abenteuern. Die Lust an der Provokation mündete in neue Bücher und neue

Filme, die wiederum den Wertewandel unterstützten: Opas Kino war tot, die Filme von Alexander Kluge, Rainer Werner Fassbinder und Volker Schlöndorff hielten Deutschland einen Spiegel vor, der die Auswüchse der unpolitisch moralisierenden Wohlstandsgesellschaft gnadenlos zur Schau stellte. Und so konnte Beate Rotermund, die 1970 das Fehmarner Rockfestival mit Jimi Hendrix sponserte, dort fröhlich Kondome verteilen, während der Wind *Mary* flüsterte.

Wer heute jung ist und zur Hauptsendezeit reihenweise Nackte über den Fernsehschirm flitzen sieht oder von der Schule freibekommt, um an einer Demo teilzunehmen, kann wohl kaum nachvollziehen, wie nachhaltig sich das gesellschaftliche Klima hin zu einer Kultur des Protests gewandelt hat.

Unverheiratet zusammenleben war eine soziale Schande? Ein Paar bekam kein Hotelzimmer, ohne verheiratet zu sein? Wer masturbiert, dem soll das Rückenmark schwinden? Der Deutsche Bundestag heulte auf, als 1970 eine weibliche Abgeordnete im Hosenanzug erschien? 31 Paragraphen mit 190 Tatbeständen regelten den Sexualverkehr? Hören heutige Schüler Zustandsbeschreibungen aus dem Deutschland vor 1968, erscheinen sie ihnen ebenso unglaubhaft und wohl auch langweilig wie Veteranengeschichten aus Stalingrad.

Beate Rotermund jedenfalls konnte am Ende der Sechziger davon ausgehen, dass ihre Kriege mit der Staatsanwaltschaft bald ein Happy End finden würden: Am 22. Juli 1969 nämlich entschied der Bundesgerichtshof in Karlsruhe, dass sie die *Memoiren der Fanny Hill* weiterhin publizieren durfte – für die Unternehmerin ein »Meilenstein in der Rechtsprechung«. Vier Jahre zuvor hatte sie die pikanten und recht detaillierten Bekenntnisse eines Freudenmädchens, erstmals 1749 veröffentlicht, in ihr verlegerisches Repertoire aufgenommen – worauf sie umgehend der Unzucht angeklagt worden war. Fünf Jahre lang hatte sich Beate Rotermund vor

Landgerichten und Oberlandesgerichten für das britische Freuden-
mädchen stark gemacht. Nun endlich stellten die Verfassungsrichter
fest, dass es sich bei den Memoiren »zwar um ein Werk der erotischen Literatur, nicht aber um eine unzüchtige Schrift« handelte.

Besonders freute sie das hochoffizielle Statement, dass »die Tole-
ranzgrenze gegenüber geschlechtsbezogenen Darstellungen einem
Wandel unterworfen ist«. In der sich abzeichnenden liberaleren
Zukunft, hoffte sie, würde sie keine Zeit mehr mit verklemmten
Jugendschützern vergeuden müssen: Sexualität war jetzt schließlich
laut Bundesgerichtsurteil »in den Bereich der allgemeinen Lebensfreude einbezogen«. Für sie selbst bedeutete der juristische Sieg,
dass sie nun vielleicht das Stigma loswerden würde, unmoralisch zu
sein – was sich sowohl auf den Charakter ihrer Firma bezog als auch
auf den Vorwurf der ökonomischen Ausbeutung illegaler oder zumindest tabuisierter Bedürfnisse.

In Amerika jedenfalls war sie schon längst als erfolgreiche Geschäftsfrau akzeptiert. Dort, so fand sie, sei sowieso vieles besser.
Wenn zwar auch in den Vereinigten Saaten »die erogenen Zonen
dem Geschäft noch unerschlossen« waren, wurde zumindest ihrem
nie verdeckten Expansions- und Profitstreben applaudiert: »Geld-
verdienen war nichts, für das man sich schämte – im Gegenteil«,
berichtet Beate Rotermund über die erste ihrer USA-Reisen zu
Beginn der Sechziger. »Geld zu machen galt als Tugend. Mir gefie-
len die Gepflogenheiten und die geschäftliche Atmosphäre der
Neuen Welt.«

Ganz besonders mochte sie, das die US-Sex-Postille *Penthouse*
ihr 1968 unverhohlene Anerkennung für ihre sexuelle Aufklärungs-
arbeit aussprach: »Beate Uhse ist eine Pionierin, ja eine Reforme-
rin ... Die Nazis, die von einer arischen ›Bevölkerungsexplosion‹
träumten, setzten die Tradition fort, Empfängnisverhütung zu verbieten. Heute führen die Macht der katholischen Kirche und die
Neutralität der deutschen Ärzte dazu, dass es nur sechs Familien-

planungsinstitute in Deutschland gibt ... Im Kampf gegen solche Zustände startete Beate Uhse ihre Karriere – eine moderne Mutter Courage.«

Große Worte – und ein Schuh, der etwas zu groß für die Unternehmerin war. Sie startete ihre Karriere nicht im Kampf gegen sexuelle Unterdrückung, sondern um zu überleben. Doch gerade in ihren letzten Lebensjahrzehnten gab sie sich gerne dem Irrglauben hin, Hand in Hand mit den Kolles und Dutschkes dieser Welt für Freiheit und gegen Repression ins Feld gezogen zu sein, suchte neben der Belohnung in den Bilanzen auch nach ethischer Wertschätzung. Dabei hatte sie den Rebellen, wie eine Krankenschwester dem Chirurgen, nur die Instrumente gereicht.

Immerhin konnte sie am Ende der turbulenten Sechziger gewiss sein, dass ihr wirtschaftlicher Erfolg sie salonfähig gemacht hatte – wenn schon nicht bei den Intellektuellen, dann doch beim mittlerweile aufgeklärten Mittelstand. 1969 nämlich ließ sie ihr neues bienenwabiges Bürogebäude in Flensburg bauen: das »Sex-Eck«, ein standfestes Symbol ihrer ökonomischen Potenz. 340 Gäste fanden sich zur Einweihungsfeier im August ein, inklusive Oberpostrat und Oberbürgermeister, der ihr mit launigen Worten indirekt beschied, nun zu den Flensburger Honoratioren zu gehören: »Flensburg hat zwei Unternehmen von weit reichender Bedeutung: das Kraftfahrt-Bundesamt und Beate Uhse. Beide führen Karteien. In die eine kommt man unfreiwillig, das ist die Verkehrssünderkartei. In Beate Uhses Kundenkartei kommt man freiwillig und gerne ...«

Unversehens und wider Erwarten hatte ihr neues Freudenhaus ihr die ersehnte Akzeptanz verschafft, es bedeutete Erfolg zum Anfassen. Und noch etwas ungläubig und sehr erstaunt konstatierte Beate Rotermund ihren gesellschaftlichen Aufstieg: »Jetzt, nach Einweihung der supermodernen Bürolandschaft, wurde plötzlich bewundert, was jahrelang missachtet worden war. Natürlich war ich froh darüber. Aber andererseits verblüffte mich diese flotte

Wandlung. Die Frau, die Sex verkauft, die ›kühle Blonde, die täglich sechs Tonnen Zärtlichkeit verschickt‹, war über Nacht salonfähig geworden.«

Ihr Privatleben allerdings geriet immer tiefer in die Baisse. Beate Rotermunds Ehe, an der sie wider besseres inneres Wissen zäh festgehalten hatte, stand kurz vor der Auflösung.

Siebtes Kapitel

Scheiden tut weh
Chronique scandaleuse

Die sexuelle Revolution der Sechziger bescherte Versandhandel wie Sex-Shops neue ökonomische Höhepunkte. Der unselige Unzucht-paragraph 184 fand zwar noch weiter Anwendung, wurde nun aber merklich liberaler ausgelegt. Wie schon zwei Jahre zuvor im Prozess um *Fanny Hill* weiche auch Beate Rotermunds Berufungssieg im so genannten Orgasmus-Prozess 1972 die starre Haltung der Verteidiger von Zucht und Ordnung auf.

»Ein bahnbrechendes Urteil«, kommentierte sie selbst die Begründung des Schleswiger Berufungsgerichts, warum ihr Sex-Spielzeug wie etwa die neuartigen »Organkontaktverstärker« dann doch nicht »zu unzüchtigem Gebrauch bestimmt sind, da sie vorwiegend einer unnatürlichen Steigerung geschlechtlicher Reize dienen«. So nämlich hatte es die Anklageschrift formuliert, als sie 1969 angeklagt wurde, und das Flensburger Schöffengericht hatte Beate Rotermund zu 6000 Mark Geldstrafe verurteilt. Drei Jahre später nun konstatierten die Berufungsrichter: »Spezialpräservative, Wirkpolster und Salben, die beim Geschlechtsverkehr durch Reizsteigerung und Reizverlängerung den Orgasmus herbeiführen sollen, sind nicht im Sinne des Paragraphen 184 Absatz 1 Nummer 3

Strafgesetzbuch zum unzüchtigen Gebrauch bestimmt.« Dabei hob das Gericht vor allem den neuen Stellenwert hervor, den die Sexualität in den vergangenen Jahren erlangt hatte, und bezieht sich darauf, dass Produkte aufklärerischen Inhalts allen Interessenten mittlerweile durch Filme, Bücher und Zeitschriften längst zugänglich gemacht worden seien. »Diese Zeitströmung«, so die Instanz, »ist auch in anderen Ländern zu beobachten und hat dort teilweise schon zu einer Aufhebung der dem § 184 StGB entsprechenden Strafvorschriften geführt.« Fortan, frohlockte die Schirmherrin des Orgasmus, »setzte sich eine merklich liberalere Rechtsprechung durch«.

Doch an Beate Rotermund selbst schien die Libertinage vorbeigegangen zu sein. Sie war ihrem Ewe nach wie vor treu. »Auf andere Männer mochte ich mich nicht einlassen. Wenn ich auch noch fremdgehe«, dachte sie, »ist alles aus.« Und: »In puncto Treue dachte ich altmodisch. Herumgehopse kam für mich nicht in Frage.«

Ernst-Walter Rotermund hatte sich nicht nur ganz aus dem Geschäft zurückgezogen, er war auch in Flensburg kaum noch zu sehen. Während seine Frau immer höher die Karriereleiter hinaufkletterte, tourte der Mann mit seinem Campingbus durch Frankreich und amüsierte sich mit Anhalterinnen. »Um die Familie«, berichtet sie, »kümmerte er sich herzlich wenig, hatte sich total aus der Firma ausgeklinkt.« Als trauriges Kapitel bezeichnet Beate Rotermund ihre Beziehung, die »keineswegs so lief, wie ich mir eine Ehe vorstellte«. Zwischen seinen Eskapaden aber kehrte ihr Mann für Wochen oder auch Monate ins heimatliche Nest zurück – und die Frau, die seine Abenteuer finanzierte, »schlief gerne mit ihm und empfand ihn als guten, interessanten Partner«.

Da sie weder dumm noch unterdrückt war, gibt es eigentlich nur eine Deutung für die Duldung dieses Arrangements, das sich auf den ersten Blick so unvorteilhaft für sie ausnimmt: Es kam beiden Teilen im Grunde entgegen. Ernst-Walter Rotermund hatte seine

Dauerfreundin Helga, seine Freiheit, das Geld seiner Frau, Spaß mit seinen Mädels und einen Fluchtpunkt in seinem rastlosen Leben. Beate Rotermund wiederum behielt ihren Status als verheiratete Frau – was gut fürs Geschäft war, das nach wie vor vom sauberen Image seiner Besitzerin profitierte –, erhielt ihren Söhnen den Vater und konnte sich ungestört ihrer größten Leidenschaft widmen: ihrem Unternehmen.

Darüber hinaus waren die beiden über die Jahre ein eingespieltes Team geworden: Sie mochten sich immer noch gerne und respektierten die gegenseitigen Grenzen. Also kanalisierte Beate Rotermund ihre sexuellen Bedürfnisse, schob sie auf, bis ihr Ewe wieder unversehens zur Tür hereinkam – und stellte einmal mehr ihr bewährtes Talent unter Beweis, sich unangenehme Ereignisse schönzureden und mit eiserner Entschlossenheit ihrer »Augen zu und durch«-Maxime zu folgen. »Zu jener Zeit dachte ich nie mehr an Scheidung. Immer noch hatte ich die schöne Vision vom Happy End«, bekennt sie. »Mit meinem Mann sah ich mich in der Abendsonne sitzen, Hand in Hand auf einer Bank unterm Rosenstrauch. Später mal.« Ihr Ewe betrog sie, sie »litt wie ein geprügelter Hund«, aber sie war auch fest entschlossen, ihr Traumbild nicht aufzugeben.

»Die zwei hatten eine durchaus innige Beziehung«, bestätigt Ernst-Walter Rotermunds Hamburger Anwalt Kurt Groenewold. Jedenfalls bis zu dem Tag, als von Rücksichtnahme auf die gegenseitigen Grenzen keine Rede mehr sein konnte. Die Scheidung am 9. Mai 1972 mündete in eine Schlammschlacht mit besonders lauter medialer Begleitmusik der *Bild*-Zeitung. Beate Rotermund erlebte den einzigen persönlichen Skandal ihres Lebens mit allen unappetitlichen Ingredienzien, die Boulevardblätter so lieben: Rassismus, Frauenfeindlichkeit und Lügen. Die Frau, die überzeugt war, dass »Gruppensex, Triolen und Partnertausch zu entsetzlichen Ehekatastrophen« führten, sah sich in der Öffentlichkeit als unersättliches Sexmonster verunglimpft – diffamiert von ihrem eigenen Mann.

170

»Es war wunderschön letzte Nacht.« Die Frau sieht den Mann am Steuer an und lächelt. »So schön wie lange nicht mehr.«

»Stimmt.« Konzentriert blickt er auf die Autobahn. Noch ein, zwei Stunden, und die beiden sind wieder zu Hause. Er ist müde. Er spürt die lange Fahrt von Biarritz nach Flensburg in den Knochen.

Die Frau ist hellwach. Zu viel ist passiert in den letzten Wochen, als dass sie wirklich hätte Ruhe finden können in den beiden Ferienwochen in Frankreich. Ihr Leben, so sorgfältig arrangiert, ist schließlich völlig durcheinander gewirbelt worden. So viele Verletzungen waren passiert, so viele Beleidigungen und Kränkungen, so viel Wut und Schmerz. Aber jetzt ist ja alles wieder gut.

Mit aufwallender Zärtlichkeit denkt sie an John, an seine seidige Haut, die festen Muskeln, die tiefe Stimme. Sie hat ihn wirklich geliebt, ihren dunklen Prinzen, liebt ihn immer noch. Einen Lehrer aus New York, 25 Jahre jünger als sie selbst – aber so reif, so erwachsen. In seinen Armen hatte sie nicht nur sexuelle Erfüllung gefunden, sondern vollkommene Geborgenheit. Wie ein Kind hat sie sich manchmal gefühlt, wenn er ihr verständnisvoll zugehört und sie getröstet hat.

Und das mit 52 Jahren, denkt sie und sieht verstohlen ihren Ernst-Walter Rotermund an. Den großen, blonden Ewe, der allmählich hager wird, Falten bekommt und graue Haare. Der ihr nie zuhört. Der eben noch da ist und dann gleich wieder weg. Der sich nicht um die Kinder kümmert und ihr die ganze Arbeit überlässt. Der Naturapostel, der auf Rohkost und Abhärtung steht und auch noch Theater um die paar Kröten macht, die sie für ein bisschen Komfort ausgibt. Wie die elektrische Heizdecke, die sie sich nach endlosen Diskussionen mit ihm zugelegt hat.

Wahrscheinlich hält mich jeder für eine totale Spinnerin, denkt sie fast ein wenig schuldbewusst, weil wir immer noch in der ehemaligen Wehrmachtsbaracke am Rüder See hausen, in der noch nicht einmal Platz für ein Schlafzimmer ist. Gut, dass so wenig Leute wissen, wie die große Beate Uhse wirklich lebt. »Deutschlands reichste Unternehmerin schläft nachts in Zelten«, stellt sie sich die Schlagzeile in der *Bild* vor. Und, ehrlich gesagt, ist diese ganze Zurück-zur-Natur-Nummer von Ewe ja auch nichts als Blödsinn. Einen Palast könnte sie sich bauen, überlegt sie trotzig. In manchen Momenten, so wie jetzt, versteht sie sich selbst nicht und dass sie sich von den Spinnereien dieses Kerls hat so beeinflussen lassen.

Andererseits ist dieser Kerl eben ihr Mann – und sie hoffnungs-los altmodisch. Die unglückselige Argentinienreise Ewes schießt ihr durch den Kopf, sein Schweigen, seine Launen, seine Forderungen – aber auch sein Humor und das Herzklopfen, das immer wieder auftaucht, wenn er zu ihr zurückkommt. Was haben Ewe und ich nicht schon alles durchgemacht, erinnert sie sich mit leiser Wehmut. Und wie mies hat er mich behandelt. Sicher, im Moment ist er nett, hält Händchen, verwöhnt sie mit Geschenken. »Guck mal, der Alte, auf einmal ist er nett zu dir«, haben die Kinder gefeixt. »Mutti, du hättest dir schon vor zehn Jahren einen Lover zulegen sollen.«

Einen Lover. John war mehr für sie als irgendeine Affäre. John ist ihre große, neue Liebe – eine Liebe, die sie nun beenden würde. Gott, was war sie traurig, als sie mit Ulli Hals über Kopf auf die Bahamas flog. Weg, nur weg, weil Ewe auf einmal unbedingt wollte, dass Helga bei ihnen einzog, in das kleine Haus gegenüber der Baracke, in das eigentlich die Kinder sollten. Geheult wie ein Schlosshund hatte sie. Und Ewe hatte nur gesagt, dass sie sich doch auch einen Lover nehmen könnte. »Du pickst dir von der Fähre Dover–Calais einen Anhalter auf, testest, was der so bringt, und wenn er nichts bringt, kannst du ihn ja gleich wieder raussetzen.«

Darüber nachdenken wolle sie, hatte sie ihm versprochen, und gleichzeitig gewusst, dass sie diese Ehe zu dritt nicht aushalten könnte. Das nicht, das war zu viel. Fremdgehen, gut, aber nicht ständig diese Helga vor der Nase, nicht die Geräusche in der Nacht hören, die verrieten, was die beiden im Bett trieben.

Ja, und dann hat auf einmal John vor ihr gestanden, auf der Insel Little Exuma im Hotel »Peace & Plenty«. Hoch gewachsen, gebildet, freundlich, unverschämt gut aussehend – und gnadenlos erotisch. Er ist unverhofft in ihr Leben getreten, als sie meinte, dass alles zu Ende war. Und ihr ist egal gewesen, dass er jünger war. Zum ersten Mal hat sie nur an sich selbst gedacht, nicht an andere und nicht an morgen, hat sich fallen lassen in die Nächte mit ihrem dunkelhäutigen Geliebten und wollte gar nicht mehr aufwachen.

Eine Affäre, hat sie geglaubt, eine wunderschöne kleine Affäre ohne Zukunft. Ja, und dann ist er tatsächlich zu ihr gekommen. Hat sich einen langen Urlaub genommen und wunderbare drei Wochen lang bei ihr gelebt – während sich im Häuschen gegenüber Ewe mit seiner frisch eingezogenen Helga vergnügte.

Warum, überlegt sie, gehe ich eigentlich zurück zu Ewe? Das Bedürfnis nach Sicherheit kann es nicht sein, schließlich hat er sie immer wieder im Stich gelassen. Aber Vertrautheit, die ist stets da gewesen. Unwillkürlich muss sie lächeln, als sie daran denkt, wie sich ihre beiden Männer unversehens in die Arme gelaufen sind. »Der sieht ja aus wie ein Königssohn«, hatte Ewe gesagt, und Ulli hatte prompt erwidert: »Das ist Muttis neuer Freund.« Ewe hat das auch ganz tapfer geschluckt, sich dann allerdings sofort mit Helga nach Südfrankreich aufgemacht. Wo wiederum wohl die Fetzen geflogen sind, jedenfalls war er nach zwei Tagen wieder zurück.

Er hat sich verändert, denkt sie. Nicht nur, dass er wieder so gerne mit ihr schläft, er ist insgesamt weicher, zärtlicher geworden. Ob er sich wirklich von Helga trennen wird, wie er versprochen hat? Wenn er nur nicht immer so abfällig von John sprechen würde. »Dein schwarzer Affe«, hat er ihn genannt, und sie war zusammengezuckt, obwohl sie wusste, dass nur die Eifersucht ihn dazu gebracht hatte, solche Gemeinheiten von sich zu geben. Nun, sie würde es John jedenfalls bald sagen müssen, dass sie ihn nicht wiedersehen konnte. Morgen. Oder spätestens, wenn Helga ausgezogen war.

Sie spürt, wie ihr die Tränen kommen bei dem Gedanken, nie wieder in seinen Armen zu liegen. Aber es ist besser so, redet sie sich ein, und wendet den Kopf zur Seite, damit Ewe nichts merkt. Sie und John, das hat doch keine Zukunft. Er in New York, sie in Flensburg. Er 27, sie 52.

»Beate?«

Hat Ewe doch bemerkt, dass sie weint? Rasch tupft sie mit dem Ärmel die Tränen ab und atmet tief durch.

»Ja?«

»Sag doch mal ... hast du dir eigentlich schon Gedanken über den Anwalt gemacht?«

»Was für einen Anwalt?«

»Na, für die Scheidung natürlich.«

Sie seufzt. Ewe und seine dummen, unpassenden Witze. »Lass doch den Quatsch«, sagt sie.

»Das ist kein Quatsch!«, brüllt er.

Sie schreckt zusammen und starrt ihn an. Er schaut weiter auf die Fahrbahn, nur seine Finger, die das Lenkrad umklammern, sind weiß geworden vor lauter Anspannung.

»Das meinst du doch wohl nicht ernst?«, fragt sie mit zitternder Stimme. »Wir haben doch gerade einen wunderschönen Urlaub ...«

»Urlaub«, presst er hervor. »Du sagst es, Urlaub. In den Ferien ist immer alles anders.«

»Mensch, Ewe, tu doch nicht so, als ob du noch nie mit mir zusammengelebt hast. Ich verstehe das nicht. Gestern noch hast du mir gesagt, wie sehr du mich liebst, und jetzt ...« Sie kann nicht mehr weiterreden. Sie hat das Gefühl, dass sie ertrinkt und die Wellen über ihr zusammenschlagen.

Er schweigt. Nach einer Weile sagt er: »Ich kann den schwarzen Affen nicht vergessen.«

174

Sie traut ihren Ohren nicht, sie kann einfach nicht richtig gehört haben. Er, der sie am laufenden Band betrogen und belogen hat, verzeiht ihr den einen Liebhaber nicht? Beleidigt ihn – und sie selbst?

Sie weiß nicht, was sie fühlen soll. Eigentlich empfindet sie nur Leere. Keinen Zorn, keine Wut. Nur das Verlangen, dass bald alles vorbei sein möge. Sie kann Ewe nicht mehr ansehen.

»Wie du willst«, antwortet sie mit einer kalten Sachlichkeit, die sie fast umbringt. »Das war's dann wohl. Such dir einfach einen Anwalt aus. Ich nehme Dr. Strohm.«

»Hör mal, mein Schatz«, sagt er. »Hab dich doch nicht so. Wir hatten doch gute Jahre zusammen, oder?«

Sie antwortet nicht. Es beginnt zu regnen. Sie sind wieder im Norden.

Endlich hatten die deutschen Stammtische wieder Gesprächsstoff bekommen. Der »Ausverkauf Deutschlands« durch die Ostverträge, Studenten, die protestierten, anstatt in die Uni zu gehen, langhaarige Hippies, Mädchen ohne BHs und der allgemeine Untergang von Zucht und Ordnung waren allmählich langweilig geworden, so richtig konnte man sich darüber nicht mehr ereifern. Schließlich hatte man selbst schon den ein oder anderen dieser Lederhosen-Filme und *Schulmädchenreports* gesehen, die jetzt andauernd im Kino liefen. Aber nun bescherte die Presse ihnen einen echten Knüller: Beate Uhse trieb's mit einem Schwarzen! Und: Ihre Sex-Sucht kostete sie 30 000 Mark pro Monat, zahlbar an ihren gedemütigten Ex-Mann!

Nie hätte die Unternehmerin vermutet, dass ihre Ehe dieses grässliche Ende nehmen würde – und schon gar nicht, dass Ernst-Walter Rotermund federführend in der Schlammschlacht war. Schließlich war er bei der Scheidungsvereinbarung gut weggekommen, fand sie: Nachdem er zuerst auf zwölf Millionen Mark Abfindung bestanden hatte, unterzeichnete er eigentlich ganz willig den von den Anwälten Groenewold und Strohm ausgehandelten Vergleich über drei Millionen Mark. Doch, wie Beate Rotermund feststellen musste, wollte ihr Mann sie »menschlich und finanziell ruinieren«. Er kopierte die Scheidungsdokumente und schickte sie an verschiedene Zeitungsredaktionen.

Das Medienecho auf den angeblichen Scheidungsgrund – »Super-Adam, schlank und stark, breite Schultern, schmale Hüften und eine Haut wie Samt, so schillernd und schokoladenfarben« – war gewaltig. Zumal Ernst-Walter Rotermund auf Pressekonferenzen behauptete, er sei dem »sexuellen Pensum« seiner Frau nicht mehr gewachsen gewesen. »Beate Uhse schläft mit einem Neger«, lautete eine der Titelzeilen, »dann sollte ich es tun – ich konnte es nicht.«

Damit erreichte er sein Ziel: Die Öffentlichkeit wurde mit makabren Zoten aus der Intimsphäre der Sex-Expertin Beate Uhse beliefert, und Ewe hatte viele Männer auf seiner Seite. »Noch nie im Leben«, stellte Beate Rotermund bitter fest, »habe ich etwas als so ungerecht empfunden wie damals das Verhalten der Presse, die chauvinistische Instinkte rücksichtslos anheizte.« Fünf Jahre lang weigerte sie sich danach, mit Printmedien zu reden.

So schmerzlich empfand sie den Verrat ihres Mannes, dass sie es nicht über sich brachte, ihrem Mann am Tag der Scheidung im Gerichtssaal gegenüberzustehen. Stattdessen tarnte sie sich mit einer Perücke mit langen schwarzen Haaren, holte John vom Flugplatz ab und flüchtete mit ihm auf einen FKK-Campingplatz auf der Île du Levant. Und als ihr Anwalt ihr an diesem 9. Mai 1972 am Telefon mitteilte, dass sie nun eine geschiedene Frau war, fühlte sie keine Erleichterung, sondern »eine seltsame Traurigkeit, eine lähmende Trostlosigkeit. Mir schien, als hätte ich eben 25 Jahre meines Lebens weggeworfen. Sinnlos vertan.«

Doch was als unverbindliche Liaison begonnen hatte, sollte zehn Jahre lang dauern und den Schmerz allmählich lindern. Denn beide

Teile des ungleichen Paares waren zu Kompromissen bereit. Beate Rotermund bezog ihre inzwischen erwachsenen Söhne mehr und mehr ins Unternehmen ein und gönnte sich mehr Freizeit. John Holland lebte immer wieder monatelang in Rüde und jobbte in der Firma seiner Geliebten als Englischlehrer. Als begeisterte Hobby-Piloten unternahmen sie kurze Flug-Trips und ausgedehnte Reisen mit dem Campingbus. Sie lernte Fallschirmspringen und spielte Tennis. Ihr Mitarbeiter Jens Jensen, der sie aus 23 gemeinsamen Unternehmensjahren kennt, hatte ihr oft gesagt, dass sie aller Brillanz zum Trotz eine Fähigkeit wie viele ihrer Generation nicht besaß – nämlich die zum Müßiggang. Nun hatte sie sie endlich gelernt, die »Tugend, die mir noch fehlte. Die Gelassenheit.«

Ihr Vertrauen entsprang dieses eine Mal keinem Wunschdenken, sondern einer schmerzlichen Erfahrung, die sie durchlitten und nicht verdrängt hat. »Man muss sich«, sagte sie, »die Zeit nehmen, traurig zu sein.« Die Scheidung machte sie auch immun gegen die ständigen Fragen, ob sie keine Angst davor habe, dass John sie schnell für eine Jüngere aufgeben würde. Frisch verlassen und verraten von einem in den Augen der Gesellschaft viel passenderen Partner, schrieb sie: »Keine Angst vor dem Altersunterschied. Die reife Frau ist gewöhnlich eine hervorragende Liebhaberin. Sie hat Freude am Liebemachen, und sie versteht weitaus mehr davon als eine jüngere. Und sie kann, was für viele Männer sehr wichtig ist, auch die Liebeskünste ihres Partners voll würdigen und genießen.«

Beate Rotermund ist nie eine begnadete Texterin gewesen – wenn sie mit Leidenschaft selbst ihre Katalogbeschreibungen dichtete, klangen sie doch immer verkrampft, bieder und blumig. Es war ihr nun einmal nicht gegeben, in Worte zu fassen, was ihr Freund ihr bedeutet haben muss. Und so konnte sie es nicht lassen, wie gewohnt die Liebe zu ihm mit den Aspekten der körperlichen Fitness und des gesundheitlichen Wohlbefindens zu verknüpfen. »Erst die Liebe macht das Leben lebenswert«, kommentierte sie die Erfüllung, die ihr Liebhaber ihr schenkte, in ihrem Ratgeber *Sex in der Partnerschaft*, den sie auf Drängen ihres Verlagschefs kurz nach der Scheidung verfasst hatte. »Ein aktives Liebesleben hilft entscheidend, sich für viele Jahre geistig und körperlich gesund, leistungsfähig und fit zu halten. Sogar ernste Krankheiten werden leichter überstanden. Wer Liebe schenkt und Liebe empfängt, wird niemals arm und niemals einsam sein.«

Nur zwischen den Zeilen schwingt leise mit, wie sehr sie John Hollands Trost, seinen Respekt und seine Zuverlässigkeit nach all den Jahren mit ihrem untreuen, selbstbezogenen Mann genossen haben muss – und wie dankbar sie dafür war. Er selbst wiederum hielt ihr auch die Treue, nachdem die Liebe längst zu Ende war. In Claudia Bissingers Fernsehfilm über Beate Rotermund, kurz vor ihrem Tod gedreht, findet er einzig Worte voller Achtung für seine ältere Geliebte. Und mit komischer Verzweiflung erinnert er sich daran, dass sich einst Zeugen zu Wort gemeldet hatten, die seinen »riesengroßen Penis« beim Liebesspiel mit Beate Rotermund am Strand gesehen haben wollen.

Der New Yorker sollte die letzte wirkliche Liebe in Beate Rotermunds Leben bleiben. Danach weiß die Boulevardpresse nur noch von einem kanadischen Eishockey-Spieler namens Roy zu berichten – und zitiert: »Ich sah ihn – ich wollte ihn sofort.« Sowie: »Er ist groß und breit, 17 Jahre jünger als ich.« Ein Jahr später allerdings soll sie gesagt haben: »Heute ist er träge, spießig, langweilig. Ich habe ihn vor die Tür gesetzt. Man wird mit zunehmendem Alter anspruchsvoller.« Doch noch in hohem Alter ersehnte sie sich eine glückliche Partnerschaft. Vergebens allerdings. »Männer, die vom Alter her passen, hocken meist mit Bier und Puschen vorm Fernseher«, klagte sie. »In Frage käme nur noch ein 86-jähriger Marathonläufer.«

Immerhin hat die Presse sie ihre Beziehung mit John Holland letztendlich doch in Ruhe führen lassen. Nachdem die Scheidung so viel Staub aufgewirbelt hatte, gönnte man ihr nach dem Eklat die Zeit, die beide immer häufiger in ihrem neuen Ferienhaus in Florida verbrachten. »Sie hatten die hitverdächtige Story vom schwarzen New Yorker John Holland und der sexbesessenen Beate vergessen oder verschlafen«, stellt die Unternehmerin erleichtert in ihrer Autobiografie fest. »Wir lebten froh und zufrieden – ohne Blitzlichter und Interviews.«

Achtes Kapitel

Sex sells
Imperium der Sinne

Beate Rotermund lebte zwar nun ihre neue Leidenschaft, doch ihr Herz gehörte immer noch ihrem Unternehmen. Denn das profitierte gerade in den Siebzigern von dem Aufwind, den die Sechziger gebracht hatten. »Als ich anfing«, berichtet sie, »haben mich die Leute gefragt, ob die Babys aus dem Nabel kommen. Heute fragen sie nach dem besten Orgasmus und haben Probleme mit der Penisgröße.«

Das Uhse-Sortiment wurde zunehmend pornographischer. Ab 1972 publizierte die Firma eigene Erotikhefte mit Titeln wie *Was sich liebt, das leckt sich*, und frei verkäufliche Arzneimittel bereichern das Sortiment. Die Revolution der Sitten, die so emanzipationsfreudig begonnen hatte, wurde zum Goldesel der Sex-Industrie – eingeleitet 1969 vom ersten *Schulmädchenreport*, der etwa ebenso viel aufklärerische Absichten hatte wie ein nordkoreanischer Propagandafilm.

Im zweiten der Schmuddelstreifen etwa will ein etwas gehemmter Lehrer den Eltern einer seiner Zöglinge einen Besuch abstatten, trifft jedoch nicht sie an, sondern das unzureichend bekleidete Töchterchen und wird von diesem kurzerhand unter die Bettdecke gezerrt. Die Begeisterung der Zuschauer für die Kalauer, Zoten und die Botschaft, dass Sechzehnjährige nichts im Kopf haben, außer mit (und ohne) Hot Pants und Lolita-Charme hässliche alte Kerle zu verführen, zeigte zudem, dass die Jahrzehnte der Verklemmtheit keineswegs so leicht abzuschütteln waren; die tief sitzende Unsicherheit gegenüber allem Erotischen drückte sich nun im Warencharakter von Sex aus. Er war käuflich geworden, leicht konsumierbar und allgegenwärtig – und so berauschten sich viele Bundesbürger an einer Überdosis der nackten Reize, um die Hilflosigkeit und die Sehnsüchte, die trotz aller Aufklärung noch immer unter der coolen Sex-ist-auch-nur-eine-Leibesübung-Attitüde schlummerten, zu betäuben.

Die deutsche Sexfilm-Welle jedenfalls bescherte den kränkelnden Kinos traumhafte Umsatzzahlen. Der Produzent der 13 *Schulmädchenreports* beispielsweise verdiente mit seinen Streifen so viel Geld, dass er es sich leisten konnte, für 20 Millionen Mark *Steiner – Das eiserne Kreuz* von Sam Peckinpah realisieren zu lassen.

Auch Beate Rotermund sah die Zeit gekommen, ins lukrative Geschäft mit Peep-Shows und Filmen einzusteigen. Und von ebenso kommerzieller und weitsichtiger Klugheit war eine Entscheidung, die sie etwa zur gleichen Zeit traf – nämlich die Führungskräfte von morgen auszubilden. Anders als viele andere der Wirtschaftswunder-Giganten, denen ihre Eitelkeit, ihr Nicht-loslassen-Können zum Handicap wurde und zur Ursache eines späteren Bankrotts, besaß sie den Weitblick, sich rechtzeitig nach geeigneten Nachfolgern umzusehen. Und die fand sie in ihren Söhnen.

Besonders bei Ulrich, ihrem Jüngsten, bemerkte sie bereits früh unternehmerische Instinkte. Schon mit zehn, elf Jahren las der Junge leidenschaftlich gerne Unternehmer-Biografien und jobbte in der Firma seiner Mutter als Laufjunge. Auch Klaus Uhse, der Älteste, hatte ebenso wie ihr Stiefsohn Dirk nie eine andere berufliche Perspektive gehegt, als im Familienbetrieb zu arbeiten.

Beate Rotermund leitete die ersten Schritte zur Dynastie ein. Nach ein paar kurzen Monaten, in denen die drei nach der Schule ein bisschen Erfahrung im Ausland und auf Führungsakademien sammeln sollten, arbeiteten alle Söhne als Assistenten in der Firma. Nur Dirks Schwester Bärbel kehrte dem Clan den Rücken: Bereits als 18-Jährige zog die Fremdsprachenkorrespondentin nach Johannesburg und gründete in Südafrika eine Familie.

Sehr selten nur hatte die Unternehmerin darüber gesprochen, wie sie die Erziehung von drei Kindern und ihre zeitaufwendige Karriere unter einen Hut gebracht hatte – und schon gar nicht hat sie diesen Balanceakt, der für viele Frauen heute eine immense Herausforderung darstellt, problematisiert. Sie hatte anscheinend eine natürliche Begabung darin, den Kindern einerseits eine große Portion Freiheit und Selbständigkeit zuzubilligen und sie andererseits durchaus mit einem Wertekodex auszustatten. Ihren jüngsten Sohn Ulrich etwa schickte sie auf eine Waldorf-Schule. »Ich versuchte«, sagte sie, »meine Kinder aufgeschlossen zu erziehen.«

Im Großen und Ganzen hielt sie sich dabei an das Programm, das schon ihre eigenen Eltern befolgt hatten: viel Sport, viel frische Luft, kein materieller Luxus und Gemeinsamkeitsrituale beim Baden, Schwimmen und Zelten. Dazu kommt, dass Beate Rotermund ihre eigene Berufstätigkeit niemals hinterfragt hatte: Schließlich war sie dazu erzogen worden, selbst Geld zu verdienen. Ihre Arbeit war ihr so selbstverständlich, dass sie nie auf den Gedanken gekommen wäre, für das vermeintliche Wohl der Kinder auf die Karriere zu verzichten – und in den ärmlichen Nachkriegsjahren hatte sie ohnehin keine andere Wahl, als irgendwie den Lebensunterhalt für ihre kleine Familie zu sichern.

Es scheint auch, als hätte keines der Kinder jemals unter dem Lotterlosigkeitsruf von Beate Rotermunds Unternehmen gelitten. Was viele heutige Psychologen als potenziell traumatisierend empfinden würden – der Druck, über die Natur des elterlichen Gewerbes zu lügen, Hänseleien und Ausgrenzungen durch die Schulka-meraden –, scheinen, wenn man den Ausführungen der Mutter Glauben schenkt, die kleinen Rotermunds einfach weggesteckt zu haben. Als etwa einem seiner Freunde untersagt wurde, mit Ulli zu spielen, »weil deine Mutter schmutzige Geschäfte macht«, habe das »den Ulli nicht aus der Bahn geworfen. Den Heinerle, sagte er mir, fand er sowieso doof. Dreimal war er schon ins Flensburger Hafen-becken gefallen, der Trollo.«

Zudem posierte das Jungens-Trio ungezwungen, nackt und be-reitwillig für den mütterlichen Bildband *Söhne der Sonne*, um das Taschengeld aufzubessern. Auch das Heft *Junger Apoll*, für das sich die jungen Rotermunds gegenseitig am Rüder See fotografiert hat-ten, mit Schwänen im Hintergrund und vor Lupinen, verkaufte sich rund 40 000-mal.

Die Nähe, die Kinder und Mutter füreinander empfanden, und die viele Zeit, die sie auch als Erwachsene miteinander verbrachten, legen nahe, dass Beate Rotermunds Zuversicht in diesem Punkt keineswegs nur ihrem Wunschdenken entsprang. Die Söhne jeden-falls hatten keine Schwierigkeiten damit, die Mutter als Boss zu akzeptieren. Sie übernahmen bereitwillig die ihnen zugewiesenen Bereiche, »betrieben mit sportlichem Ehrgeiz Umsatzsteigerun-gen« und gaben sich damit zufrieden, dass Beate Rotermund den Löwenanteil des Geschäftskapitals hielt. Auch in der Öffentlichkeit hielten sie sich zurück, um das Markenimage des Unternehmens, das ganz auf die Person ihrer Mutter zugeschnitten war, nicht zu gefährden – die publikumswirksamen Auftritte in Talkshows absol-vierte nach wie vor Beate Rotermund.

1975 wurde der alte Unzuchtparagraph 184 umgeschrieben. Un-zucht nannte sich nun Pornographie. Und die war nun, mit gewis-sen Einschränkungen nach skandinavischem Vorbild, freigegeben und aus der gesellschaftlichen Schmuddelecke geholt worden. Die vage juristische Formulierung dessen, was Pornographie eigentlich sei – nämlich das, was »ausschließlich oder überwiegend auf die Erregung eines sexuellen Reizes« ausgerichtet sei –, ließ dem Unternehmen genügend Spielraum, um mit eigenen und importierten Sex-Heftchen »bombige Verkaufszahlen« zu erzielen: Es kam »zu einem regelrechten Pornoboom«. Beate Rotermund nahm sich vor, unterstützt von drei hauseigenen Juristen, bis an die Grenzen des Erlaubten zu gehen, »und wir sind ständig dabei, diese Grenze auszuloten«.

1976 eröffnete das erste Blue-Movie-Kino in Stuttgart, zwei Jahre darauf entstand der Beate-Uhse-Filmverleih. Die Firma hatte sich zum Konzern gewandelt – und machte einen Umsatz von 60 Millionen Mark. Fünf Jahre später wird aus einem Teil der GmbH & Co KG eine Aktiengesellschaft mit Beate Rotermund als Vorstandsvorsitzender und dem Sohn Ulrich als Stellvertreter – und endlich nahm das Unternehmen einen Stammplatz auf den Wirtschaftsseiten seriöser Zeitungen ein.

Sicherlich hat sie Ulrich Rotermund als ihren Kronprinzen betrachtet, schien er doch ihre Begabung fürs Geschäftliche geerbt zu haben. Doch die Fairness gebot ihr, dass alle Kinder ein etwa gleich großes Stück vom Firmen-Kuchen bekamen. So suchte sie gemeinsam mit ihren Juristen, Wirtschaftsprüfern und Steuerberatern nach einer Lösung, die jedem Sohn Selbständigkeit und Eigenverantwortung zugestand, die dabei aber weder das Unternehmen gefährdete noch die eigene Führungsrolle. 1980 hatte sie sich daher zu einer so genannten Realteilung entschlossen, bei der miteinander verwachsene Unternehmensbereiche erhalten blieben.

Der Einzige, der dem mütterlichen Plan widersprach, war Klaus Uhse, den der drohende Konkurrenzkampf der Familienmitglieder schreckte. Obwohl Beate Rotermund sich damals über seine Bedenken hinwegsetzte, gestand sie sich später ein, dass er vielleicht Recht gehabt hatte: »Wir sind Konkurrenten. Jetzt geht es zwar etwas besser als am Anfang. Aber schwierig bleibt so ein Zustand immer, ich würde es heute nicht mehr so machen.«

Nach der Teilung führten die älteren Söhne den Versand, den Ernst-Walter Rotermunds Sohn Dirk später »Orion« nannte, und den Verlag. Die Chefin selbst widmete sich gemeinsam mit ihrem Jüngsten den Läden, dem Großhandel und der neuen Großabteilung Film und Video – dem Unternehmensteil also, den beide zur AG umwandeln sollten und bei der beide Partner jeweils die Hälfte der Aktien hielten. 1986 aber, nachdem die fünfjährige Sperrfrist abgelaufen war, baute die Mutter erneut einen schnell wachsenden eigenen Versand auf.

Was die Pornofilme anging, war Beate Rotermund allerdings keineswegs die deutsche Pionierin des lukrativen Geschäfts. Im Gegenteil, sie hätte es beinahe verschlafen und der Konkurrenz überlassen, die nach der Lockerung der Reglementierungen immer schärfer wurde. Misstrauisch geworden durch ihre reichliche Erfahrung mit Sittlichkeitsprozessen, zweifelte sie heftig daran, ob der neue Paragraph 184 den Konsum von Pornofilmen wirklich so ohne weiteres gestatten würde – und überdies bestand der Gesetzgeber darauf, dass jeder Kinobesuch mit einer gleich teuren weiteren Leistung gekoppelt sein musste. Wer, dachte sie sich, gibt schon so viel Geld aus? Dennoch stieg sie ins Filmgeschäft ein.

Doch die ersten Pornokinos waren nicht nur ein grandioser Erfolg, sondern blieben auch unbehelligt von Polizei und Staatsanwaltschaft – was die Unternehmerin als »sensationell« empfand. Als auch ihre eigenen Kinos florierten, löste sie mit ihrem Entschluss, selbst Filme drehen zu lassen, das Nachschubproblem und konnte gleichzeitig eine anspruchsvollere Ware offerieren, als sie nördlich von Flensburg ebenso massenweise wie geschmacklos produziert wurde – mit nicht ganz so hässlichen Darstellern und einem Hauch von Handlung zwischen den Koitus-Szenen. Denn genau wie zuvor bei der Ausstattung der Läden und nun der Kinos lag ihr daran, »stimulierende Ereignisse in angenehmer Atmosphäre« zu präsentieren.

»Wir haben«, sollte Ulrich Rotermund später feststellen, »das Pornokino gesellschaftsfähig gemacht, ein Kino, in das ein normaler Mensch mit seiner Frau reingehen kann.« Was stimmt: In den Vorführungen saßen stets mindestens 20 Prozent Frauen. Und auch die interessierten sich nach Meinung der Unternehmerin keineswegs nur dafür, »was Alice Schwarzer und ihre Emanzen dauernd fordern: den soften Porno mit wunderschönen romantischen Sex-Szenen. Die möchten eine tolle Villa sehen, akrobatische Stellungen, den Privat-Jet, die Yacht, einfach einen Traum, nichts anderes.«

Mit dem tschechischen Kameramann Alan Vydra gewann sie einen Regisseur, der ihr aus Deutschlands modernstem Studio in einem Hamburger Hinterhaus das Gewünschte lieferte: *22 Zentimeter – oder: Die aufregenden Sexabenteuer des stellungssuchenden Gerd M.* war ein Riesenerfolg, ebenso wie drei Monate später *Leos Leiden,* die Eskapaden eines Mannes mit Dauererektion. Galavorstellungen, Sektempfänge und Stehpartys begleiten die Launchs von Edelpornos wie *Pussy Talk* und *Engel der Lust* und unterscheiden sich damit deutlich von den plumpen *Laß-jucken-Kumpel*-Machwerken der Konkurrenz. »Anonyme Großaufnahmen sind out«, kommentierte Vydra seinen Erfolg. »Die leere Sex-Gymnastik kommt nicht mehr an. Bumsszenen dürfen nicht länger als 30 Sekunden dauern, dann muss eine Abwechslung kommen, entweder kracht das Bett zusammen, der Ehemann kommt überraschend rein oder sonst was.«

Überhaupt war Beate Rotermund inzwischen dazu übergegangen, die meisten Artikel ihres Vertriebs, insgesamt 70 Prozent, selbst zu produzieren – was ihr mehr Freiheit bei der Preisgestaltung ließ. Schließlich tummelten sich immer mehr Wettbewerber im Bettdecken-Business, die sich gegenseitig heftig unterboten, und »man kriegt die Leute nur zum Kaufen«, erklärte die Unternehmerin,

»wenn man billiger ist als der Sexladen nebenan«. Präservative etwa, immer noch der Verkaufsschlager Nummer zwei, wurden als Rohlinge eingekauft und nach eigenem Design »veredelt«. Fast alle Schriften, die ein gutes Drittel Anteil am Umsatz hatten und damit Spitzenreiter sind, verlegte sie ohnehin selbst. Ihre gefühlssteigernden Pillen und Pasten ließ sie im eigenen Labor anrühren und die sündigen Strapskostüme in der DDR schneidern.

Ihr Rezept für Pornos der etwas feineren Art ging auf. Sie verdrängte mit 46 eigenen Filmen in zwei Jahren die meisten der anderen Kinos vom Markt, eroberte sich einen Anteil von 50 Prozent und setzte damit zwei Millionen Mark um. Die erfahrene Sex-Unternehmerin hatte wieder Oberwasser, die plötzlich aufgetauchte Konkurrenz gab sich geschlagen. »Wer gedacht hat, das ist ein Geschäft für Goldgräber«, so Ulrich Rotermund, »musste Lehrgeld bezahlen.«

1979 machte das Unternehmen insgesamt 70 Millionen Mark Umsatz, besaß mit 13 Blue-Movie- und Starlight-Kinos die größte Hardcore-Kette Europas, sanierte die frisch erworbene sadomasochistisch orientierte Sex-Shop-Kette Dr. Müller's, führte 36 Selbstbedienungsgeschäfte und hatte 4,5 Millionen feste Kunden.

Zu Beginn der Achtziger erreichte das Unternehmen die magische 100-Millionen-Marke. Beate Rotermund hatte ihre persönliche Krise durch die Scheidung triumphal überwunden. »Das Leben meinte es jetzt besonders gut mit mir«, stellte sie zufrieden fest. »Meine Grundstimmung: heiter bis glücklich.« Ihr Business boomte, die Nachfolge war geregelt.

Selbst den Trennungsschmerz von ihrem Geliebten John Holland hat sie als nicht allzu schmerzlich empfunden. Nach knapp zehn Jahren löste sich Anfang der Achtziger die Beziehung allmählich auf – »ohne Krach, ohne Streit, einfach so«. Die gegenseitige Wertschätzung blieb, aber den Amerikaner zog es zurück nach New York; seine Liebe zur brodelnden Metropole und die ihre zum übersichtlichen Kleinstadtleben ließen sich nicht mehr miteinander vereinbaren. Zudem wollte Beate Rotermund wieder heftiger im Geschäft mitmischen – nur noch die Hälfte des Jahres zu arbeiten, wie sie es in der ersten Zeit mit John getan hatte, reichte ihr nicht mehr.

Auch John Holland mochte es, ähnlich wie Ernst-Walter Rotermund, dass die Frau an seiner Seite Karriere machte, ohne von ihm ein ähnliches Maß an Disziplin zu erwarten. »John glaubt gerne, dass einem die gebratenen Tauben in den Mund fliegen und man nur in Ruhe darauf warten sollte«, kommentierte Beate Rotermund mit milden Worten die »Alles-wird-gut«-Einstellung ihres ehemaligen Geliebten.

Allerdings legte sie Wert auf die Feststellung, dass sie ihn zwar zu Reisen eingeladen, aber nie ausgehalten hatte. Und einen weiteren großen Unterschied zum Ex-Mann gab es: »In den ganzen zehn Jahren hat John nicht ein einziges Mal an mir rumgemäkelt, gemeckert oder mich kritisiert.« Nach der Trennung blieben beide so auch befreundet und sahen sich gelegentlich – wenn auch immer seltener.

Gerne hätte Beate Rotermund, die von nun an Single bleiben sollte, wieder geheiratet. Affären und One-Night-Stands hatten ihr nie viel gegeben. Sie sah sich gerne als Teil eines Paares, liebte die unaufgeregte und liebevolle Routine des Alltags, die für sie eine gute Ehe ausmachte. Aber sie fand es nie leicht, »den Richtigen kennen zu lernen. Die deutschen Männer finden das toll an der Bar, ein Drink und mal tanzen. Aber dann haben sie Angst. Männer sind ja so unheimlich empfindliche Pflanzen. Ich habe es mit Ausländern, die nicht wissen, dass ich Beate Uhse bin, viel leichter.«

Kurz vor dem Abschied von John Holland, mit nun 60 Jahren, ließ sich die inzwischen siebenfache Großmutter von dem Berliner Chirurgen Peter Pohl liften, denn ihr »hing die Haut im Gesicht so runter, dass ich aussah wie ein trauriger Boxerhund. Ich bin aber ein fröhlicher Mensch.« Schließlich hatte sie sich niemals als besonders attraktiv empfunden, wäre gerne größer gewesen und hätte am liebsten »längere Beine und dickeres Haar« gehabt. Die Unterlid-straffung und das Gesichtslifting – aus dem sie nie einen Hehl gemacht hat – machten sie zufriedener, denn die geglückten Eingriffe waren nun das äußere Zeichen der inneren Überzeugung, dass sie, die fitte Seniorin, biologisch viel jünger war, als sie aussah.

Und sie gönnte sich noch einen anderen Luxus: Für zwei Millionen Mark ließ sie sich eine moderne Villa an der Flensburger Förde mit einer eigenen Squash-Halle im Keller bauen, ebenerdig und so eingerichtet, »dass ich später mal mit dem Rollstuhl überallhin kann – mit Bibliothek, Badeteich und Ostseeblick von allen Zimmern aus ... Es müssen mindestens 400 Quadratmeter sein, ich brauche Platz und Bewegung. Man stellt fest, dass man noch eine Menge Leben zu leben hat. Dann tut man was.«

Jetzt musste sie »nur noch das tun, was Spaß macht«. Das war einerseits der Sport: Unverdrossen flog sie mit ihrer Cessna durch die Gegend, wurde Seniorenmeisterin im Tennisdoppel, fuhr Ski und Wasserski. Und natürlich konnte sie den Reizen der Expansion nicht widerstehen: Im Frühjahr 1980 initiierte sie von ihrem als »Kommunikationsloch« bezeichneten Arbeitsareal inmitten des Großraumbüros in der Gutenbergstraße aus Gespräche über einen Filmverleih in Paris und eröffnete im Sommer ein Verleihbüro am Sunset Boulevard in Los Angeles. Ihr Traum: eine Kette von Blue-Movie-Kinos in Frankreich und in den USA.

Doch diese Vision wurde nie Wirklichkeit. Beate Rotermund erlitt zwei Schicksalsschläge zugleich: Zunächst erkrankte ihr ältester Sohn Klaus an Magenkrebs, dann wurde die Krankheit auch bei ihr diagnostiziert.

Neuntes Kapitel

Wendezeit
Im Nahen Osten

»Ich habe vielleicht einen Fehler gemacht.« Sie sagt es zu sich selbst und schaut dabei aufs Meer hinaus, das schimmert wie ein geschmolzener Aquamarin.

Jutta Rotermund, die gerade das Hotelzimmer betritt, um ihrer Schwiegermutter ein paar Illustrierte zu bringen, zuckt zurück.

»Ich rede schon mit ihr, mach dir keine Sorgen«, beruhigt Ulrich Rotermund sie mit leiser Stimme. »Geh ruhig schon mal an den Pool.« Er wartet, bis seine Frau widerstrebend im Aufzug verschwindet, und klopft laut an die Tür. »Na, Mutti«, fragt er betont robust, »unterhältst du dich gut mit dir?« Er tritt von hinten an den Sessel, auf dem sie am Fenster sitzt, und küsst sie auf den Hinterkopf.

Wider Willen muss sie lächeln. »Setz dich zu mir, Ulli«, antwortet sie. »War's schön am Strand?«

»Klar. Komm doch morgen mal mit.«

»Ach, Ulli. Die Narben, du weißt doch. Aber weißt du, was?«, fragt sie dann, auf einmal ganz lebhaft. »Ich hab gerade Gymnastik gemacht, auf dem Balkon. Kniebeugen und so was. Ging schon ganz gut.«

190

»Na, prima.« Erleichtert zieht sich der Sohn einen zweiten der pfirsichfarbenen Sessel heran, setzt sich neben die magere kleine Frau, die in dem ihren fast verschwindet, und mustert sie aufmerksam. »Siehst auch schon gar nicht mehr so käsebleich aus. Jetzt musst du nur noch ein bisschen mehr essen, und dann bist du wieder ganz die Alte. 34 Kilo sind einfach zu wenig.«

»Soll ich das denn wirklich werden?«

»Was?«, fragt der Sohn verständnislos. »Gesund? Natürlich sollst du wieder gesund werden.«

Sie schüttelt ungeduldig den Kopf. »Nein, das meine ich nicht. Die Alte, hast du gesagt. Soll ich wirklich wieder die Alte werden?«

Er schweigt. »Hör mal«, beginnt er nach einer Weile. »Ich weiß ja nicht, was dich da gerade so umtreibt. Aber eines weiß ich: Du bist eine wunderbare, starke Frau. Immer gewesen.«

»Vielleicht zu stark.« Sie deutet auf den Tauchsieder, der auf dem Fernsehschrank steht. »Mach mir doch mal einen Pfefferminztee, Junge, ja?«

Ulrich Rotermund nimmt den Tauchsieder und geht damit ins Bad. »Schon mal was von Zimmerservice gehört?«, ruft er laut, um das Plätschern des Wassers zu übertönen. »Stell dir vor, du rufst nur an, und schon bringen sie dir den Tee.«

»Für fünf Dollar«, protestiert sie. »Beuteltee für fünf Dollar.«

Der Sohn lacht. »Weißt du noch«, fragt, er »wie wir früher in Rüde gewohnt und nachts im Zelt geschlafen haben? Du warst so reich wie sonst keiner in Flensburg, aber wir haben gelebt wie die Spartaner. War aber eine tolle Zeit. Wir fanden das alle toll, auch Dirk und Klaus.«

»Wirklich?« Sie nimmt einen Schluck von dem heißen Tee, den der Sohn ihr reicht. »Habt ihr mich nicht dafür gehasst, dass ihr so anders als die anderen Kinder aufgewachsen seid? »

»Ach was. Das war doch wie immer Indianer spielen. Und weißt du, was? Wir können dem guten Ewe eigentlich dankbar sein.

191

Wenn wir nicht immer so gesund gelebt hätten, mit der ganzen Rohkost, dem kalten Wasser und dem ganzen Sport, wer weiß, ob du die Operation so gut weggesteckt hättest ...«

»Ich schon«, antwortet sie leise. Und es stimmt, denkt sie, für ihr Alter hat sie den Eingriff total gut überstanden. Magenkrebs mit 75. Und jetzt sitzt sie eigentlich ganz fidel auf den Bermudas. Es war eine gute Idee von Jutta und Ulli gewesen, denkt sie, sie gleich danach in die Karibik zu schleppen. Am ersten Tag schon hat sie gespürt, wie gut ihr die Sonne tut und der Anblick des warmen blauen Meeres, besser als jeder Chemo-Cocktail. Dabei hatte sie eigentlich gar keine Angst vorm Sterben gehabt.

Sie schaut einem Flugzeug nach, dessen Kondensstreifen einen langen weißen Strich auf den Himmel malt, und erinnert sich daran, wie sie vor ein paar Monaten in ihre Cessna gestiegen ist, um Abschied von allem zu nehmen, von den Buchten, die von hier oben so leer und unberührt aussahen wie die Strände Ostpreußens. Ganz ruhig und friedlich hat sie sich dabei gefühlt, grenzenlos frei.

»Mutti?«

Sie schüttelt die Erinnerungen ab. Nun, sie lebt ja noch, und mehr noch, sie ist sich sicher, dass sie weiterleben würde. Jutta und Ulrich machten immer so besorgte Gesichter. Dabei sollten sie sie doch eigentlich besser kennen und sich nicht so viele Sorgen machen. »Lass mal gut sein, Junge«, sagt sie betont forsch. »Unkraut vergeht nicht.«

Ulrich sieht sie aufmerksam an. »Wir vermissen ihn auch«, sagt er dann.

Sie seufzt. Ulrich mag zwar robust sein und auch gerne mal rumpoltern, ganz anders als der empfindsame Klaus. Aber der Junge konnte ihre Gedanken lesen, hatte es immer gekonnt. Wenn alle anderen nur ihre Stärke sahen, bekam er ihre Unsicherheit mit und ihre Zweifel, als Einziger. Und jetzt spürt er ihre Trauer, die als fette Kröte in ihrer Kehle hockt wie letztes Jahr die fünf Zysten in den

Nieren und der Gott sei Dank gutartige Tumor im Kopf. Die Zysten konnten entfernt werden, der Tumor blieb – und ist seitdem ihr ständiger Begleiter. »Es scheint«, denkt sie, »dass wir uns miteinander angefreundet haben.« Sie wendet ihren Blick vom Meer ab und sieht ihren jüngsten Sohn an. »Es ist so ungerecht«, sagt sie.

Er nickt. »Das ist es wohl. Aber du darfst dir keine Vorwürfe machen. Das hilft keinem, und ihm schon gar nicht.«

»Klaus hat mir das Leben gerettet«, fährt sie fort, als ob sie ihn nicht gehört hätte. »Das Kind rettet seiner Mutter das Leben. Und mir geht es gut, ihm geht es schlecht.«

Ulrich Rotermund atmet tief durch. Die letzten drei Monate haben ihn so heftig mitgenommen wie zuvor noch nichts in seinem Leben. Erst der Schock, als im Sommer erst bei seinem großen Bruder Magenkrebs diagnostiziert wurde und ein paar Wochen später dann bei seiner Mutter. Direkt nach seiner Operation war sie auch zum Arzt gegangen, weil sie »so ein komisches Gefühl« hatte, und am Tag von Klaus' Entlassung aus dem Krankenhaus hatte man ihr den Befund mitgeteilt. Ein Siegelringkarzinom, genauso wie bei ihrem ältesten Sohn.

Was war er erleichtert gewesen, als der Arzt ihnen direkt nach der Operation schnell zugeflüstert hatte, dass alles gut verlaufen sei. Das komische Gefühl hatte seiner Mutter Recht gegeben, der tödliche Tumor war noch klein. Richtig froh hat der Mann im weißen Kittel ausgesehen, als er ihnen das sagte. Ganz anders als nach dem Eingriff bei Klaus, der jetzt immer hinfälliger wird. Keiner glaubt noch daran, dass er wieder gesund werden würde. Weder Gaby, seine Schwägerin, noch seine Mutter. Klaus aber kämpft weiter, und es zerreißt ihm das Herz.

»Gibt es hier eigentlich eine Boutique?«

Der Sohn, plötzlich aus den Gedanken gerissen, sieht seine Mutter erstaunt an.

Sie lacht. »Guck doch nicht so, als ob ich verrückt geworden bin«, sagt sie. »Ich will doch nur einen Badeanzug kaufen. Mit so einem passenden Tuch, das man sich um die Hüften wickeln kann, dann sieht man die Narben nicht. Glaubst du, dass die hier so etwas haben?«

»Bestimmt.« Ihr Sohn springt auf. »Ich hole gleich Jutta, ja? Dann könnt ihr zusammen einkaufen gehen. Oder warte, ich habe eine bessere Idee ...«

Sie sieht ihn amüsiert an. Sie kennt diesen Ausdruck plötzlicher Begeisterung auf dem Gesicht ihres Sohnes. So sieht er für gewöhnlich aus, wenn ihm irgendeine tolle Idee für die Firma gekommen ist. »So?«, ermuntert sie ihn freundlich. »Dann erzähl mal ...«

»Wir kaufen dir eine Golfausrüstung«, verkündet er siegesgewiss. »Du wirst Golf spielen lernen! Dann bist du immer in der frischen Luft und hörst auf, dich zu mopsen.«

Sie lacht. »Dann also los«, sagt sie.

Sie wartet ab, bis er das Zimmer verlassen hat, und beginnt zu weinen. Klaus hat die Teilung der Firma nicht gewollt. Hätte sie vorher gewusst, wie alles kommen würde, hätte sie es wohl auch nicht getan. Vielleicht aber auch doch, sie weiß es nicht.

Nach ein paar Minuten trocknet sie ihre Tränen und steht auf. Das Leben geht weiter, sagt sie zu sich selbst. Was für ein banaler Satz. Aber er ist wahr. Seitdem sie hier auf den Bermudas gelandet sind, weiß sie, dass sie überleben wird, komme, was wolle. Sie wird sogar den Tod ihres Sohnes überleben und darüber hinwegkommen, genauso wie über den Tod von Hans-Jürgen.

Und mehr noch, wahrscheinlich wird sogar die Zeit kommen, wo die beiden nur noch gelegentlich in ihren Gedanken auftauchen werden. Weil sie sich wieder in die Arbeit stürzen wird. Ihre Firma, ihr Baby, das ihr bleiben und mit dem sie immer wieder neue Wege gehen wird, neue Abenteuer erleben. Obwohl sie Klaus ewig tief in ihrem Herzen fühlen wird, als einen ständigen, zart pochenden Schmerz. Genauso wie ihre Eltern, ihre Geschwister und ihren ersten Mann. Und wie Ewe, der ja irgendwie auch gestorben ist, wenn auch anders als die anderen.

Keiner kann was gegen das Schicksal tun, denkt sie. Nicht die, die leben, und nicht die, die sterben. Nur reden wird sie darüber nicht mehr, nicht mit Ulrich und auch mit sonst keinem.

Sie blickt sich suchend um, nimmt die Börse mit den Kreditkarten vom Tisch und geht aus dem Zimmer.

Klaus Uhse stirbt am 30. Juli 1984.

Beate Rotermund hat nie öffentlich über seinen Tod gesprochen oder geschrieben, selbst nicht in ihrer Autobiografie.

Auch wenn die siebziger und achtziger Jahre heute Kultstatus haben: Sie gingen bei weitem nicht so unter die Haut wie die Sechziger. Die zunehmende gesellschaftliche Toleranz hatte nämlich auch eine recht langweilige Seite: Die lila Latzhosen und Birkenstock-Sandalen der tief besorgten Umweltschützer und friedensbewegten Atomkraftgegner sahen ungefähr so frech und sexy aus wie Helmut Kohls Anzüge. Und waren Mode, Musik und Styling der Sixties noch Ausdruck einer Gesinnung und einer Haltung gewesen, so gerieten nun die Glitzerhosen, Schulterpolster und Föhnfrisuren der Disco-Fraktion zu puren Accessoires – genauso wie der abgerissene Look der Punks.

In den Jahren zwischen Brandt über Schmidt zu Kohl spaltete sich die deutsche Gesellschaft in eine Vielzahl von Primär-, Sekundär- und Subkulturen, die eigentlich recht friedlich nebeneinanderher existierten – *anything goes* lautete die Devise. Der Schuldirektor wählte grün, Feministinnen zeigten Dekolletés, Punks jubelten Günter Netzer zu, Minister trugen Turnschuhe, Mama hörte Abba, und Papa rauchte Joints.

Nenas *Neunundneunzig Luftballons* wurden als Anklage gegen den Krieg missverstanden, Herbert Grönemeyer und BAP vertonten politische Korrektheit zwischen Räucherstäbchen und Raster-

fahndung. »Träge und abgeschlafft« empfand der *FAZ*-Nachwuchs-
feuilletonist Florian Illies jene Jahre, in denen selbst »junge Frauen
nicht merkten, dass sie die ganze Zeit ihre Hand in grünem Palmo-
live-Spülmittel badeten«, und narzisstische, auf ihren Körper fixier-
te »Kunststoffkinder« eine Kunststoffjugend durchlitten.

Die Deutschen waren satt geworden – trotz ihrer Probleme wie
Angst um die Rohstoffreserven, den Attacken der RAF und der
Furcht, die Umweltsünden und materielle Gier der Industrienatio-
nen eines Tages bitter bezahlen zu müssen. 1974 konnte man der
weltweiten Rezession nach der Ölkrise noch souverän entgegen-
steuern, aber die paradiesischen Tage waren vorbei: Nun gehörten
Begriffe wie Arbeitslosenquote und Staatsverschuldung zum gängi-
gen Nachrichtenvokabular.

Nicht nur die Wirtschaft, auch die Erotik macht schlapp: In
den Achtzigern traten bei vielen die ersten sexuellen Ermüdungs-
erscheinungen ein. Sex war selbstverständlich geworden, und Tabus
existierten nur, um gebrochen zu werden. In den nachmittäglichen
Talkshows redeten die Menschen so routiniert über ihre teils recht
merkwürdigen Neigungen und Erlebnisse wie über einen Zahnarzt-
besuch. Die Nackten auf den Titelblättern waren so zahlreich,
dass es auffiel, wenn ein hübsches Mädchen angezogen war. Der
Geschlechtsakt wurde zum Leistungssport. Die Koitus-Kämpfer
fühlten sich von der eigenen Erwartungshaltung, was sexuelle Leis-
tungsfähigkeit betraf, ebenso gestresst wie von der ihrer Partner.

Während die Medienwelt die Allgegenwärtigkeit von Sex sugge-
rierte, war die Enttäuschung umso größer, wenn sich unter der
heimischen Bettdecke nichts Aufregendes tat. Der Abgrund von
Phantasie und Realität vergrößerte sich zusehends – ebenso wie die
Ängste, der neuen Leistungsdoktrin nicht Genüge zu tun: nicht oft
genug zu wollen, zu können, keine multiplen Orgasmen zu haben
oder schlichtweg langweilig zu sein. Bücher über sexuelle Träume
und Wunschvorstellungen gerade von Frauen – etwa die Bestseller

von Nancy Friday und der Hite-Report – verkauften sich geschwind wie Bonanzafahrräder. Aber an der durchschnittlichen Kopulationsquote eines Paares von circa zwei Mal wöchentlich – wobei keine der zahlreichen Studien über den Schlafzimmerverkehr den Wahrheitsgehalt solcher Auskünfte garantieren kann – hatte sich seit Martin Luthers Zeiten nichts geändert.

»Keine Atempause, Geschichte wird gemacht, es geht voran!«, sang die Neue-Deutsche-Welle-Band »Fehlfarben« zu Beginn der Achtziger – und vielleicht hat Beate Rotermund diesen Song ja lauthals mitgesungen. Denn ihrem Erotik-Business schadete der mediale sexuelle Overkill überraschenderweise keinesfalls, und auch die Prozession der kleineren Rezessionen konnte ihm nichts anhaben. Wem es an realen Attraktionen mangelte, der suchte die schnelle Befriedigung durch Videos und Peep-Shows. Gut, die Träume von der Eroberung Amerikas und Frankreichs waren geplatzt – die nationalen Paragraphendschungel jenseits der Grenzen bargen noch mehr Finsternis und Fallen als der in Beate Rotermunds Heimat. Zwar gingen etwa im Nachbarland massenweise Bestellungen auf den französischen Katalog ein, doch die Auslieferung wurde von den Behörden gestoppt: »Unser französischer Anwalt hatte übersehen, dass ein behaarter Frauenschoß als unzüchtig galt.« Was sie nicht davon abhielt, nach Glasnost und Perestroika zu verkünden: »Ich schiele auf den sowjetischen Markt. Ich hätte gerne einen Laden auf dem Roten Platz in Moskau.« Doch der deutsche Markt war auch schon lukrativ genug: Mitte der Achtziger befriedigten hier an die 5000 Videotheken und 4000 Videokabinen die Nachfrage nach Pornographie. »Erst durch Video«, so die Chefin, sollte ihre Filmbranche »so richtig zum Blühen kommen«.

Einmal mehr dankte in diesen Jahren Beate Rotermund sich selbst für die mehrgleisige Struktur ihres Unternehmens, das sowohl auf dem Versand wie auch den Shops basierte, die sich inzwischen von Fachgeschäften für Ehehygiene zu Supermärkten der Lustbarkeiten gemausert hatten. Der neue Pornographie-Paragraph 184 war nämlich gar nicht so furchtbar liberal. Nach wie vor durfte Hardcore-Ware nur in Video- und Sex-Shops ausgeliehen und verkauft, aber nicht versendet werden – eine Regelung, die die Unternehmerin extrem ärgerte. Die Diskrepanz zwischen der einerseits hohen sexuellen Freizügigkeit und der in ihren Augen kleinkarierten Gesetzgebung schadete nämlich, so fand sie, ihrem Geschäft. Kunden, denen die juristischen Finessen unklar waren, bestellten häufig Sex-Filme beim Versand und mussten sich statt mit den ersehnten scharfen Pornos mit Kreationen zufrieden geben, die, mit den Worten einer enttäuschten Kundin, »im Nachmittagskinderprogramm gezeigt werden könnten«.

Auch die Aids-Angst der Achtziger erwies sich als gut fürs Geschäft: Seitensprünge und One-Night-Stands büßten an Zauber ein, Filme und der sichere Sex zu Hause, aufgepeppt durch die Uhse-Spielzeuge, wurden zu Ersatzdrogen. Aber den heftigsten Schub erhielt das Unternehmen durch den Fall der Mauer am 9. November 1989: Bereits in jener Nacht, so Beate Rotermund, sei es ihr völlig klar gewesen, dass jenseits des Todesstreifens eine potenzielle Kundschaft von 16 Millionen Menschen auf sie wartete – denn »in puncto Pornographie war die DDR ein Niemandsland«. Die FKK-seligen, unbefangenen Ostdeutschen, so ihre Spekulation, würden die sexuellen Segnungen des Westens begeistert begrüßen.

Am Morgen des 10. November schon machten sich die ersten Lieferwagen voll bunter Kataloge auf nach Berlin, unterwegs, so der *Morgen*, »mit Nippeln und Noppen zu neuen Ufern der Lust«. Innerhalb von ein paar Stunden waren 45 000 Broschüren unters erfreute Volk gebracht, um die letzten Exemplare gab es sogar Rangeleien. Der Verkehr funktionierte auch andersherum: Enthemmt stürmten die DDR-Bürger im Gegenzug die Berliner Sex-Shops –

wenn sie auch mangels harter Währung ohne »Chinesische Lust-finger« und »Muschibären« wieder nach Hause gingen.

Das Versandgeschäft hingegen florierte schon schnell prächtig wie nie: 1990 überschritt auch das Unternehmen Beate und Ulrich Rotermunds dank der zwei Millionen Debütanten die magische Hunderter-Grenze und machte 115 Millionen Mark Umsatz. Im selben Jahr eröffnete ihr erster Sex-Shop in Ost-Berlin, nachdem bereits das Debüt in Thüringen überaus erfolgreich verlaufen war. Bereits 1992 war jeder zweite Stammkunde Ostdeutscher.

Und tief gerührt erinnert sich die Chefin noch Jahre später an die Bio-Spargel-Bündel und den selbst geschnitzten Holzpenis – kleine Dankesgaben von zwei der vielen neuen Kunden des Ostens.

Beate Rotermund zeigte sich natürlich hochzufrieden mit dem Zuwachs, der ihr wie ein Akt ausgleichender Gerechtigkeit vor-gekommen sein muss. Die ausgehenden Achtziger, die ihr erst die ersehnten juristischen Freiräume bescherten, hatten ihr nämlich unversehens wieder die eine oder andere Indizierung eingebracht. Sie war zur Zielscheibe der von Alice Schwarzer initiierten Anti-pornographiekampagne geworden, die in der Öffentlichkeit auf heftigste Resonanz gestoßen war.

Der streitbaren Feministin war dabei verständlicherweise die Tat-sache ein Dorn im Auge, dass ausgerechnet eine Frau Deutschlands Königin im Handel mit der von vielen als per se frauenfeindlich apostrophierten Pornographie war – und vor allem, dass das Sex-Unternehmen seit der Freigabe direkten Kurs auf immer härtere Pornographie nahm. Für Beate Rotermund aber war das ganz selbstverständlich: Stets hat sie betont, dass sie jede juristische Grenze ausloten wolle und es bis auf Kinderpornographie wohl nichts gäbe, was sie nicht verkaufen würde.

Eine Verständigung zwischen den beiden Parteien schien schlichtweg unmöglich. In einem TV-Gespräch mit dem Aufklärer

Oswalt Kolle stellte Alice Schwarzer 1988 fest, dass es ihr lediglich auf eine konkrete Formulierung des Begriffes in der Gesetzgebung ankäme – wobei als pornographisch alles zu bezeichnen wäre, was Frauen erniedrige und sie zu Objekten männlicher Lust degradiere. »Pornographie«, ärgerte sie sich, »ist salonfähig geworden – und dagegen gehe ich an.« Ihr käme es keineswegs darauf an, »ein bisschen nackte Haut« zu brandmarken. Ihr Feldzug, erklärt sie dem Journalisten, sei eher als Aufklärungskampagne zu verstehen. Und Oswalt Kolle nickte verständnisvoll.

Auch er distanzierte sich zunehmend von der härteren Ausrichtung des Gewerbes seiner »guten Freundin: Für ihre pragmatische Haltung fern von jeder Ideologie habe ich sie bewundert, auf meine Art sogar geliebt, auch wenn ich den Weg ihrer Firma zur Pornographie nicht mittragen wollte.« Ähnlich ging es dem Sexualmediziner Reinhard Wille, der für Beate Rotermund und ihren Kampf gegen die Tabuisierung von Sexualität im Orgasmus-Prozess 1972 als Gutachter in den Ring gestiegen war.

Während es den beiden Journalisten also durchaus möglich war, ihre Argumente auszutauschen, lehnte Beate Rotermund jegliche geistige Auseinandersetzung mit dem Pornographieproblem ab – ohnehin hielt sie Alice Schwarzer »für so verbohrt, dass sie keine andere Meinung akzeptiert«. Für die Unternehmerin begann Pornographie erst mit körperlicher Gewalt und der Einbeziehung von Kindern oder Tieren – Vergehen und Verbrechen, die in ihren Augen durch die Strafgesetzgebung genügend geahndet werden konnten.

Wie immer, wenn Widersprüche ihre geradlinigen Gedankengänge zu trüben drohten, hübschte sich Beate Rotermund die Realität auf. »Solche Dinge sind überhaupt kein Geschäft«, tat sie über illegale Sexpraktiken kund, »dafür interessiert sich nur eine verschwindend kleine Minderheit«: Wunschdenken, das sich in Anbetracht etwa der ausufernden Kinderpornographie-Szene reichlich naiv ausnahm. Und ein Wesenszug, der auch Oswalt Kolle – wenn auch positiv – immer aufgefallen war: »Sie war zäh und auf eine anrührende Weise naiv, wenn sie mit ihrer sandtrockenen Stimme meinte: ›Aber ich habe doch nur geliefert, was meine Kunden brauchten.‹«

1988 kam es nach vielen Jahren wieder einmal zur Indizierung eines Uhse-Katalogs – aufgrund von halb nackten Mädchen in Domina-Pose mit entsprechendem Outfit und Accessoires wie Fesseln und Handschellen. Beate Rotermund war über das geschäftsschädigende Verbot empört. Doch ihre Argumentation war ebenso dürftig wie von Kaufmannsgeist beseelt. »Die Geschmäcker sind eben verschieden«, verteidigte sie sich, »und als Geschäftsfrau muss man darauf Rücksicht nehmen. Als Boutique-Besitzerin zum Beispiel müssen Sie ebenso das kleine Schwarze anbieten wie verlotterte Jeans, selbst wenn Sie die furchtbar finden.«

Die mediale Übersexualisierung der Gesellschaft und der Objektcharakter von Frauen, in den Achtzigern durchaus auch von der ehemaligen Avantgarde beklagt, war für sie kein Thema. Diskussionen über den soziologischen Stellenwert von Pornographie und Sexualität fand sie müßig. Mit der etwas abgehobenen, vom 68er-Geist beseelten Kulturkritik eines Günter Amendt, des Autors des Bestsellers *Sexfront*, konnte sie ohnehin nichts anfangen. Der nämlich warf ihr die »Verdinglichung des Sexuellen« vor und dass sie ihm seine subversive Kraft geraubt hätte.

»Mit Erotik mache ich Geschäfte, keinen Kreuzzug«: Unverdrossen wandte sie die Kategorie Fortschritt auf alles an, das hilfreich für den Umsatz war – und alles, was ihrem Business schadete, betrachtete sie als repressiv. Auch 1975, als der Pornographie-Paragraph fiel, hatte sie bereits ein Bonmot aus ihrem reichen Repertoire bildhaft-plumper Verteidigungsvergleiche zur Hand: »Der Wurm, der an der Angel hängt, muss nicht dem Angler schmecken, sondern dem Fisch.«

So blieb ihr jedwedes feministisches Gedankengut ein Gräuel. »Frauenverachtung ist für mich ein Wort ohne Inhalt«, sagte sie. Sie schlug sich, aus Überzeugung und Kalkül wie auch als trotzige Gegenreaktion auf die Attacken der Frauenrechtlerinnen, auf die Seite der Stammtisch-Machos und verkündete: »Frauen stünde es verdammt gut an, wenn sie nicht von oben herab auf den Männern herumtrampeln würden.«

Sie selbst, die zähe Kämpferin, war Männern gegenüber wohl eher ein Muster an Sanftmut. 1989 starb Ernst-Walter Rotermund, vor dem sie zum Schluss dann doch die Achtung verloren hat, an Leberkrebs. Vier Jahre später reiste sie in die alte Heimat – und nahm endgültig Abschied von der Vergangenheit. Schließlich stand ein neues Jahrtausend vor der Tür. Und das galt es in aller Unsentimentalität und voller Neugierde auf neue Entwicklungen zu begrüßen.

Zehntes Kapitel

Museumsreif
Der lange Abschied

Es sei ungehörig für einen Privatmann, öffentlich über Sex zu sprechen, befand 1955 der Soziologe Helmut Schelsky in seiner *Soziologie der Sexualität*, und für einen Gelehrten sei das nur ausnahmsweise zulässig. Nicht ganz fünfzig Jahre später beschwerte sich die junge Autorin Katja Kullmann, die in ihrem Buch *Generation Ally* das Lebensgefühl der Dreißigjährigen erforschte, dass es niemanden gibt, »der öffentlich über Sex spricht, dem man gerne zuhört. Sex ist etwas für Spießer geworden.«

Die sexuelle Revolution, so scheint es, frisst ihre Kinder. Sex ist omnipräsent geworden, eine lauwarme Ware, die inflationär verschleudert wird. Und wer nicht hören möchte, wenn darüber geredet wird, muss sich schon die Ohren zuhalten. In nachmittäglichen Talkshows sezieren die Privatmänner- und frauen von heute ihre erotischen Praktiken und Perversionen und lassen Dominas die Peitsche knallen. In jedem Reiseprospekt hüpfen Nackte herum, Frauenzeitschriften diskutieren das Für und Wider des Besuchs in einem Swinger-Club, und durchs Internet finden sich Kontaktpersonen auch für die grellsten Wünsche. »Ich würde mir tatsächlich wünschen«, kommentiert Kullmann die mediale Allgegenwärtigkeit des Sujets, »dass nicht mehr so viel Sex überall geschieht. Die Botschaft derzeit ist: Wer gesund ist und erfolgreich im Leben, hat Sex, der verdammt noch mal Spaß zu machen hat. Und wenn man das nicht hat, ist man abartig. Man wünscht sich doch, dass Sexualität so eine Art Restmysterium ist. Wir haben eine unglaubliche Sehnsucht nach dem Wunder.«

Oswalt Kolle hingegen, stolz auf die von den 68ern bewirkte »Sexualdemokratie«, diagnostiziert im Gespräch mit der Dreißigjährigen im neuen Millennium andere Probleme mit dem Sex: Ihn erschreckt, wie »gering die Aufklärung heute bei Minderjährigen ist. Viele junge Menschen benutzen aus Unwissenheit keine Kondome oder Verhütungsmittel.« In der Tat ist zwischen 1996 und 2001 die Zahl der Abtreibungen bei 15- bis 17-Jährigen um knapp 60 Prozent gestiegen. »Wer glaubt, dass alle Tabus gebrochen sind«, so der Journalist, »der irrt. Eine große sexuelle Revolution hat es in Deutschland nie gegeben.«

Also alles umsonst? Ein paar Jahrzehnte intensiver Aufklärung und Arsenale voller Vibratoren, Handschellen und Penisringen aus den Beate-Uhse-Läden sollen uns immer noch nicht endgültig aufgeklärt haben?

Wahrscheinlich haben beide Kontrahenten Recht. Schließlich ist Sex keine feste Größe, sondern immer auch ein Spiegel von Zeitströmungen und Befindlichkeiten. Wenn seit ein paar Jahren – so eine neue Studie des Kinsey-Instituts – im Abendland die Lust auf sexuelle Abenteuer gegenüber den Fünfzigern deutlich gesunken ist, hat dies sicherlich mehr mit einem Mangel an Zeit und beruflichem Stress zu tun als mit einem Mangel an Aufklärung.

Mit Sicherheit aber minderte in den Sechzigern der Aufbruch in die neue Freiheit die Sprachlosigkeit über Sex – und ebenso sicher ist seine grenzenlose Kommerzialisierung in den letzten beiden Jahrzehnten die unausweichliche Folge der Tabubrüche. Bevor, wie Kullman es beklagt, »Sex den Menschen enteignet und zum Medienmärchen stilisiert« wird, muss er ihnen schließlich zunächst einmal gehören. Genau dazu – nämlich die Sexualität dem Einflussbereich von Kirche und Justiz zu entziehen und zur Privatsache zu machen – hat Beate Rotermund neben Oswalt Kolle und anderen Pionieren in hohem Maße beigetragen. Die immanente Botschaft ihrer kommerziellen Kassenschlager jedoch, die die »Generation Ally« so verstört – nämlich, dass Sex »herstellbar, planbar und gesund« ist –, hat ihm einiges von seinem Zauber geraubt. Und so bleibt den Kindern der sexuellen Revolution, wie anderen Generationen zuvor auch, nur die individuelle, sehr unwissenschaftliche Suche nach dem, was Katja Kullmann »Restmysterium« nennt.

Geburtstage waren Beate Rotermund ein Gräuel. Meist verschwand sie kurz vorher nach Florida, um Glückwünschen und Partys zu entgehen. Nur zu ihrem Siebzigsten machte sie eine Ausnahme: Morgens um elf gab es einen Empfang im »Grandhotel« in Glücksburg, am Abend wurde in »Andresens Gasthof« an der Westküste in der Nähe von Tondern gefeiert.

»Das ging bis um vier Uhr morgens«, erinnert sich Irmgard Hill, Beate Rotermunds ehemalige Assistentin. »Tanzen, ein tolles Essen, viele Reden … Und natürlich jede Menge Gäste. Beate blieb bis zum Schluss dabei. Als sie ging, sagte sie ganz beiläufig zu mir: ›Also, ich bin um zwölf in der Firma. Sie doch auch, oder?‹ Wohl oder übel war ich dann um elf da. Und sie saß schon am Schreibtisch und lachte mich an.«

Irmgard Hill kennt jede Menge Anekdoten, die die unerschöpfliche Energie ihrer Chefin illustrieren. Immer mal wieder wurde Beate Rotermund sanft von ihrer Familie in Richtung Ruhestand gedrängt. Doch das kam für die alte Dame nicht in Frage. »Die Arbeit erfüllte mich, gab mir Stabilität und Selbstvertrauen, etwas Nützliches zu tun … Ja, die Firma war und ist wirklich mein Kind, mit dem ich immer verbunden bleibe«, schrieb sie in ihrer Autobiografie, die zu ihrem siebzigsten Geburtstag erschienen ist. »Wenn man geistig nicht mehr gefordert wird, sich nicht mit neuen Dingen und den Realitäten unserer Welt auseinander zu setzen hat, schlafft man ab. Und wer will das schon?«

Beate Rotermund jedenfalls wollte das nicht: Noch ein paar Jahre später entdeckte sie eine neue Leidenschaft. Mit gewohnter Hartnäckigkeit und Findigkeit setzte sie es mit 76 Jahren durch, dass sie an einem Tiefseetauchkurs auf den Malediven teilnehmen konnte, obwohl die Altersgrenze bei 70 Jahren lag. »Sie zeigte einfach ihre Fluglizenz vor«, erzählt Irmgard Hill, »und machte den Leuten klar, dass jeder, der ein Flugzeug steuert, so gesund ist, dass er auch tauchen kann. Und dann kam sie mit dem Tauchschein zurück und jeder Menge Fotos. ›Guckt mal‹, hat sie gesagt, ›da reite ich auf einem Rochen.‹«

Bis kurz vor ihrem Tod fühlte sich die Unternehmerin fit und lebendig, und ihre Kleidung war ein Ausdruck ihrer körperlichen und geistigen Vitalität. Meist trug sie Hosen und dazu Blusen in kräftigem Blau oder Rosa, Ohrringe und ihre Herzchenkette, ein bisschen Lidschatten, pinkfarbenen Lippenstift. Ihre Turnschuhe hatten Glitzersteinchen. Farben hat sie immer geliebt, und so zeigten sich die Wände in Beate Rotermunds Büro in der Gutenbergstraße auch in heiterem Violett. Davor standen eine weiße Schrankwand, eine kleine Sitzgruppe in pastelligem Rosabeige und überall bunte Blumen. Dazu gesellte sich noch eine ansehnliche Kollektion von Grüngewächsen aus Plastik. Auf dem Schreibtisch stand – neben dem überdimensionierten Holzpenis, den ihr ein dankbarer Kunde aus der ehemaligen DDR zum Geschenk gemacht hatte – ein goldgerahmtes Foto ihres Sohns Klaus. »Manchmal«, berichtet Irmgard Hill, »huschten ihre Augen kurz dahin, da war sie plötzlich ganz in sich selbst zurückgezogen. Aber nur für Sekunden, danach hatte sie sich wieder voll im Griff. Ein Außenstehender hätte das nie bemerkt.«

Ihre Krebserkrankung hatte Beate Rotermund überwunden, und sportlich, wie sie zeitlebens war, hatte sie schnell mit Golf, Tennis und Gartenarbeit wieder zu ihrer alten Form zurückgefunden. »Ich renne mir die Seele aus dem Leib«, beschrieb sie ihr tägliches schweißtreibendes Fitnessprogramm. Noch sechs Jahre lang sollte sie mit ihrer kleinen, viersitzigen Piper-Propellermaschine den Himmel erkunden. Erst mit 76 ließ sie ihre Lizenz verfallen – als sie ihren Tauchschein hatte.

Meist stand sie um Viertel nach sechs auf. Während sie ihre tägliche Gymnastik machte – vor allem Liegestütze, um die Armmuskulatur fürs Golfen zu stählen –, hörte sie Radio Schleswig-Holstein, »weil die immer so schöne Country- und Westernmusik spielen«. Danach arbeitete sie ein wenig in ihrem sorgsam abgezäunten Biogarten, den der Gärtner Kuddel, der den Rest der parkartigen Anlage pflegte, nicht betreten durfte, und fuhr mit ihrem blauen Mercedes in die Firma.

»Wenn sie mit ihrem Gemüsekorb in die Firma kam, sah sie aus wie eine kleine Marktfrau«, erzählt Irmgard Hill. Mit Wehmut erinnert sie sich an die Frühstücks- und Mittagsrunden im Kasino mit den fleischfarbenen Pergamentlampen und der orangefarbenen Airbrush-Tapete, in denen »wir mit ihr gelacht und gestritten« haben. Am Kopf des größten der braunen Holztische mit den akkurat gestapelten Papierhandtücher-Bergen thronte täglich Beate Rotermund.

»Sie war ja nie abgehoben. Wir haben immer zusammen an einem großen Tisch im Kasino Mittag gegessen, da waren die Juristen dabei, der Lagerverwalter, Vorstandsmitglieder, Sekretärinnen. Jeder, der wollte, konnte sich dazusetzen, auch Gäste. Die hatten immer ihren Spaß daran, wie offen und lustig wir miteinander umgingen. Sie war eine von uns, und deshalb arbeitete sie auch bei uns im Großraumbüro, nur ein bisschen abgeschirmt von einer Trennwand.«

Gerade in ihrem letzten Lebensjahrzehnt war es ein wenig einsam um Beate Rotermund geworden, die meisten Freunde waren tot. »Einen habe ich vielleicht noch«, sagte sie 1992 auf die Frage einer Reporterin. Die große Villa in Glücksburg beherbergte neben der Hausherrin selbst und der Haushälterin, Frau Lay, nur noch eine Katze, jede Menge Familienfotos und einen gerahmten Ahnherrn neben der blauen Eingangstür. Bis auf die Söhne Ulrich Rotermunds lebten ihre anderen sieben Enkel und das Urenkelkind weit weg, zwei davon in Südafrika. Umso wichtiger war ihr wohl das tägliche Miteinander mit den Angestellten ihrer Firma.

Hills liebste Erinnerung? »Wie sie mit den Mädchen, die die Sendungen für den Versand zusammenstellten, Briefstil geübt hat. Sie war eine phantastische Chefin und Lehrerin, konnte unheimlich gut motivieren. Wenn Beate aus dem Urlaub zurückkam, stürmten die Mädels gleich auf sie zu und fragten, wann's denn wieder losginge mit dem Üben.«

1996 feierte Beate Rotermund das 50-jährige Bestehen ihrer Firma – und einen legendären Erfolg, der sich in 466 Mitarbeitern manifestierte und 135 Millionen Mark Jahresumsatz. Es regnete – brancheninterne – Auszeichnungen und Preise: 1997 erhielt sie die Ehren-Venus vom Bundesverband des Erotikhandels, drei Jahre später in Cannes den Prix Hot d'Or der internationalen Sex-Branche.

Noch mehr aber als Zahlen und Ehrungen befriedigte es die Unternehmerin, dass »die Liberalisierung vollzogen ist. Heute erzählen mir die Leute ganz offen, dass sie bereits in dieser und jener Stadt in einem Beate-Uhse-Shop waren oder übers Versandhaus bei uns eingekauft haben.« Das Schmuddelimage hatte sie weitgehend abgestreift, eine lebenslange Sehnsucht war befriedigt worden. Nur das Bundesverdienstkreuz, für das sie zu ihrem siebzigsten Geburtstag vorgeschlagen werden sollte, hat sie dann doch nicht bekommen – was sie mit gewohnter Schnoddrigkeit weggesteckt hatte:

»So viele Fuzzies kriegen das Ding, dass ich auch ganz gut ohne leben kann.«

Das letzte Lebensjahrzehnt sei einfacher für die Chefin geworden, bestätigt auch Irmgard Hill. »Keine Prozesse mehr, keine Skandale« – wenn auch keineswegs der Verzicht auf unternehmerischen Wagemut. Fortschrittsgläubig wie stets, erforschte Beate Rotermund die Technik der Neunziger. 1991 hatte sie sich aus dem immer komplizierter werdenden Filmverleihgeschäft zurückgezogen – »wir kaufen jetzt lieber gute Pornos aus Amerika ein« – und stürzte sich stattdessen begeistert auf die Neuen Medien. Bereits im Jahr darauf machte sie über Bildschirmtext Online-Bestellungen möglich. Der Startschuss zum E-Commerce: Die Old Economy machte sich auf ins Terrain der New Economy. »Wer stehen bleibt, wird überrundet«, gab die alte Dame im ausgehenden Jahrtausend zufrieden zu Protokoll, die sich seit 1995 und den ersten Schritten ihrer Firma ins World Wide Web zum virtuellen *global player* gemausert hatte – und prompt zur »Frau des Jahres im Internet« gewählt wurde. Persönlich hatte sie zwar keinerlei Surf-Erfahrung, wie sie in einem Interview gestand. Aber dennoch: »wirkliche Pionierarbeit« lobte die *Computerwoche*.

Gegen Ende der Neunziger zog sich Beate Rotermund langsam aus dem Konzern zurück. Zwar repräsentierte sie noch, die langfristigen Ziele allerdings entwickelten Sohn Ulrich und die anderen Vorstandsmitglieder. Vor allem die Anonymität des Internets mit seinen interaktiven Möglichkeiten hatte es den neuen Strategen angetan, die ihnen ähnliche Marketing-Chancen wie die diskret zu handhabende Versand-Idee in den Vierzigern zu bieten schien.

Heute ist die Firma mit rund 130 Domains mit etwa 200 000 Erotik-Sites im Netz präsent – von www.hausfrauen.de bis www.pussy.de. Die Homepage www.beate-uhse.de alleine findet jeden Tag vier Millionen Nutzer. Zudem offeriert der Konzern live betreutes Shopping, Live-Erotik in Internet-Peep-Shows, Chatrooms, Kontaktbörsen und vor allem Telefonsex. Allein mit Hotlines setzt er heute 400 Millionen Mark pro Jahr um.

Ihren letzten großen Auftritt hatte Beate Rotermund im Mai 1999, als die Firma den Börsengang wagte – der zum Kultereignis wurde. In signalroten Kleidchen verteilten Mädchen Schokoladen-Brüstchen und Champagner in der ehrwürdigen Frankfurter Börse an Banker, Anlageberater und Analysten. Kameras surrten, und die leicht nervöse Aufsichtsratchefin strahlte. »Das ganz normale Going Public eines erfolgreichen Unternehmens«, befand mit bemühter Seriosität der Vorstand der Commerzbank, doch die zahlreich vertretenen Wirtschaftsjournalisten, froh über die frivole Bereicherung ihres trockenen Metiers, kalauerten am nächsten Tag um die Wette. Von »Marktpenetration« und einer »Erektionshilfe für das schlapp gewordene Börsengeschäft« sprach etwa der *Spiegel*: Aktienmarkt und Sex-Geschäft seien erfahren im Rein- und Raus-Spiel, »kommen ungern zu früh oder zu spät und wissen um die blutdruckfördernde Wirkung von Höhepunkten«.

Der Ansturm war gewaltig, schon innerhalb von wenigen Tagen war die scharfe Spaßaktie 63fach überzeichnet und stieg in den ersten Monaten schnell vom Ausgabepreis von 7,20 auf 25 Euro. Die Absicht des Konzerns: Geld in den Ausbau des Multimediageschäfts zu investieren und es für die Markterweiterung jenseits der deutschen Grenzen lockerzumachen. Und das gelang. Noch im selben Jahr und die Kriegskasse gefüllt mit über hundert Millionen Mark Zusatzkapital durch den Börsengang, wurde die Firma durch Übernahmen in den Benelux-Staaten, Frankreich, England und Österreich mit Läden und Versandgeschäften aktiv. »Britain faces a sexkrieg«, titelte erschrocken die *Times*. Überwältigt von so viel polyglottem Wagemut, ehrte die Stadt Flensburg ihre beste Steuerzahlerin zu ihrem achtzigsten Geburtstag mit der Gedenktafel am Marienkirchhof.

210

Einen weiteren Lebenstraum hatte sich Beate Rotermund zu diesem Zeitpunkt bereits erfüllt: 1996, im Jubiläumsjahr ihrer Firma, gründete sie in Berlin an der Ecke Joachimsthaler und Kantstraße, unweit vom Bahnhof Zoo, Europas größtes Erotikmuseum.

Ein eigener Bereich ist der Stifterin selbst gewidmet und illustriert ihren Werdegang. Er hängt voller Fotos, die sie im Flugzeug zeigen, mit der Familie und ihrem Liebhaber John Holland und wie sie ihre Lieblingsspeise isst: Tomatenbrot mit Quark und Zwiebeln. Auf 1800 Quadratmeter Ausstellungsfläche auf drei Etagen präsentieren sich 3000 Exponate in einem bunten Durcheinander aus Kunst, Kitsch und Kunsthandwerk – viele davon Devotionalien, die sich im Laufe der Jahre in den Flensburger Warenlagern angesammelt haben: asiatische Phallusschreine, phallusförmige Trinkhörner, Kondombehälter, sich liebende Figuren in Holz, Stein und Porzellan aus allen erdenklichen Epochen und Kulturen. Ein Sado-Maso-Studio zeigt sich in Nachbarschaft zum nachgebauten Atelier von Zille. Eine Show präsentiert frühe erotische Filme; Romanfiguren wie Zolas Nana, Künstler wie Marilyn Monroe (als Puppe) und Rodolfo Valentino und Karikaturisten wie Erich Rauschenbach werden mit Gedenk-Eckchen geehrt. Der vor den Nazis geflohene homosexuelle Sexualforscher und Gründer des legendären »Instituts für Sexualforschung«, Magnus Hirschfeld, thront als Büste sogar in einem eigenen Raum.

Über allem liegt ein ethnisch gefälliger Meditationsmusikteppich, und natürlich ist der Übergang zum museumseigenen Sex-Shop und zu den Pornokinos fließend. »Ein sonderbarer Zwitter zwischen Boudoir und Biologiezimmer, Kunstausstellung und Raritätenkabinett«, staunte der *Tagesspiegel*. Eine Mischung, die ankommt: Touristen aus Asien etwa, so ergab eine aktuelle Umfrage unter europäischen Reise- und Hotelexperten auf der Internationalen Tourismus-Börse, nennen das Museum als größten Anziehungspunkt in der deutschen Hauptstadt. »Ich will Berlin wieder beleben«, hatte die Gründerin als Antwort auf die Frage nach ihrer Motivation gegeben. Es scheint ihr gelungen zu sein.

Im Frühjahr 2001, kurz vor ihrem Tod, erlebte Beate Rotermund noch die Premiere ihres ersten eigenen Erotik-Programms bei Premiere World, das erste deutsche Sex-TV in Deutschland, das die Zuschauer bereits ab acht Uhr abends mit Softpornos beglückte. Und auch wenn Beate Rotermund den Zorn der Feministinnen über die erniedrigende Darstellung von Frauen stets an sich abprallen ließ, war ihr weibliche Kundschaft hochwillkommen – so wie sie überhaupt stets leugnete, dass ihr Warensortiment auf Männerinteressen festgelegt sei. Als Beleg dafür dienten ihr die Unmengen an verkauften Vibratoren sowie die Tatsache, dass sich im Laufe der Zeit sogar Lehrerinnen mit ihren Schülerinnen zur Betriebsbesichtigung angemeldet hätten.

Jedenfalls engagierte sie mit gewohnter Experimentierfreude die Kulturwissenschaftlerin Corinna Rückert, um ein Programm zu gestalten, das auch weibliche Sex-Wünsche erfüllt und in einem *Das Geburtstagsgeschenk* betitelten Porno mündete. Doch letztendlich bilanzierte die Wissenschaftlerin, dass »Pornographie Pornographie ist und bleibt«. Männliche und weibliche Phantasien ähnelten sich, nur bei der Umsetzung hätten es Frauen gerne etwas ästhetischer, dezenter und handlungsreicher. Auch sie findet, dass der Konzern »in allererster Linie Männerinteressen bedient«. Aber die Chefin selbst hat sie tief beeindruckt: »Ich habe sie als eine unglaublich kreative, scharfsinnige und durchsetzungsfreudige Frau kennen gelernt. Ich war sehr stolz, für sie und mit ihr arbeiten zu können.«

»Kuddel, schon wieder Sträuße!« Entsetzt sieht die Haushälterin einen weiteren Lastwagen die Einfahrt zur Glücksburger Villa herauffahren, beladen mit bunten Blumen.

Der Gärtner, schon im dunklen Anzug, zuckt mit den Schultern und schaut ratlos auf den blühenden Berg, der auf dem Grundstück wächst. Sein Blick wandert zum Badeteich, in dem seine Chefin früher so gerne geschwommen hat. Kurz entschlossen wirft er die Blumen in den Teich. Er hat es eilig. Zehn Tage nach der stillen Beerdigung Beate Rotermunds, bei der nur die 18 Familienmitglieder anwesend waren, findet gleich die öffentliche Trauerfeier im Flensburger »Deutschen Haus« statt.

»Ich will ein fröhliches Fest!«, hatte die Unternehmerin geantwortet, als sie gefragt wurde, wie sie sich ihre letzte Festlichkeit vorstellt. Die Firma nahm sich den Wunsch zu Herzen. 1000 Gäste sind geladen, auch sämtliche Mitarbeiter; die Cowboy-Band »Tennessee« spielt die heiß geliebten Johnny-Duncan-Western-Hits der Chefin wie *Take me home* und *Mary Lou*. Auf Großleinwänden sehen sie, wie Beate Rotermund Hände schüttelt, plaudert und Vorträge hält. Im Foyer ist ein lebensgroßes Foto der Unternehmerin installiert, auf das die Gäste letzte Grüße schreiben können. »Glaube, Liebe, Hoffnung« steht da, und auch »Love unlimited«. Immer wieder wird Oswalt Kolle von den Pressefotografen gebeten, neben dem Foto zu posieren.

»Flensburg hat seine bekannteste Persönlichkeit verloren«, sagt der schleswig-holsteinische Wirtschaftsminister Bernd Rohwer, »und Schleswig-Holstein seine bedeutendste Unternehmerin.« Auf der Einladungskarte zur Trauerfeier steht: »Wir nehmen Abschied von einer bemerkenswerten Frau.« Und von der Großleinwand verkündet eine lachende Beate Rotermund ihr Credo: »Der Mensch hat zwei Grundbedürfnisse: Essen und Trinken ... und Sex, Liebe und Erotik.«

Am Tag nachdem Beate Rotermund an den Folgen einer Lungenentzündung starb, verlor ihre Aktie sechs Prozent – wie sich das gehört beim Tod einer Patriarchin. »Ich denke, ich komme nicht ins Paradies«, hatte diese in einem ihrer letzten Interviews nüchtern festgestellt. »Ich sterbe, ich werde begraben oder im Meer verstreut, das war's. Ich hätte gerne eine Vorstellung vom Paradies, aber ich habe sie nicht. Wenn wir tot sind, dann sind wir tot.«

Am liebsten wäre ihr ein schneller Tod gewesen, so hat sie oft gesagt, und am allerliebsten ein Absturz mit dem Flugzeug. Doch letztendlich starb sie an einer Lungenentzündung. Bereits in dem Jahr, der diesem Julitag vorausging, fühlte sich die alte Dame schwächer und schwächer. Im Herbst wurde ihr die Gebärmutter entfernt, danach musste sie wegen eines Darmverschlusses eine Notoperation durchstehen. Seit ihrer Krebsoperation hatte sie stets große Probleme, ihr ohnehin geringes Gewicht zu halten, konnte nur noch »essen wie ein Vögelchen«, wie sie es ausdrückte. Jetzt kam sie erneut ins Krankenhaus und wog bald nur noch gerade einmal 35 Kilogramm.

Ihr Sohn Ulrich, beunruhigt über den langsamen Verfall, ließ sie drei Wochen vor ihrem Tod in eine Privatklinik ins schweizerische St. Gallen fliegen. »Die starke Frau wurde immer schwächer und musste große Cortisonmengen einnehmen«, erklärte er später. Erst sah es so aus, als würde sie sich wieder erholen, nahm sogar durch künstliche Ernährung zehn Kilogramm zu. Dann trat eine plötzliche Verschlechterung ein, die Ärzte versetzten sie in einen Heilschlaf. Als sie starb, waren Ulrich Rotermund und seine Frau Jutta bei ihr: »Ich hab sie an mich gedrückt, als sie starb. Sie ist sanft eingeschlafen.« Ihre letzten Worte sollen gewesen sein: »Ulrich, pass auf beim Autofahren. Da passiert immer so viel.«

Im Jahr 2003 umfasste das Uhse-Imperium 108 Sex-Shops in Deutschland, dazu 118 weitere in 13 europäischen Ländern. Insgesamt 1120 Beschäftigte arbeiteten an ihrem Todestag weltweit für Beate Rotermunds Konzern, dazu knapp 800 in Deutschland. Die AG machte zwar im Jahr nach ihrem Tod einen ansehnlichen Umsatz von an die 320 Millionen Mark, fast 90 Millionen mehr als im

Jahr davor. Doch das Wachstum soll hauptsächlich durch die Ankäufe verschiedener ausländischer Unternehmen bewerkstelligt worden sein, das so genannte »innere Wachstum« sich hingegen nur im einstelligen Bereich bewegt haben. So stieg der Konzern 2002 ins USA-Geschäft ein und vertreibt seine Artikel jetzt über ein amerikanisches Versandhandelsunternehmen. Für das Jahr 2003 sind 260 Millionen Euro Umsatz angepeilt.

Zuletzt hat sich Beate Rotermund, die persönlich nur noch fünf Prozent der Aktien hielt, kaum noch in der Konzernzentrale blicken lassen – obwohl sie sich, wie Irmgard Hill berichtet, »bis zuletzt für die Firma interessiert« hat. »Wir haben noch Tage vorher täglich telefoniert. Sogar im Krankenhaus in der Schweiz hat sie sich Unterlagen angeguckt und unterschrieben, jeden Tag Dienst getan. Ihr Verstand war messerscharf, nur das Sprechen fiel ihr so schwer. Sie hat sich wahnsinnig diszipliniert.«

Die Frau, die 2000 Ermittlungsverfahren und 700 Strafverfahren überstanden hatte, hinterließ 7000 verschiedene Sexprodukte, vom Kondom bis zur Gummipuppe – und ein börsennotiertes Unternehmen mit einer Marktkapitalisierung von knapp 563 Millionen Euro. Ihr Sohn Ulrich erhielt als Haupterbe die Hälfte des Grundkapitals des Imperiums. Im Oktober trennte er sich von Teilen seines Aktienpakets, besitzt nur noch weniger als zehn Prozent anstelle der früheren 39 und keine Stimmrechtanteile mehr. Durch Verkäufe an die schweizerische Orthmann-Gruppe besitzt die Orthmann AG nun über 22 Prozent der Stimmanteile. Mit Richard Orthmann, der auch im Vorstand der Uhse AG sitzt, war Beate Rotermund eng befreundet, er hat sie jahrelang beraten. Ulrich Rotermund ist inzwischen mit seiner Familie aus Glücksburg in die Schweiz übersiedelt.

Der neue Finanzchef, Vorstandsmitglied und -sprecher Otto Christian Lindemann, setzt nach wie vor allem auf Expansion. Der diplomierte Kaufmann ist seit dem Sommer 2000 in Flensburg und betrachtet seine Rolle als Riesenchance – »es sei denn, ich würde danach noch eine Karriere innerhalb der katholischen Kirche anstreben«.

Zu den Geschäftsfeldern zählt neben den Shops vor allem das Entertainment-Segment – am liebsten sähe Lindemann das Sex-Business als Lifestyle-Konzern. Die Pläne werden durchaus kritisch gesehen und von Finanzexperten als interessante, aber auch riskante Strategie beurteilt, vor allem die vorgesehene Ausdehnung in die USA. Inzwischen wurden die Vorhaben, Sex-Shops auch auf Autohöfen zu installieren, auf Eis gelegt, auch die multimedialen Aktivitäten gedrosselt. Die Aktie, seit ihrem sensationellen Debüt seit geraumer Zeit auf Talfahrt, hat sich inzwischen auf weniger als die Hälfte ihres Höchstkurses von rund 25 Euro eingependelt.

Von den insgesamt rund 1500 deutschen Sex-Shops gehören etwa acht Prozent dem Konzern. Nach wie vor ist er der größte deutsche Anbieter von Erotikartikeln, aber von einem Monopol kann keine Rede mehr sein. Überhaupt ist der gesamte Markt keine Boombranche mehr. Der Versandhandel und die Läden aber – Rotermunds Heimwerkermärkte der Lust und Grundpfeiler des Imperiums – laufen nach wie vor bestens, vor allem mit den guten alten Dauerbestsellern Vibrator und Film.

»Unser Label ist natürlich stark mit der Person Beate Uhse verbunden«, sagt Lindemann, »hat aber durchaus auch Runzeln und Falten. Wir müssen aufpassen, dass wir dem gesellschaftlichen Wandel nicht hinterherlaufen.« Er setzt insbesondere auf Light-Sex-Shops – helle, freundliche Modern-Living-Läden mit entschärftem Sortiment, die besonders Frauen die Schwellenangst nehmen könnten. Denn dass die immer noch vorhanden ist, daran zweifelt er nicht – schließlich wagten nur ein Drittel der Versand-Käuferinnen auch den Schritt in ein Beate-Uhse-Geschäft. Rund 30 Soft-Shops sollen in den nächsten beiden Jahren entstehen. Die sollen dann allerdings nicht nach der Konzerngründerin heißen: Der Name Uhse, so Lindemann, »ist in Deutschland zu sehr auf die männliche Kundschaft fixiert«.

Das Shop-Debüt im norwegischen Bergen jedenfalls wurde zum großen Erfolg: Gleich am Eröffnungstag der »Sexbutikk-Imperiet« waren alle Handschellen ausverkauft. Die Kundschaft war zu 90 Prozent weiblich – eine höhere Frauenquote hat nur »Body-Shops« mit seinem Kosmetiksortiment. »Wenn sich die Frauenbewegung wirklich an die Spitze der sexuellen Revolution setzen möchte«, so zwei Sprecherinnen der feministischen »Kvinnefronten« (Frauenfront), »muss sie auch Alternativen zur Pornoindustrie bieten. Wir müssen endlich weiter kommen, als das Frauenverachtende verschiedener Dildomodelle zu vergleichen.«

Mit seinen frauenfreundlichen Plänen ist der neue Chef im Einklang mit der Kulturwissenschaftlerin Corinna Rückert, die schon für seine Vorgängerin gearbeitet hat und heute für Frauenerotik-Shops und eine Änderung des Pornographiegesetzes plädiert. Auch sie konstatiert die Hemmschwelle von Frauen, Sex-Shops zu betreten, und fordert deswegen, dass das Verschicken von pornographischem Material über den Versandhandel legal werden sollte. Durch die intensivere Ausweitung des Kundenkreises auf Frauen erhofft sie sich von Pornos »ein Mehr an Anspruch und Ästhetik«.

»Ich bin ein Kämpfer und ich lebe nur einmal. Mir gefällt es unheimlich auf dieser Welt«, hatte Beate Rotermund fünf Jahre vor ihrem Tod gesagt. »Nun hat sie«, so ihr Sohn im einzigen Interview zum Tod seiner Mutter, »den ersten Kampf in ihrem Leben verloren.« Das Anwesen in Glücksburg mit seinem wunderbaren Ostseeblick und seiner lila Badewanne in dem rot gestrichenen Badezimmer wurde für 4,8 Millionen Euro zum Verkauf angeboten.

Mit Beate Rotermund, der Letzten ihrer Art, ist die Ära des deutschen Wirtschaftswunder-Kaufmannsgeists zu Ende gegangen, der sich in adrett gebügelten Blusen und preußischen Tugenden ausdrückte. Ihr späterer Vorstandsvorsitzender Hans-Dieter Thomsen, der seine Chefin stets als Kind der Gründerjahre gesehen hat, erinnert sich auch ein wenig wehmütig an ihren Abscheu vor Verschwendung jeglicher Art. Schmierzettel habe sie auf beiden Seiten beschrieben, um Papier zu sparen, und wenn vom Mittagessen etwas übrig geblieben sei, wanderten die Reste in Doggie-Bags.

Die Frontfrauen im heutigen Sex-Business sind Porno-Queens wie Teresa Orlowski und Dolly Buster, die mit knappen Leder-Outfits bereits äußerlich präsentieren, was sie verkaufen. Dolly Buster, die eigentlich Nora Baumberger heißt, leitet gemeinsam mit ihrem Mann Dino den Videovertrieb DBM in Wesel und ist jetzt vermutlich Deutschlands erfolgreichste Erotikunternehmerin: Sie pflegt, anders als Beate Rotermund, die Veröffentlichung von Umsatzzahlen als – einziges – Tabu.

Trotz aller offensichtlichen Unterschiede betrachtet sich die bekennende Buddhistin Buster durchaus auch als Rotermunds geistige Erbin: »Ich sehe mich als ihre Botschafterin und möchte ihr Vermächtnis in ihrem Sinne weiterführen. Ich war zwar ihre schärfste Konkurrenz, aber sie war nie neidisch. Sie ist eine Ikone, ein Meilenstein für den Begriff Sexualität. Es wäre das schönste Lob für mich, wenn sie mich vom Himmel herab sähe und sagen würde: ›Dolly, das hast du aber gut gemacht.‹«

Danksagung

Die Autorin dankt der Beate Uhse Stiftung in Flensburg.
Besonderer Dank gilt Frau Irmgard Hill für die Bereitstellung der
Fotos und dafür, dass sie ihre Erinnerungen an Beate Rotermund
mit mir geteilt hat.

Das Ziel der Stiftung (www.beate-uhse-stiftung.de) ist
die pragmatische Hilfe für Menschen in Not.

Bildnachweis

Personenregister

Beate Rotermund, die im Text auf fast jeder Seite genannt wird,
ist nicht aufgenommen.
Zitierte Autoren zur Zeitgeschichte sind mit * gekennzeichnet.

221

Die »Schrift X«

*… ist wichtig für die Liebe und das Leben —
und die Liebe und das Leben sind wichtig,
wenn es um das Lesen geht.*

Hier folgen ein paar Vorschläge …

Liebesgeschichten und andere Lebensläufe – unwiderstehlich erzählt bei

George Antheil
Bad Boy of Music
Autobiographie
Herausgegeben und mit einem Prélude
sowie einem Antheil-Alphabet versehen
von Rainer Peters und Harry Vogt
Aus dem Amerikanischen von
Jutta und Theodor Knust
mit zahlreichen Abbildungen
Geb. mit Schutzumschlag, 458 Seiten

Sonderausgabe mit CD

Renate Berger
Rodolfo Valentino
Biografie
mit zahlreichen Abbildungen
Geb. mit Schutzumschlag, 371 Seiten

Elke Mascha Blankenburg
Dirigentinnen im 20. Jahrhundert
Porträts von Marin Alsop bis
Simone Young
Geb. mit Schutzumschlag, 308 Seiten

Marc Boettcher
Stranger in the Night
Die Bert Kaempfert Story
mit zahlreichen Abbildungen und CD
Geb. mit Schutzumschlag, 310 Seiten

David Bret
Callas
Biographie
Mit einem Vorwort von Montserrat Caballé
Aus dem Englischen von Götz Burghardt
mit zahlreichen Abbildungen
Geb. mit Schutzumschlag, 462 Seiten

David Bret
Meine Freundin Marlene
Eine Biographie
Aus dem Englischen von Michael Haupt
mit zahlreichen Abbildungen
Geb. mit Schutzumschlag, 306 Seiten

Ursula Brauer
Hölderlin und Susette Gontard
Eine Liebesgeschichte
Geb. mit Schutzumschlag, 269 Seiten

Doris Burchard
Der Kampf um die Schönheit
Helena Rubinstein, Elizabeth Arden,
Estée Lauder
mit zahlreichen Abbildungen
Geb. mit Schutzumschlag, 300 Seiten

Peter O. Chotjewitz
Der Fall Hypatia
Eine Verfolgung
Geb. mit Schutzumschlag, 263 Seiten

Pietro Citati
Katherine Mansfield
Ein kurzes Leben
Aus dem Italienischen von Dora Winkler
Geb. mit Schutzumschlag, 124 Seiten

György Dalos
Der Gast aus der Zukunft
Anna Achmatowa und Sir Isaiah Berlin
– Eine Liebesgeschichte
mit zahlreichen Abbildungen
Geb. mit Schutzumschlag, 235 Seiten

Peter Ostwald
»Ich bin Gott«
Waslaw Nijinski – Leben und Wahnsinn
Mit einem Vorwort von John Neumeier
Aus dem Amerikan. von Christian Golusda
mit zahlreichen Abbildungen
Geb. mit Schutzumschlag, 490 Seiten

Paul Parin
**Eine Sonnenuhr für beide Hemi-
sphären und andere Erzählungen**
Geb. mit Schutzumschlag, 208 Seiten

Paul Parin
**Untrügliche Zeichen
von Veränderung**
Jahre in Slowenien
Geb. mit Schutzumschlag, 188 Seiten

Paul Parin
Der Traum von Ségou
Neue Erzählungen
Geb. mit Schutzumschlag, 200 Seiten

Paul Parin
Die Leidenschaft des Jägers
Erzählungen
Geb. mit Schutzumschlag, 200 Seiten

Werner Pieck
Die Mozarts
Porträt einer Familie
mit Abbildungen
Geb. mit Schutzumschlag, 406 Seiten

Werner Pieck
Leben Händels
Biographie
mit Abbildungen
Geb. mit Schutzumschlag, 288 Seiten

Gaston Salvatore
**Wolfgang Neuss – ein
faltenreiches Kind**
Biographie
mit zahlreichen Abbildungen
Geb. mit Schutzumschlag, 528 Seiten

Margret Steenfatt
Milena Jesenská
Biographie einer Befreiung
Geb. mit Schutzumschlag, 170 Seiten

Margarete Steffin
Briefe an berühmte Männer
*Walter Benjamin, Bertolt Brecht,
Arnold Zweig*
Geb. mit Schutzumschlag, 358 Seiten

Margarete Steffin
Von der Liebe. Und dem Krieg
13 Erzählungen und zwei Gedichte
Geb. mit Schutzumschlag, 114 Seiten

Charlotte Ueckert
**Margarete Susman und
Else Lasker-Schüler**
eva-Duographien Bd. 11, 160 Seiten

 Anregungen und Kritik, Lob und Tadel erreichen uns unter
www.europaeische-verlagsanstalt.de
oder per Post: Europäische Verlagsanstalt, Bei den Mühren 70, 20457 Hamburg

Duographien
Doppelbiographien bei **eva**

»Die EVA-Duographien sind ein Spiegelbild der Augenblicke.
Sie reflektieren, und Zusammenhänge werden sichtbar. Das scheinbar
Nebensächliche gewinnt Bedeutung. Das ist der Gewinn der Lektüre.
Die Reihe wurde nicht zufällig zusammengestellt. Sie ist ein
Porträt der Zeit. Ungewohnt zwar, wird sie zum Ereignis, dessen Ende
noch nicht abzusehen ist.« Buchhändler heute

Klaus Schröter
Heinrich und Thomas Mann
151 Seiten

Alan Posener
Stalin und Roosevelt
145 Seiten

Jürgen Haupt
**Gottfried Benn
und Johannes R. Becher**
150 Seiten

Reinhold Neumann-Hoditz
**Iwan der Schreckliche
und Peter der Große**
135 Seiten

Jürgen Miermeister
Ernst Bloch und Rudi Dutschke
191 Seiten

Mauro Ponzi
**Pier Paolo Pasolini und
Rainer Werner Fassbinder**
185 Seiten

Uwe Schultz
**Michel de Montaigne
und Henri Quatre**
192 Seiten

Nikolaus de Palézieux
**Wassily Kandinsky
und Arnold Schönberg**
128 Seiten

Wilhelm Salber
Sigmund und Anna Freud
158 Seiten

Charlotte Ueckert
**Margarete Susman und
Else Lasker-Schüler**
160 Seiten

Elsbeth Wolffheim
**Wladimir Majakowski und
Sergej Eisenstein**
180 Seiten

Ekkehart Krippendorff
Jefferson und Goethe
216 Seiten

... *Lesevergnügungen bei* eva

Kartoffeln. Anleitungen zum Umgang mit einer Delikatesse
von Wiebke Buckow mit Fotos der Autorin und farbigen Abbildungen

Äpfel. Anleitungen zum Umgang mit einer Delikatesse von Christian Mürner
mit einer Fotogalerie von Gesche Cordes und farbigen Abbildungen

Austern zum Beispiel. Anleitungen zum Umgang mit einer Delikatesse
von MFK Fisher
mit Vignetten von Florian Zietz

Blau • Gelb • Rot • Grün • Orange • Purpurn. Anleitungen eine Farbe zu lesen von Alexander Theroux
Sechs Bände, aus dem Amerikanischen von Michael Bischoff, Sebastian Wohlfeil und Michael Schmidt

Die Welt der Vornamen. Anleitungen aus 22 Ländern Namen zu verstehen
herausgegeben von Alfons Kaiser
mit Vignetten von Beck

Ach, Aristoteles! Anleitungen zum Umgang mit Philosophen
von Luciano Canfora
aus dem Italienischen und mit einem Nachwort von Peter O. Chotjewitz

Anleitungen zum Glücklichsein
von Albert Memmi
aus dem Französischen von Regina Keil et. al.

Vermischtes aus dem Reich der Toten Ein Trostbüchlein von Bernd Mollenhauer
mit einem Totentanz von Beck

Anleitungen zum Umgang mit schönen Frauen
von Gaston Salvatore

Ich Caesar. Geschichten eines weit gereisten Katers
von Anna Maria Ihlau
mit Vignetten von Yvonne Kuschel

Orte des Glücks von Charlotte Ueckert
mit Fotos der Autorin

Das Recht auf Faulheit
von Paul Lafargue
mit einem Nachwort von Iring Fetscher

Geld und wie man sich davon trennt
von Frank Goyke

Laß doch dein Dichten ... Einhundert Vierzeiler
ausgewählt von Eckart Kleßmann

Die Taverne zu den drei Affen und andere Geschichten über das Pokern
von Juan Bas
aus dem Spanischen von Fritz Rudolf Fries

Alle Bände hübsch gebunden und mit Lesebändchen, zum Verschenken, zum Sammeln, für die Reisetasche und zum Vorlesen ... und für alle, die auf den Geschmack kommen möchten.